Joachim Günther

Das sehr ernste Märchen von Gott

Zwischenfragen an Theologie und Kirche

1971
Eckart-Verlag
Witten und Berlin

Inhalt

Bekenntnis und Anti-Bekenntnis

Aspekte des Atheismus

Gestalten der Tradition

Im Umkreis des Judentums

Zur theologischen Ethik

Die christlichen Feste

Epilog

Buchgestaltung von H. P. Willberg
Druck von Poeschel & Schulz-Schomburgk, Eschwege
Printed in Germany · ISBN 3 7703 0080 7

Vorwort

Die Aufsätze, Glossen, Rezensionen, die zu diesem Buch gebündelt wurden, haben es näher oder entfernter mit Theologie zu tun. Sie sind überwiegend im letzten Jahrzehnt geschrieben und an verschiedensten Orten einzeln publiziert worden. Der Verfasser hat sich um eine Auswahl bemüht, die zwar nicht auf Aktualität zielt, aber doch Beziehungen, seien es mitunter auch dialektische, zu gegenwärtigem Denken und zeitgenössischen Bestrebungen aufrechterhält. Daß der Tenor des Ganzen eher konservativer als progressiver Natur ist, dürfte damit nicht im Widerspruch stehen. Auch Gott selber ist konservativ. Dennoch wird es kaum möglich sein, eine durchgehende, widerspruchsfreie Linie des Denkens oder gar der Einstellungen des Verfassers dem Buch zu entnehmen. Darin spiegeln sich Nachteile und Vorteile einer solchen Aufsatzsammlung. Sie streut weit im Raum wie in der Zeit. Wir fahren alle im Zug der Zeit, der Reaktionäre geht in ihm rückwärts oder greift nach der Notbremse. Dem Progressiven fährt der Zug nicht rasch genug, er läuft noch in ihm nach vorn. Der Konservative bleibt sitzen, läßt sich fahren und schaut sich um. Das Gleichnis ist natürlich zugunsten des Autors ersonnen. Aber alle diese Unterscheidungen hin wie her. Ein Buch muß was zum Beißen geben. Was nicht anstrengend ist, taugt nicht viel. Zugleich muß ein Buch belebend und genußreich sein. Beides steht in günstigem Fall nicht in Widerspruch. Der Verfasser hat an sich selbst bei diesen teilweise schon fast von ihm vergessen gewesenen Aufsätzen probiert, ob sie ihn noch in Anstrengung spannen, ob sie ihm noch lebendig-genußreich erschienen. Er hat nur das aufgenommen, was die Probe einigermaßen bestand. Täuschungen sind möglich, vielleicht wahrscheinlich. Sie festzustellen, ist Sache des Lesers.

Berlin, Oktober 1970

Bekenntnis und Anti-Bekenntnis

Gebete der Menschheit

Wer den Plan hat, »religiöse Zeugnisse aller Zeiten und Völker, Gebete der Menschheit« zu sammeln und in einem allgemein interessierenden Buch* zusammenzustellen, wird sich einige Gedanken über die Natur seines Sammelgegenstandes machen müssen. Gebete sind von Haus aus nicht »Literatur«. Sie sind Gespräche, Anreden, Akte. Die Wiederholung des gleichen Wortlautes widerspricht im Grunde der Spontaneität des Aktes. Andererseits macht der besondere Charakter des angesprochenen Partners das Reden mit ihm schwer. Man weiß von sich aus kaum, wie man ihn ansprechen kann. Die Menschen können von Natur aus gar nicht beten. Es hat sehr lange gedauert, bis sie einiges Sprachvermögen auf diesem Gebiet errungen haben. Inzwischen mögen sie nun auch nicht mehr beten, was aber eine andere Sache ist, die nichts mehr mit dem formalen Vermögen, der Beherrschung der angemessenen Sprache, sondern nur etwas mit der persönlichen Legitimation dieses besonderen Sprechens zu tun hat. Wenn der moderne Mensch nicht beten kann, liegt es daran, daß ihm der Glaube an den hörenden, sein Gebet beantwortenden, von ihm bewegten Partner fehlt. Er glaubt entweder an gar keinen solchen Partner mehr, Gott ist für ihn tot, oder er glaubt an einen Gott, der, wie er dann meistens zu sagen pflegt, zu groß für das menschliche Gestammel und Gewinsel sein soll. Daß er Gott im Grunde verkleinert, wenn er ihm das Hören und Vernehmen menschlicher Gebete nicht zutraut – der Unendliche dürfte ja gerade durch ein Endliches nicht begrenzt werden –, wird meistens in solcher Argumentation übersehen. Der Hauptgrund für das Nachlassen des Betens, ein überaus merkwürdiger Vorgang, weil er ein menschliches Grundvermögen, einen »Ur-Antrieb« betrifft, liegt aber wohl weniger in rationalen Überlegungen gleich welcher Art, als ganz ein-

* »Gebete der Menschheit. Religiöse Zeugnisse aller Zeiten und Völker.« *Eugen Diederichs Verlag, Düsseldorf, 1963*

fach im fehlenden Beispiel. Die Religion zieht sich aus der Öffentlichkeit zurück. Man geniert sich, wenn man noch offen Gebete sprechen sollte. Man geniert sich schließlich auch vor seinem eigenen Inneren. Eine seltsame und schwer zu durchschauende Scham, die vom einzelnen Menschen nur gewaltsam und deshalb auch meist ohne den rechten Erfolg zu brechen wäre. So wird man abwarten müssen, was sich mit der Menschheit im ganzen auf religiösem Gebiet in den nächsten Generationen zuträgt, um etwas über die Zukunft des Betens ausmachen zu können.

Inzwischen ist aber ein vage suchendes Allgemein-Interesse an religiösem Denken und Tun lebendig geblieben. Eindeutiger Atheismus hat unter uns ebensowenig Chancen wie entschiedener Glaube. Man ist für den Pluralismus der Religionen eher aufgeschlossen als für die Wahrheit eines bestimmten Bekenntnisses. In dieser Sachlage liegt die Chance, die ein Sammelwerk »Gebete der Menschheit« beim religiös interessierten, aber nicht mehr oder noch nicht engagierten Zeitgenossen besitzt. Wir haben zu entdecken gemeint, daß die Inder in ihrer Religion »toleranter« als die Christen seien, wir lassen uns sagen, daß der Islam die vernünftigste, am entschiedensten monotheistische Religion sei, wir spielen gelegentlich sogar wieder mit polytheistischem Denken oder treiben Magie mit Formeln und Riten wie die Schamanen, das alles, wie sich versteht, auf Kosten des angestammten christlichen Glaubens, der uns zu leicht mit der Kindertaufe geschenkt wurde und zu kompliziert und schwierig in seinen dogmatischen Spekulationen geworden ist. Das Ergebnis all dieses Hin und Her und Für und Wider pflegt ein Synkretismus, eine Mixtur von Primitivismen und Spekulationen, von Vernunft und Instinkt, Moral und Magie zu sein, dem sehr vieles einander Ergänzendes, auch Widersprechendes zur Nahrung geboten werden kann. Zustände und Strukturen dieser Art sind es, die auf ein Gebetbuch aus allen Religionen ansprechen, wobei noch literarisches und ethnologisches Interesse an seltenen oder merkwürdigen Dokumenten hinzukommen mag.

Der Band, der unter dem Titel »Gebete der Menschheit, Religiöse Zeugnisse aller Zeiten und Völker« bei Diederichs herausgekommen ist und in seiner italienischen Originalausgabe von Alfonso M. di Nola zusammengestellt wurde – merkwürdig genug, daß man bei uns ein solches Werk nicht selbst kombinieren kann –, entspricht ziemlich genau den hiermit umrissenen Voraussetzungen. Er reicht mit seinen Dokumenten von Afrika über Altasien, Insulinde, nach Altamerika, wendet sich dann China, Japan und Indien zu, schaltet zurück auf Ägypten, Sumer und Babylon, schließt Israel an und den Islam, geht wieder zurück zu Griechenland und Rom und läuft über Gnosis und Hellenismus aus ins frühe, mittelalterliche und moderne Christentum. Die afrikanischen Gebetsbeispiele wirken, wie sich versteht, am zufälligsten und kapriziösesten. Auch der aufgeweichteste religiöse Synkretismus wird mit einem »Beschwerdegebet an den Stammesgott« der Zulus, mit »Tanz und Beschwörung des Nil-Zauberers« nicht viel für das eigene religiöse Leben anfangen können. Am ehesten scheinen die afrikanischen Zwerge, die Pygmäen, ursprüngliches religiöses Talent zu besitzen und damit das biblische Wort, daß Gott in den Schwachen mächtig sei, zu stützen. Ihr »Trauerlied«, im Wechselgesang von Chor und Solis vorgetragen, kann unser Herz berühren in seiner immer wiederholten Klage »Es herrscht die große Kälte der Nacht, es herrscht das Dunkel«, wo doch zweifellos ein nicht nur sinnliches Erleben damit gemeint sein muß. Ähnliche Trauer liegt über dem »Gesang der Schöpfung« bei den Dinka am oberen Nil, wo es von Sonne, Mond und Sternen im Kehrreim heißt, daß sie erschaffen werden, untergehen und wiederkehren, vom Menschen aber, daß er erschaffen wird, stirbt und nicht mehr wiederkehrt. Gebete und theoretisch-theologische Erörterungen fließen in solchen Dokumenten des Animismus, Totemismus, Polytheismus und eines frühen Monotheismus meistens durcheinander, wenn es sich nicht um ausgesprochen magische Beschwörungsformeln handelt. Einen kräftigen Schritt voran tut Altamerika, wo die große Hymne auf Viracocha schon die

Frage nach dem wahren Ort Gottes stellt (»du kannst oben sein, du kannst unten sein, oder vielleicht um deinen glänzenden Thron oder dein Zepter schwebend«), und wo auch die Sehnsucht nach wahrer Erkenntnis des göttlichen Partners kraftvoll durchbricht (»Könnte ich dich betrachten, könnte ich dich erkennen«). Die chinesischen, japanischen, indischen, insbesondere die buddhistischen Zeugnisse sind naturgemäß reine Zufallstreffer aus einem unendlichen Dokumentationsmaterial. Merkwürdigerweise pflegt die schweifende Religiosität des modernen glaubensschwachen Abendländers, die in abstracto soviel Sympathie für eine rasch konzedierte religiöse Überlegenheit des Ostens aufbringt, vor den tatsächlichen Dokumenten, selbst vor den erlauchtesten wie Rig-Veda oder Bagavadgita, ziemlich ratlos dazustehen. Krause, erdrückende Spekulationsfülle läßt wenig unmittelbare Wirkung aufkommen, abgesehen davon, daß der indische Polytheismus auch kaum von seinen örtlichen und klimatischen Bedingungen zu lösen ist. Da spricht uns sogar Altägypten unmittelbarer an, auch wenn sichtbare Größen wie der Nil oder die Sonne die allgemeinsten Prädikate der Gottheit auf sich gezogen haben (»Du besitzt kein Haus, das groß genug ist für dich, niemand erforscht dein Herz ganz, du herrschst wie ein König, dessen Erlasse für die ganze Erde Geltung haben, der die Tränen aller Augen trinkt, der verschwenderisch ist in seiner Güte«). Der Band hat wohl mit Absicht eine scharfe Unterscheidung von Offenbarungsreligionen und Selbsterlösungs- oder Vernunftreligionen auf sich beruhen lassen – sie paßt nicht in ein so weitherziges Konzept. Israel rangiert daher chronologisch zwischen Iran und Griechenland-Rom. Hier ist auch die Auswahl am dürftigsten (das »Schama« fehlt ebenso wie der neunzigste Psalm), während die aus Altgriechenland gezogenen Beispiele (Epigramme, Hymnen usw.) eigentlich nur erweisen, daß sich für den Griechen alle Affekte in Kunst verwandeln oder in die »areligiöse« Kunst des vernünftigen Denkens und Preisens wie z. B. im berühmten Hymnus des Kleanthes auf Zeus. Verse wie »Aller Unsterblichen Haupt, vielnamiger, ewig allmächtiger / Zeus, Urheber der Schöpfung, das All nach Gesetzen lenkend / sei mir gegrüßt! . . .« würden bei Juden, Muslim und auch noch bei richtigen Christen zur Verhüllung des Hauptes, zum Zerreißen des Gewandes angesichts einer so unangemessenen Anbiederung an den Herrn der Heerscharen geführt haben.

Es kann daher kaum anders sein, als daß eine allgemeine Anthologie von Gebeten zu Lasten dessen geht, der »wirklich noch etwas vom Beten versteht«, der durch den dialektischen Prozeß des Verstummens und von Gott her Belehrtwerdens, wie man zu beten hat, gegangen ist. Christliche und schon vorher jüdische Gebete, auch moslemitische nehmen zwar quantitativ ungefähr ein Drittel des Bandes ein, aber sie scheinen ohne die rechte Vertrautheit, ohne Rücksicht auf das tatsächlich geübte Gebetsleben in Kirche und Synagoge hauptsächlich nach literarischen und ästhetischen Gesichtspunkten ausgewählt zu sein. Solch ein Mangel stimmt dann freilich mit den Intentionen und Voraussetzungen des Bandes unbeabsichtigt überein. Es ist sorgsam alles vermieden, was möglicherweise eine Überlegenheit der Offenbarungsreligionen auch im Gebet vor den anderen Religionsformen der Menschheit sichtbar machen könnte. So schließt ein solches Buch, dem niemand die weiteste Verbreitung einschränken möchte, ironischerweise gerade die Kreise am ehesten als Nutznießer aus, die heute noch einige Erfahrungen von der Macht des Gebetes unter uns weitertragen. Man vermißt sehr, daß nicht wenigstens ein Minimum an Apparat, Quellennachweis, Übersetzerhinweisen und Chronologie dem zwar nicht für wissenschaftlichen Zweck gedachten, aber allein schon durch Umfang und Ausstattung gewichtigen Werke beigegeben ist. Ernst Wilhelm Eschmann hat den einzelnen kulturgeschichtlichen Kreisen, in die das Buch unterteilt ist, einfühlsame, wenn auch mehr geistreich darüberschwebende, als sachlich eindringende Einführungen geschrieben.

Rhetorik und Glaube

»Ein Pastor muß reden können.« Solch Postulat gilt von des Petrus Pfingstrede, der ersten christlichen Predigt, an bis zum heutigen Tag. Vorher hatte nur Jesus selbst geredet. Seit dem ersten Pfingsten zieht sich jedoch ein Redestrom durch die Geschichte des Christentums. Theologie und Rhetorik scheinen eine unlösliche Ehe eingegangen. Wird das so bleiben? In der modernen Welt nimmt eine tiefe Abneigung gegen christliches Reden zu, gegen Predigen überhaupt, ob es nun gut oder schlecht ist. Die Abneigung gilt zwar noch nicht für das Gemeindeleben, aber für die Welt insgesamt, besonders wo in ihr Geist und Wort genauer gewogen werden und an der Relevanz, ja am Sinn von Rhetorik mehr und mehr Zweifel aufkommen.

Solche Fragen müssen an den aufschlußreichsten, zugleich »gelungensten« Beispielen untersucht werden. Der Hamburger Theologe Helmut Thielicke (*Systematischer* Theologe, was hier nicht unwichtig ist) hat ein Buch mit Predigten über das apostolische Glaubensbekenntnis herausgegeben*. Thielicke genießt als Universitätslehrer und Autor einer dreibändigen *Theologischen Ethik* weltweiten Ruhm. Zugleich ist er einer der wirksamsten, am meisten frequentierten Kanzelredner. Sein rhetorisches Prestige hat oft dazu geführt, daß er als Festredner – bis in den Bundestag hinein – gedingt wurde. Wenn also von Meisterschaft auf diesem Feld gesprochen werden kann, dann sicherlich bei Thielicke. Der Plan seines Buchs, die einzelnen christlichen Glaubenssätze in Stundenpredigten einen nach dem andern fürs heutige glaubensbereite Bewußtsein auszulegen, hat etwas Plausibles, ja Verführerisches. Der große Karl Barth hat es kurz nach dem Krieg, mit seinen ersten Bonner Gastvorlesungen, ähnlich gehalten: »Systematische Theologie« in nuce. An Einzelheiten der Chronologie merkt man bei

* Helmut Thielicke: »Ich glaube. Das Bekenntnis der Christen«. *Quell Verlag, Stuttgart, 1965*

Thielicke, daß er das Thema nicht hintereinanderweg heruntergepredigt hat, sondern in Jahren vorbereitete, jeweils brauchbare Predigten beiseite gelegt und für das Auslegungswerk gesammelt haben wird. So ist z. B. von einer Artikelfolge »Woran ich glaube« die Rede, die vor mehr als einem Jahrzehnt in einer Hamburger Zeitung erschienen ist. Ein andermal wird aber Neues von Jewtuschenko, daß ihm Jesus sympathisch sei, zitiert. Die Predigten haben einen zweifachen Predigttext. Zuerst der Baustein und Begriff des apostolischen Bekenntnisses (z. B. »Gott Vater« oder »geboren von der Jungfrau Maria« oder »auferstanden von den Toten« usw.), dann ein dazugehöriger Evangelientext, der historisch als Wurzel der dogmatischen These gelten kann. Die Predigten selbst sind also doppelte und zugleich drittstufige Auslegung.

Das alles hat seine klaren Ordnungen. Wer erfahren will, wie die Aussagen des christlichen Grundbekenntnisses zu verstehen sind, wie sich der Glaube in ihnen spiegelt, wie er sich aber auch mit ihnen in der Welt gegen anderes Denken abgrenzen und behaupten kann, findet in Thielickes Buch einen sicheren Leitfaden. Jede immanente Kritik erübrigt sich bei einem solchen Kenner der Tradition und Meister der Exegese.

Was jedoch gerade bei gelungenen Beispielen theologischer Rhetorik nicht zum Schweigen kommen will, sind die angedeuteten Zweifel an Predigt und Rede schlechthin, die mit beider sprachlichen und gedanklichen Voraussetzungen zusammenhängen: »Gesagt, getan – und wir wissen ja, wie es nun weitergeht: Hiobs Kinder sterben nacheinander, sein Vieh krepiert, sein Besitz brennt ab. Alles, was er für den Segen Gottes gehalten hat, wird plötzlich in sein Gegenteil verkehrt. Der göttliche Sinn des Lebens, von dem er fest überzeugt war, ist zu einer Fratze geworden, und das Bild des gütigen, gerechten Vaters scheint zu einer höhnischen Karikatur zu werden. Es ist nun sehr erstaunlich, daß diese erste Attacke der Sinnlosigkeit den Hiob gleichwohl nicht umwirft und daß er immer noch mit einem tapferen ›Dennoch‹ die Hand Gottes festhält.« Der Passus, beliebig aus dem Umkreis des ersten Artikels über Gott Vater herausgegriffen, kann verdeutlichen, was hier gemeint ist. Auf der einen Seite Hiob, der Inbegriff menschlichen Unglücks, das uns die Sprache verschlägt, auf der anderen Seite die theologische Verkündigung, die keine Grenzen von Sprache und Wort zu kennen scheint, sich ebenso in die Abgründe des Lebens hinunter- wie in die Höhen Gottes hinaufspricht.

Das wären vielleicht aber immer noch inhaltliche Bedenken, die durch mehr Zurückhaltung in Redefluß und Redesicherheit, durch abgewandelten persönlichen Redestil außer Kraft gesetzt werden könnten. Das wahre Bedenken tendiert in die Richtung, daß solche Schwächen unwandelbar, daß sie rhetorisch zwanghaft sein könnten. Christliche Predigt setzt positive Seelenzustände und die ihnen gemäße Sprache voraus, die zugleich eine Last sprachlich-gedanklicher Bewußtlosigkeiten bewahren muß, um überhaupt in Fahrt zu kommen. Ein Prediger, ob nun »gut« oder »schlecht«, darf gar nicht allzu deutlich von den Gesetzen und Prämissen alles rhetorischen Wortes wissen, wenn er nicht in tödliches Zögern und Stottern geraten will. In der Thielickeschen Predigt, für deren Analyse auf solche Fragen hin ein so geringes Stück, wie das zitierte, einmal ausreichen mag, dominieren grammatisch die hypotaktischen Ordnungen: Hauptsätze sind eben Hauptpunkte, Nebensätze haben oft nur illustrative Funktionen, die Perioden insgesamt atmen in einem gleichbleibenden Andante con moto, Redensartliches wuchert zwar nicht, wird aber auch nicht verschmäht (»gesagt, getan«), die Bilder bleiben meist im üblichen – man »hält die Hand Gottes«, man »wird von einer Attacke nicht umgeworfen« usw. Das alles ist weniger fraglich als subjektiver Redestil (sosehr es auch dieser sein mag), denn als Zwang der theologischen Rhetorik selber, die die ganze Hörerpyramide erreichen, also zugleich voraussetzungslos und mit hohem Anspruch sprechen muß. Es kommt hinzu, daß alle Glaubensgewißheit ihre eignen optimistisch-positiven Seelenzustände, als da sind Begeisterung, Jubel, Sicherheit,

Eindeutigkeit, Emotionalität, mit sich bringt und in das Predigtwort leitet. Diese Beziehung braucht die Sprache noch nicht zu gefährden, schließlich war das Neue Testament selber Predigtwort, ohne seine Kraft bisher verschlissen zu haben. Aber es schleichen sich ins abgeleitete Predigtwort, in den Heiligen Geist der zweiten Hand eben doch sehr leicht viele Kategorien und Redeweisen hinein, die aus dem Sprachgeist einer viel späteren Zeit stammen, ohne in ihrer Vermittlung so recht bemerkt zu werden. Wer da z. B. sagt, daß er an die Auferstehung als Faktum oder Tatsache glaubt, glaubt mehr an Fakten als an die Auferstehung.

Mit ihrem ersten Jubel haben die Christen zweifellos die Vernunft hoch überspielt. Inzwischen ist diese aber kräftiger als der Heilige Geist nachgewachsen und hat das Medium aller Verkündigung, die Sprache, so tief in ihren Griff bekommen, daß es auch für die Frohe Botschaft schwer wird, als Faktum, als Glaubenspaket in diesem Medium noch heil weitergereicht zu werden. Man kann die Grundlagenkrisis des Wortes, die jede Rhetorik in Frage stellt, auch bei der biblischen Botschaft kaum mehr vernachlässigen und durch »gute«, gehaltvolle »subjektiv glaubwürdige« Predigt überspielen. Anders ausgedrückt: Nur in einer Gegenbewegung zum rhetorischen Wort, nicht in seiner Steigerung ließe sich vielleicht einmal Abhilfe erhoffen, die das kritische Sprachbewußtsein außer Kraft setzt; in etwas also wie einer Anti-Predigt, die aber bisher noch kaum in den Möglichkeiten von Kirche und Verkündigung liegt. Apostelgeschichte 6, 2 stellt die Verkündigung, wie man das christliche Reden nennt, vor die Diakonie, wie das christliche Tun bezeichnet wird. Ob das für unsere Zeitstunde und auch für die Zukunft noch gleich definitiv gelten muß? Thielickes Buch heißt *Ich glaube* und im Untertitel *Das Bekenntnis der Christen.* Ob sein systematisch-dogmatischer Ansatz- und Ausgangspunkt vielleicht die Grundschwierigkeit ist, die alle weiteren Schwierigkeiten mit dem Gebrauch des Wortes und der Rede zur Folge hatte? Die systematische Theologie ist es ja, die den christlichen Glauben ebenso gefestigt wie von dem, was sie

»Welt« nennt, abgegrenzt, schließlich auch isoliert hat. Zugleich ist sie es, die zum biblischen Wort, dem Grunde alles christlichen Glaubens, doch immer nur ein vermitteltes Verhältnis behält. Genug der Fragen: Theologische Bücher haben es in sich, daß sie ins immer Schwierigere, Offenere führen, über alle ihre engere Thematik und Absicht hinaus.

Dorothee Sölles »Glaubensbekenntnis«

Die mit frischer geistiger Aktivität gesegnete protestantische Amateur-Theologin Dorothee Sölle, die sich in den letzten Jahren durch zahlreiche Reden, Diskussionsbeiträge und eine theologisch-dogmatische Schrift »Stellvertretung« einen manche akademische Autorität überglänzenden Namen gemacht hat, hat ein »Glaubensbekenntnis« abgefaßt. Es ist inzwischen so bekannt geworden, daß man es in Gemeindeblättern lesen konnte; bekannt, aber auch umstritten, als indiskutabel, ja als Kuriosum betrachtet. Das Dokument, das, wenigstens am Rand, in die Kirchengeschichte dieser Zeit gehört, sei zuerst im Wortlaut festgehalten:

ich glaube an gott,
der die welt nicht fertig geschaffen hat
wie ein ding, das immer so bleiben muß,
der nicht nach ewigen gesetzen regiert,
die unabänderlich gelten,
nicht nach natürlichen ordnungen
von armen und reichen,
sachverständigen und uninformierten,
herrschenden und ausgelieferten,
ich glaube an gott,
der den widerspruch des lebendigen will
und die veränderung aller zustände
durch unsere arbeit
durch unsere politik.

ich glaube an jesus christus,
der recht hatte, als er –
»ein einzelner, der nichts machen kann« –
genau wie wir
an der veränderung aller zustände arbeitete
und darüber zugrunde ging.
an ihm messend erkenne ich,
wie unsere intelligenz verkrüppelt,
unsere phantasie erstickt,
unsere anstrengung vertan ist,
weil wir nicht leben wie er lebte.
jeden tag habe ich angst,
daß er umsonst gestorben ist,
weil er in unseren kirchen verscharrt ist,
weil wir seine revolution verraten haben
in gehorsam und angst
vor den behörden.
ich glaube an jesus christus,
der aufersteht in unser leben,
daß wir frei werden
von vorurteilen und anmaßung,
von angst und haß,
und seine revolution weitertreiben
auf sein reich hin.

ich glaube an den geist,
der mit jesus in die welt gekommen ist,
an die gemeinschaft aller völker
und unsere verantwortung für das,
was aus unserer erde wird,
ein tal voll jammer, hunger und gewalt
oder die stadt gottes.
ich glaube an den gerechten frieden,
der herstellbar ist,
an die möglichkeit sinnvollen lebens
für alle menschen,
an die zukunft der welt gottes. amen.

Die in der triadischen Struktur eingehaltene Analogie dieses Scriptums zum Credo der Kirchen will sicher nicht darüber täuschen, daß es sich um keine Bekenntnisformel im traditionellen Sinn, sondern eher um einen Appell, einen »Thesenanschlag«, eine »Diskussionsforderung« handelt. Sölle tut auf ihre Weise ein Gleiches wie Studenten, Mitglieder junger Gemeinden, Kommunarden, die die Gottesdienste unterbrechen und in Diskussionen umfunktionieren wollen. Wie in jenen Fällen nicht viel differenziert und problematisiert wird, ja, im Grunde, wenn man den platonisch-sokratischen Begriff von Diskussion voraussetzt, auch nicht diskutiert werden soll, hat dies Glaubensbekenntnis über sein eignes sozialistisches Programm hinaus kaum die Absicht, theologisches Denken und Forschen anzuregen, Anstrengungen des Begriffs einzuleiten oder auch nur die traditionellen Glaubensaussagen direkt zu attackieren.

Der Unterschied ist wichtig, um Sölles Manifest nicht in unangemessene dogmatische Zusammenhänge zu bringen. Die christlichen Glaubensformeln mit ihren drei Artikeln über Gott den Vater, Gott den Sohn und Gott den Heiligen Geist waren das Ergebnis jahrhundertelanger Glaubenskämpfe, Endprodukte eines gedanklichen und sprachlichen Bemühens vieler Geister und Generationen, dauerhafter als Erz, Wort fast von der Qualität von Gottes Wort. Soweit auch gegen sie in neuerer Zeit Einwände gemacht wurden, sprachen sie sich so gut wie immer in theologischen Büchern, nicht in einem persönlichen Gegen-Credo aus. Die Entmythologisierungstheologie, vorher die liberale Theologie und die Aufklärungstheologie führten, gleichsam unterderhand ein umfangreiches Reduktionsprogramm am überlieferten Bekenntnis durch. Darüber hinaus blieb dem einzelnen, auch dem einzelnen Pfarrer und Theologen, wenn er das Bekenntnis der Kirche nicht mehr mitvollziehen mochte, der Weg zum Austritt.

Sölle scheint demgegenüber keineswegs die Absicht zu haben, aus der Kirche mit oder ohne Applomb auszutreten, obschon ihr Bekenntnis, dogmatisch betrachtet, sie als weit draußen deklarieren würde. Die alten großen Fragen nach einem rechten oder falschen, einem ganzen oder eingeschränkten Glauben sind hier als unwichtig und inaktuell beiseite geschoben. Um Einzelheiten, gar um das berühmte Jota, wird nicht mehr gestritten. Es wird auch kein intellektuelles Interesse an scharfen Begriffen bezeugt. Das alles erledigt sich mit, indem neuartige Akzente gesetzt werden. Dennoch muß beachtet werden, daß Sölle nicht neben der Kirche als Ergänzung moralisch-soziale Wirkungsfelder öffnen will. Bei allem Willen zur Weltverwandlung kommt es ihr zuerst doch auf Kirchenverwandlung an. Allein schon die Tatsache, daß es sich um ein *Glaubens*bekenntnis handelt, eine polemische Paraphrase zum tradierten christlichen Credo bezeugt diese Absichten mit hinreichender Deutlichkeit. Einerseits also keine Detailkorrekturen am christlichen Glauben (obschon vieles dieser Art, besonders die ganze Entmythologisierungstheologie, stillschweigend vorausgesetzt wird). Anderseits neue Akzente für den *ganzen* Glauben, vielleicht sogar einen neuen Glauben selbst, auf der Basis sozialistischen Denkens, der die alten metaphysischen Türme schleift und seine Leidenschaft in das konzentriert, was man heute negative Dialektik nennt.

Wie sieht dieser Glaube im einzelnen aus, wie differenziert er sich gegen das bisherige Christentum und seine Bekenntnisformeln? Ob Gott »der Vater, der allmächtige Schöpfer Himmels und der Erden« ist oder ob er dies nicht ist, also die Frage Theismus – Atheismus, Pantheismus wird als erste zu den Akten gelegt. Wesentlich ist für Sölle allein die Zusatzfrage und -aussage, daß er die »Welt«, wie es abweichend von »Himmel und Erde« heißt, nicht »fertig« geschaffen hat, daß in ihr also noch Entscheidendes zu tun bleibt. Diese These scheint sich gegen das der Autorin wahrscheinlich zu quietistische Werturteil »Siehe, es ist sehr gut«, mit dem die biblische Schöpfungsgeschichte ausläuft, zu richten. Das Hinüberspielen solcher Bewertungen vom Naturbereich in den Gesellschaftsbereich bringt begriffliche Undeutlichkeiten mit sich, die aber hingenommen werden können. Sölle tut da nur ein Gleiches, wie es das religiöse, sich auf jenes biblische Werturteil berufende Denken auch früher, nur mit umgekehrtem Vorzeichen getan hat. Wichtiger scheint die Erinnerung daran, daß die traditionelle Theologie das Nicht-Gut-Sein, die »Unfertigkeit« der Welt mit dem Mythus des Sündenfalls in Beziehung bringt und von daher die Möglichkeit zweigleisigen, inwendig-dialektischen Denkens besitzt und im heilsgeschichtlich-eschatologischen Aspekt die Möglichkeit unseres Scheiterns einbezieht, sogar voraussetzt. Sölle läßt diese Aspekte auf sich beruhen, vielleicht aus dem Hintergedanken, daß sie in der Geschichte zu tieferem Denken, aber kaum zu energischem Handeln und Verwandeln von Welt und Gesellschaft geführt haben. So darf schon an dieser Stelle darauf hingewiesen werden, wie stark sich dieses Glaubensbekenntnis mit seinen diesseitig-sozialen Akzenten im Sinn eines Worts von Julius Wellhausen »Jesus war kein Christ« in die jüdisch-prophetische Tradition zurückbewegt.

Die Welt »ist« also nicht gut. Sie ist nicht wie »ein Ding, das immer so bleiben muß«. Gott »regiert« in ihr »nicht nach ewigen Gesetzen, die unabänderlich gelten, nicht nach natürlichen Ordnungen«. Daß diese mißverständlichen Aussagen nicht von Himmel und Erde, sondern nur von der menschlichen Gesellschaft gelten und auf sie das Witzwort gegen eine moderne Soziologenschule »Am Anfang war die Gesellschaft, dann schuf Gott Himmel und Erde« angewendet werden könnte, kommt erst in der nächsten Zeile, wo von »Armen und Reichen, Sachverständigen und Uninformierten, Herrschenden und Ausgelieferten« die Rede ist, deutlicher heraus. Die attackierten ewigen Gesetze und natürlichen Ordnungen beziehen sich also auf ohnehin immer recht vergänglich gewesene soziale Gesetze, soziale Ordnungen, eine gesellschaftliche Welt. Es ist leicht, hier von zweideutiger Begriffsbildung der Autorin zu sprechen, wie sie bei einer Glaubensformel schwerer als im gewöhnlichen Denken und Sprechen wiegt. Daß Sölle solche Einwände offenbar selber nicht schwer genommen hat, charakterisiert indirekt ihr Unternehmen und seine archaisierende Kostümierung als die polemische Persiflage, die es wahrscheinlich nur sein wollte. Kleine Sprachveränderungen im einzelnen erscheinen da interessanter als große und grobe Formverstöße, wie z. B. die »Ausgelieferten« an Stelle der in der Antithese zu den Herrschenden erwarteten »Ausgebeuteten«. Man mag nicht fehlgehen, in dieser Art Sprachvariation und Sprachabweichung eine leise Reserve gegen das sonst unbedenklich verwendete Sozialistenvokabular zu sehen.

Außer mit dem Mißverhältnis von Arm und Reich hat Gott, der hiernach noch einmal ausdrücklich berufen wird, es mit dem »Widerspruch des Lebendigen« zu tun. Er »will« diesen Widerspruch, und er will die »Veränderung aller Zustände«. Der Leser wird sich diese logisch nachlässige Formulierung selbst in dem gemeinten Sinn verdeutlichen: Nicht die Veränderung aller, sondern nur die schlechter Zustände, nicht den Widerspruch alles, sondern den des schlecht und träge um seine Privilegien besorgten Lebendigen will Gott. Er will bessernde Veränderung, nicht Veränderung um ihrer selbst willen. Er will jene »durch unsere Arbeit, durch unsere Politik«. Die sozialkritischen Akzente des Bekenntnisses, seine Neigung zu einem entsprechenden, von der Zeit angebotenen Vokabular treten hier unverhüllt zutage. Wir sind nicht mehr bei »Religion« im überkommenen Sinn, sondern bei Arbeit und Politik, im Umkreis von Sozialismus, Marxismus, Neomarxismus, nur noch mit einem theologischen Vorspann der Art, daß Gottes Wille sich in solchen Tendenzen ausspricht. Positiv ausgedrückt haben wir es mit einem Brückenschlag von Christentum zu Marxismus zu tun. Die Identität des ersten mit dem zweiten wird für die Sache der Gesellschaft und ihres sozialen Umbaus bestätigt. Der Christ behält sich nur vor, alles, was in dieser Richtung vom Menschen getan wird, als Willen Gottes aufzufassen. Die Frage, ob Gewalt für solche Ziele anzuwenden sei, wird offengelassen, aber wohl eher bejaht, wie sich im folgenden immerhin von den verwendeten Ausdrücken her vermuten läßt.

Wir kommen zum zweiten Artikel, der sich mit Jesus befaßt. Ein Hinweis, der bisher unterlassen wurde, kann hier nützlich sein: Sölle formuliert ihr ganzes dreistufiges Bekenntnis nach dem genauen verbalen Muster des kirchlichen Bekenntnisses im ersten Satz mit den Worten »ich glaube *an*«. Gerade eine solche Formel (im Lateinischen »in«) ist sonst heute oft aufgegeben oder modifiziert, zum mindesten in den theologischen Exegesen. In ihr spricht sich allzu deutlich das Formelhafte, Extravertierte, Wort- und Begriffsgläubige, das dem Christentum oft zum Vorwurf gemacht wird, aus. Die moderne protestantische Theologie hat daher gerade an dieser Stelle mit einem stärker existentiellen Glaubensverständnis angesetzt. Sölle ist jedoch, ob nun aus taktischen oder prinzipiellen Gründen, in ihren Formulierungen altertümlich und traditionell geblieben, soweit es den jeweiligen Auftakt betrifft. »Ich glaube *an* Jesus Christus«. Nun scheint das Satzgefüge, das dieser Aussage folgt, mit seinen Akzenten den Ton freilich vom Hauptsatz ganz rasch in den folgenden Nebensatz und seine weiteren Ergänzungen hinüberzuziehen und kaum etwas anderes festhalten zu wollen als »Jesus hatte recht ...« Er hatte recht, »als er an der Veränderung aller Zustände arbeitete und darüber zugrunde ging«. Das hier vielleicht der Provokation wegen verwendete nüchterne Soziologenvokabular, das für die Sache Jesu fremd, sogar ärgerlich klingen mag, kann als zeitgemäße Verdolmetschung verstanden werden. Etwas schwieriger ist es mit dem seltsamen, als Zitat vorgebrachten Zusatz »ein einzelner, der nichts machen kann«. Hier scheint wieder einmal negative Theologie dem soziologisch-sozialistischen Programm ins Konzept gekommen zu sein. Daß dieser Jesus »nichts machen kann«, ist wohl gegen seine im kirchlichen Credo (als Implikation der Gottgleichheit) unterstellte Allmacht gerichtet. Schon Gott selbst ist ja in Sölles Bekenntnis nicht mehr allmächtig, zum mindesten im Hinblick auf die menschlichen Verhältnisse – von Himmel und Erde wird gar nicht erst gesprochen. Jesus Christus soll nun »genau wie uns« eine relative soziale Ohnmacht zugesprochen werden, offenbar weniger um diese festzustellen, als daß wir uns nicht auf eine falsche Macht hinter ihm berufen, ihm, dem Erhöhten, dem Richter der Welt das Verbesserungswerk zuschieben und uns auf unsere Ohnmacht zurückziehen. Ein ferner Klang der vollen Menschwerdung Gottes kann an dieser Stelle herausgehört werden, weniger sonor als etwa bei Simone Weil, mit der unsere Autorin im sozialen Pathos Verwandtschaft hat, deren Identifikationskraft mit dem leidenden Tun, in der Kreuznachfolge Jesu ihr jedoch mangelt. Die farblosen Begriffe vom »Arbeiten an der Veränderung aller Zustände« und vom »Zugrundegehen« für Leben und Taten, schließlich für das Kreuz Jesu scheinen auch Sölle unbehaglich geworden zu sein. So gibt es im folgenden wieder einen Aufschwung zu kraftvollerer und lebendigerer Ausdruckweise: »An ihm messend erkenne ich, wie unsere Intelligenz verkrüppelt, unsere Phantasie erstickt, unsere Anstrengung vertan ist, weil wir nicht leben wie er lebte.« Gute Worte das alles, die in jede religiöse und nichtreligiöse Beziehung zu Jesus Christus hineingenommen werden können, auch wenn der leise Verdacht nicht getilgt wird, daß die Defizite, zumal die an Intelligenz und Phantasie mehr gegen die Welt, die Gesellschaft, die *andern* Menschen als gegen das sie bekennende Ich gesprochen sind.

Der folgende Satz gewinnt seinen Sinn wieder aus negativer Theologie: »Jeden Tag habe ich Angst, daß er umsonst gestorben ist.« Solche Angst entspringt kaum aus einem Sorgen um Jesu Ruhm und Ehre, nicht einmal um seine Fortwirkung. Sie scheint eine Antithese zur in der Kirche gültigen, sich auf Paulus zurückbeziehenden Theologie, die von einem definitiven Heilsakt durch Christus, der »für unsere Sünde gestorben ist«, spricht. Ein solches, die Summe ziehendes Verständnis von Jesu Wirken und Leiden scheint für Sölle der Grund, daß Jesus »in unseren Kirchen verscharrt ist«. Sie opfert über einer solchen Furcht wiederum die gesamte spekulativ-objektivierende Begrifflichkeit eines auf Dauer angelegten Bekenntnisses für einen emotionell und engagiert gesetzten Akzent.

Es folgen Begriffe des sozialkritischen Zeitvokabulars:

Revolution, verratene Revolution, Gehorsam, Angst vor Behörden. Sie sind mit den rechten Entsprechungen schwer in den Taten, Reden und Leiden Jesu wiederzufinden. Unter Revolution könnte das Feuer verstanden sein, das Jesus auf Erden anzünden wollte. Der Ausdruck legt dann aber doch so viel Implikationen von Gewalttätigkeit zugrunde, daß seine Verwendung in einem christlichen Bekenntnis kaum mehr gerechtfertigt werden kann. Die Gefahr ist akut, daß man Judas, Barrabas oder einen andern aktiven Revolutionär statt des in seine widerstandslose Passion hineingehenden Jesus bekennt. Dorothee Sölle scheint diese Gefahr in Kauf zu nehmen, sie hat sie nicht durch eine deutlicher differenzierende Kennzeichnung ausgeschaltet.

Nun wird aber innerhalb des zweiten Artikels, ähnlich wie schon beim ersten, auch verbal noch einmal ein Glaubens- und Bekenntnisaufschwung genommen: »Ich glaube an Jesus Christus, der aufersteht in unser Leben.« Was an dieser Formulierung den traditionellen Glauben befremden muß, kann weniger Sölle als einer herrschenden Richtung der modernen protestantischen Theologie, der Entmythologisierungstheologie insgesamt zugerechnet werden. Diese Theologie hat den Terminus Auferstehung zwar nicht eliminiert, aber so stark ins Spirituelle und Existentielle uminterpretiert, daß mit seinen dunklen Gehalten nun nahezu alles oder nichts mehr ausgesagt werden kann. So kann Sölle von Auferstehung in unser Leben sprechen und doch nichts anderes als die Trivialität meinen, daß sich geistige Impulse und Wahrheiten von einem Leben auf anderes Leben übertragen lassen. Solche Unklarheit rächt sich beiderseitig: Auch Sozialisten, Neomarxisten muß es unsympathisch anmuten, in dieser Weise sich und ihr Gedankengut mit obsoleten Vorstellungen und Begriffen des Evangeliums verbunden zu sehen. Die nächsten Sätze über das Freiwerden von Vorurteilen und Anmaßung, von Angst und Haß und vom Weitertreiben der »Revolution« Jesu auf sein Reich hin, lassen sich wieder unschwer in gemeinchristliche Tendenzen überführen.

Es bleibt noch der dritte Artikel, der dem Geist gehört. Hier gibt es bei Sölle eine feine Disharmonie zu den traditionellen Bekenntnissen, die nur für Theologenohren hörbar ist und weit in die Geschichte der Bekenntnisunterschiede zurückweist. Sie betrifft die »Herkunft« des Geistes. Nach römisch-katholischer Auffassung, wie auch den reformatorischen Bekenntnissen nach geht der Geist vom Vater und vom Sohn aus, in griechisch-orthodoxer Auffassung nur von Gott dem Vater. Sölles Bekenntnis hat beide Versionen verlassen und bleibt mit beiden Beinen auf der Erde. Der Geist hat sein Attribut der Heiligkeit wie eine alte Montur abgelegt und ist »mit Jesus in die Welt gekommen«. Diese Formel wird kaum »logisch«, sondern wiederum emotionell, mit einem Spielraum ungesagter, aber leicht zu fühlender Nebenbestimmungen zu verstehen sein. Sonst käme man dahin, daß hier ein riesiger Abgrund zu allen übrigen Bestimmungen dieses Bekenntnisses, zu seinem ganzen Geiste sich auftäte. Dem Geiste Jesu sind die vorangegangenen Bekenntnisse zwar nicht fremd, aber doch auch sicher nicht so zentral eingelegt, daß sie erst mit ihm in die Welt gekommen wären, daß sie insbesondere nicht mehr noch der großen prophetischen Tradition des Judentums einerseits, dem modernen unreligiösen Marxismus anderseits entsprechen. Die Verantwortung für das, was aus unserer Erde wird, der gerechte Friede, das sinnvolle Leben, die Herstellbarkeit alles dessen liegen höchstens noch halb, zur größeren Hälfte sicherlich unterhalb des Horizonts christlichen Denkens. Im Augenblick, wo wir es verlassen, macht Sölle aber doch noch, umgekehrt zu Lots Weib, eine Rückwendung in den Schlußworten: »Ich glaube an die Zukunft dieser Welt Gottes. Amen.«

Dorothee Sölle hat ein Bekenntnis formuliert, das für sie selbst und eine kleine energische Gruppe meist junger Christen und Theologen neue soziale und sozialistische Akzente setzt. Man konzentriert keine Energien ohne Beschränkungen. Ketzer gibt es nicht mehr in der christlichen Welt. Die soziale Sekte ist entschlossen, die vielen bloß Frommen, die im bisherigen Christentum und seinen Durchschnittsforderungen an Gottes- und Nächstenliebe ihren Frieden gefunden haben, nicht sich beruhigen zu lassen. Das scheint ihr zu gelingen. Ob die entgegengesetzte Gefahr gebannt wird, den Glauben an eine bestimmte Politik, den Himmel ganz an die Erde, die Person Jesu an die eines abstrakten Sozialreformers zu verlieren, bleibt zweifelhaft. Aber auch die, die das herkömmliche Glaubensbekenntnis nicht für das Linsengericht einer neuen zeitgebundenen Variante und Improvisation verkaufen wollen, sollten dabei das Vertrauen wahren, daß der, den *sie* bekennen, sich stärker, genauer, auch strenger in seinen Anforderungen der Zugehörigkeit erweisen wird, als unsere Voreiligkeit im Abgrenzen es annimmt. Es gibt von ihm die spiegelbildlichen Worte: »Wer nicht für mich ist, ist wider mich« und »Wer nicht wider mich ist, ist für mich«. Lange genug hat für Christen das erste gegolten, als daß das zweite nicht auch eine Weile an die Reihe kommen könnte.

Vier Marginalien zum Credo

I

In der DDR inspiriert ein »Kulturwalter« auf seinem Dorf die Kinder, den Pfarrer vor dem Religionsunterricht zu fragen, ob er den lieben Gott schon gesehen habe. Wenn er verneine, sollten sie antworten: »Gut, dann kommen wir später wieder.« – Die Entgegnung auf so viel List und Tücke ist schwieriger, als sie scheint, weil sie ja knapp und aus dem Stande gegeben werden muß. Wie müßte sie lauten, um sowohl der Frage zu entsprechen, wie den Fragern das »Maul zu stopfen« und doch allein aus der Schrift, nicht aus den Zufälligkeiten des eignen Kopfes bezogen zu sein?

Ein Theologe wird sicher zuerst bei Joh. 4,24 Rat holen: »Gott ist Geist . . .« Aber der biblische Nachsatz: »Und die ihn anbeten, müssen ihn im Geist und in der Wahrheit anbeten«, schweift zu weit ab, weil nach näheren Beziehungen des Menschen zu Gott ja nicht gefragt war, sondern dessen sinnfälliges Dasein bezeugt werden sollte. Auf das Dilemma, daß das sichtbare Erscheinen Gottes seiner Realitätsweise widerspricht, war die Frage von vornherein zugespitzt. Die Johannesstelle wird aber schon durch den Ausdruck Geist selber zur Antwort auf eine so einfältig-elementare Forderung untauglich sein. Vor diesen Ohren wäre »Geist« eine viel zu undeutliche, ungreifbare und vage Kategorie, als daß die Versucher stutzig gemacht werden könnten. So wird die Antwort auf ältere »sinnlichere« Schichten des Glaubens, auf seine alttestamentliche Stufe, die aber auch im Neuen Testament gut aufgehoben ist, zurückweichen müssen. Mir scheint, daß am besten mit 2. Mose 33,20 erwidert werden kann: »Ich lebe ja noch!« Das wäre zugleich kurz, leise und hinreichend irritierend gesagt, und es stimmte mit dem genannten Schriftwort genau überein, wo es heißt: »Und er sprach weiter: Mein Angesicht kannst du nicht sehen, denn kein Mensch wird leben, der mich sieht.« Überdies entspräche die Replik auch der wichtigsten Aussage des Neuen Testaments über die Formen und Weisen der Gotteserkenntnis im Verhältnis zu unseren hiesigen Anschauungsformen und Kategorien: »Wir sehen jetzt durch einen Spiegel in einem dunklen Wort, dann aber von Angesicht zu Angesicht« (1. Kor. 13,12), wie Luther es übersetzt hat.

Nicht die Frage als solche brauchte schon böse zu sein – irgendwann hat sie sich jeder Mensch einmal zu stellen –, aber daß man die Einfalt der Kinder benutzt, sie listig und hintenherum den Dienern des Glaubens anzutragen, und daß man eine erfolgreiche Beantwortung vom Ingenium der Schlagfertigkeit abhängig macht, darin liegt die schmerzlich-beschämende Seite des kleinen und doch beispielhaften Geschehens der Zeit.

2

»Daß Gott ist, ist genug.« – Dieser große Satz, dessen Herkunft schwer auszumachen sein wird, atmet gleichsam. Er kann als ein äußerstes Sich-Zurückziehen des Glaubens verstanden werden. Und er ist doch zugleich ein entschiedenes

Sich-Vorausspannen des Wissens und der Gewißheit *im* Glauben. Was ist wirklich wichtig und entscheidend für uns? Doch nicht, daß wir um unser ewiges Schicksal, um die Geheimnisse von Leben und Tod ein wirkliches oder vermeintliches Wissen erwerben, sondern allein, daß wir dessen gewiß werden, daß »Gott ist«. Dieser Gott muß freilich »der Lebendige« sein, nicht so etwas wie eine »höhere Macht«, ein »Weltgrund«, ein Abstraktum von erstem Beweger oder gar ein in die Welt selbst und ihr Totum integriertes schaffendes Prinzip. Hier birgt der Satz einen verhüllten oberen Sinn, der aus seinem Wortlaut nicht unmittelbar zu entnehmen wäre. Für den, der ihn gleichsam zu vokalisieren versteht, kann kein Zweifel bestehen, daß es sich nur um eine Aussage aus dem Spannungskreis des Offenbarungsglaubens handelt, nicht um eine philosophische oder allgemeinreligiöse Formel, die ja dann auch nur von dürftigstem Inhalt wäre. So setzt dieses Wort eine sichere, aber unauffällige Grenze zu Unglaube und Halbglaube. Wenn ich von Gott, dem Lebendigen, überhaupt einmal »weiß«, dann ist dies Wissen und diese Gewißheit in der Tat »genug«, um damit leben und sterben, um sogar der Weisheit der Welt viel vorgeben und auf die spezielleren, auch dem Glauben nicht immer ebenso gewissen Verheißungen (von der Auferstehung der Toten bis zum ewigen Leben) beinahe verzichten zu können.

In solcher nur demütig erscheinenden Verzichtbereitschaft kehrt sich indessen auch die andere Seite der Sache heraus, daß dieser äußerste Satz, diese wichtigste aller Gewißheiten die Unendlichkeit und die Allmacht, im besonderen aber die Allgüte und Alliebe Gottes auf ungebührliche Weise begrenzen möchte, daß es sich doch um einen sehr menschlichen, ängstlichen, ja kleingläubigen Satz handelt. Er bezeichnet gleichsam den positiven Nullpunkt, auf den der Glaube sich in der Not zurückziehen kann, bei dem er aber nicht lange über die Not hinaus stehenbleiben soll. Von Gott selbst ist uns ja in der Schrift und im Bekenntnis versprochen, daß dies Minimum, daß »Gott ist«, eben *nicht* »genug«, *nicht* alles an Verheißung und Gnade sein soll, sondern daß Er unausdenkbar mehr an Sein und an Seligkeit auch für den Menschen in seinen Plänen vorgesehen hat, wennschon wir dies nun nicht mehr mit Gewißheit, sondern nur auf Vertrauen hin wissen sollen.

3

Das Wort aus Römer 2,4: »Weißt du nicht, daß Gottes Güte dich zur Buße leitet«, wird in der Regel unrichtig akzentuiert und auch in manchen Konkordanzen unter dem Stichwort »Buße« geführt. Sein Ton kann jedoch nur auf der »Güte« liegen. Man könnte die Grade der Christenreife, der »Entwöhnung« im Sinne von Hebr. 5,12 daran ablesen, wohin einer im Nachsprechen des Satzes den Akzent setzt, bzw. ob er überhaupt einen Akzent für erforderlich hält. Ist die Buße der Güte Gottes vorgeordnet oder die Güte Gottes der Buße? Innerhalb der rein moralischen und das heißt im biblischen Sinne innerhalb der »gesetzlichen« Kausalzusammenhänge gilt zweifellos die erste Ordnung. Über eben diesen Zusammenhang will der Apostel aber hinauslocken, ohne daß er die Gesetze des sittlichen und religiösen Lebens einfach aufheben würde und könnte. Solange der geistliche Mensch noch im ungekräftigten »Kindsalter« seines Glaubens steht, solange er also im Sinne des Alten Bundes noch unter das Gesetz fällt, muß er Gott gegenüber zuerst zu »richtigem« Tun und Verhalten angeleitet werden. Hier steht das Gesetz der Buße in Kraft, und Buße gilt als Gesetz. Gott fordert die ihm zukommende Ehre, die den Menschen zerbricht; er hebt die himmlischen Ordnungen keineswegs leichthin auf. Aber es ist dann doch seine Güte, daß er mit einem gleichsam leise geflüsterten Wort dem Menschen einen Wink gibt, dies eherne Gesetz in Gnade zu wandeln und gerade in der Buße die Güte Gottes zu erkennen. Die Einordnung des Menschen in die himmlischen Hierarchien führt zwar *allein* über den bitteren Weg von Umkehr und Buße, von Unterwerfung und Überantwortung an Gott und seine Gerichte. Zugleich aber führt sie auch *einfach* über diesen Weg, wenn ihn der Mensch nur einmal in seiner himmlischen »Natürlichkeit« erkannt und verstanden hat, wenn er ihn tätig und leidend zu betreten lernte. Diese Wendung und Metanoia, einmal und immer wieder, hat dann zur unmittelbaren seligen Folge, daß sich Gott ebensosehr, wie er es vom Menschen verlangte, umgekehrt auch in des Menschen Hände begibt, auf daß nun ein wechselseitiges Dienen Ereignis werde und mit ihm die wahre unendliche Liebe, die ja Gott selber ist. –

Oder mit kürzeren Worten noch einmal gesagt: Bei allem Schlechten, das wir getan, verursacht oder auch nur mitverursacht haben, ohne viel Winkelzüge sein gerüttelt Maß Verantwortung auf sich nehmen, bei allem Guten aber Gott allein die Ehre geben, das ist das ganze bittersüße Geheimnis, seine Seele zu gewinnen und sie in alle Ewigkeit zu bewahren.

4

Die christlichen Väter haben weise daran getan, den Menschen- und Gottessohn im Glaubensbekenntnis zwischen die beiden nicht mehr menschlichen Hypostasen Gottes, den Schöpfer-Vater und den Geist, zu stellen. Deren unabsehbare Größe »schützt« Christus (und mit ihm auch uns) davor, in der Welt, in der Geschichte, in der Unendlichkeit der Dinge und Wesen sozusagen verlorenzugehen. Wie ist es denn in eben dieser Welt mit Christus? »Wer sagen die Leute, daß des Menschen Sohn sei?« (Matth. 16,13) Doch günstigenfalls nur, daß er einer unter mehreren, nicht einmal der Wichtigste, geschweige der allein Wahre ist. Wie leicht hätte er sich im Credo an der hinteren statt an der mittleren Stelle im Laufe der Zeiten ablösen können! Die mosaische oder die mohammedanische Abneigung gegen die Inkarnation ist ja oft genug auch für den Christen eine große Versuchung gewesen, und sie wird es auch künftighin sicherlich immer wieder sein.

So »klein« sich aber auch der gekreuzigte Mensch zwischen den Kolossen des Schöpfers und des Geistes ausnimmt, in dieser umschirmten Mitte bleibt er gleichwohl für den Glauben, wenn es einmal erlaubt ist, solche Unterscheidungen zu machen, der *Hauptartikel*, das Herz und das Zentrum des ganzen Bekenntnisses. Nichts anderes meinen die schwierigen Umschreibungen der alten wie auch der neueren Dogmatiker, wenn sie Christus als den über alles vom Vater geliebten, nicht geschaffenen, sondern gezeugten Sohn definieren, der zusammen mit dem Vater, und nicht der Vater allein, den Geist haucht. Würde uns eine Wahl abverlangt – die Spekulation ist nicht so irreal, wie sie erscheint, sie hat reiche geschichtliche Belege –, eine Wahl zwischen den nichtmenschlichen Hypostasen Vater und Geist und dem Menschensohn: allein schon darum, weil auch wir Menschen sind, müßten wir uns zum Sohne halten.

Es ist schrecklich in die Hände des lebendigen Gottes zu fallen, sagt die Schrift (Hebr. 10,31), und sie hat dementsprechend auch vom Sohn in seiner Erhöhung die schreckliche Gewalt des göttlichen Richters ausgesagt, aber sie hat ihn zugleich Mensch, also einen von uns, auch in der Ewigkeit bleiben lassen.

Kompensationen

Aspekte der Theodizee heute

Diese Rede* hat einen kargen Titel: Kompensationen? Soll wirklich über nichts anderes als über dieses eine Wort gesprochen werden? In der Tat! Und ich will auch noch unten anfangen beim schlichten Übersetzungssinne des ja nicht ungebräuchlichen Fremdwortes. Kompensation heißt auf deutsch Ausgleich, Entschädigung. Der Ausdruck bietet sich, wie diese Übersetzungen schon verraten, für die Geschäftssprache, danach für die Rechtssprache an. Im BGB wird er für eine schuldhafte Aufrechnung angewendet. In Zeiten etwas zwielichtiger Wirtschaftsverhältnisse, im Kriege, in der Inflation, in der ersten Nachkriegszeit sprach man von Kompensations-

* *Als Rundfunkvortrag gesprochen 1969*

geschäften, wenn man ein »Nimm du dies, dann nehm' ich das«, »Kauf mir dies ab, dann geb' ich dir das dazu« meinte, also einen nicht ganz sauberen Ausgleich für einen in Kauf genommenen Nachteil. Kompensationsgeschäfte sind inzwischen zum Glück ausgestorben, wir haben sie nicht mehr nötig. Auch das Wort ist seltener geworden. Immerhin wird es als Fachausdruck in der Psychologie und besonders in der Medizin regelmäßig verwendet. Die Psychotherapeuten sprechen von Kompensationen, wenn sie ein Streben nach Ersatzbefriedigungen zum Ausgleich von Minderwertigkeitskomplexen oder dgl. beim Namen nennen wollen. Wichtiger ist der Terminus in der Physiologie. Wenn ein Organ in seinen Funktionen nachläßt, das Herz, die Niere, der eine Lungenflügel, steigert sich die Tätigkeit eines andern zum Ausgleich, werden Kompensationen geschaffen.

All das ist gut und nützlich zu wissen, ja es spricht sogar unmittelbar in den Zusammenhang hinein, den ich mit diesem Thema im Auge habe. Kompensationen sind, wo sie im Leben auftauchen, oft Akte einer ausgleichenden Gerechtigkeit, eines Strebens nach Gleichgewicht, einer Linderung von Last, Leiden, Not, Mangel. Die hierher gehörenden Erscheinungen haben therapeutischen, heilenden Charakter.

Nun sind Begriff und Wirklichkeit zweierlei. Wenn sich Ausgleichsvorgänge ereignen, geschieht das dort, wo es wichtig ist, von selbst. Die eine Lunge arbeitet für zwei, wenn der Pneumothorax angelegt ist, sie schafft den Ausgleich. Auf das Wort aber kommt es dabei nicht an. Hier ist der Punkt, wo mein engeres Thema beginnt: Es gibt Begriffe und Ausdrücke, die eine klare, gegebene Sache bezeichnen, und es gibt Begriffe und Ausdrücke, die einen Sachverhalt überhaupt erst sichtbar machen, indem sie ihn in einen bestimmten Verstehenszusammenhang rücken. Die ersten sind »äußerlich«, sie kommen »post rem«, nach der Sache, die sie bezeichnen. Die zweiten dagegen helfen Sachverhalte verstehen, ja sie schaffen in gewisser Weise die Zusammenhänge erst, die sie bezeichnen. Solche Begriffe sind »ante rem«, vor der Sache, sind selbst eine Art idealer Wirklichkeit.

Die Philosophiegeschichte hat diesen Unterschied im mittelalterlichen Universalienstreit durchexerziert, als Gegensatz von Nominalismus und Realismus der allgemeinen Begriffe.

Wir wollen hier den Ausdruck Kompensationen begriffsrealistisch als einen allgemeinen Aspekt unseres Daseinsverständnisses betrachten, als eine Deutungskategorie, die sich nicht von selbst versteht, die man in der Regel sogar gar nicht heranzieht, ja die für bestimmte Denkweisen ärgerlich, gefährlich, bekämpfenswert erscheint. Nachdem wir ganz unten beim wörtlichen Sinn des Ausdrucks begannen, sei nunmehr ganz oben mit dem letzten möglichen Sinngehalt des Begriffs Kompensationen fortgefahren. Der Sprung wird sich gleich als notwendig zur Entwicklung des Gedankenganges erweisen:

Die Welt ist voller Übel, Mängel und Nöte. Hat es Sinn im universalsten Maßstabe nach Ausgleich, nach Kompensation zu fragen und damit einen Sinn für das Dasein als Ganzes zu retten, wenn er uns auch im einzelnen oft genug völlig zu fehlen scheint? Wir neigen dazu, diese zentrale Frage, wenn sie uns ernstlich und eindringlich gestellt wird, eher zu verneinen. Das handgreifliche Übel der Welt, der bare Unsinn und Wahnsinn, das Verbrechen, die Unvernunft, aber auch die nicht erst vom Menschen manipulierten, die seinseigenen Abgründe der Dinge sind zu offenbar, als daß es akzeptabel wäre, mit den Worten des großen Leibniz von der »besten aller möglichen Welten« zu sprechen, oder auch nur, mit den noch berühmteren Worten der Schöpfungsgeschichte: »tob me' od, sehr gut« zur Welt und zum Menschen zu sagen. In der Regel sind so generelle Werturteile ohnehin nicht mehr die Sache des heutigen Menschen. Er spult sein Dasein recht und schlecht durch die Jahre, ohne sich zuzutrauen, bestimmte Ansichten über dieses Dasein abzugeben. Gleichwohl muß beachtet werden, daß man nicht erst eine große Gebärde anzunehmen und sich als winzige Person der riesigen Welt maßnehmend gegenüberzustellen braucht, um dennoch grundsätzliche Urteile, Werturteile über sie zu vollziehen. Gerade das Allgemeine braucht überhaupt nicht ausgesprochen, nicht einmal bewußt gedacht zu werden, und kann dennoch unser ganzes Dasein, soweit es geistiges Dasein ist, durchdringen. Ich kann allein in der düsteren Miene, im Akt der Resignation oder des Zynismus ein stummes vernichtendes Urteil über Mensch, Welt, Leben und Gott fällen, das genau so Allgemeingültigkeit beansprucht wie irgendeine philosophische Theorie, die sich die Mühe macht, solche Einstellungen begrifflich zu entfalten. So leicht entwischt der menschliche Geist dem Allgemeinen nicht. Laß dich ansehen, laß einen kleinen Einblick in dein Leben gewinnen, und ich sage dir, auch wenn du selbst nie ein Wort in solcher Richtung verlauten ließest, was du über Leben, Welt, Dasein denkst. Philosophieren tun nicht besondere oder besonders verdrehte Köpfe, philosophieren tut der menschliche Geist selber, ob nun in Form der ausgesprochenen oder nur in der Form der gelebten Gedanken.

Über Kompensationen im universalen Maßstab zu sprechen, heißt nach alledem den heute ziemlich unmodern gewordenen, ja mitunter verpönten Gedanken einer Theodizee, einer Rechtfertigung der Schöpfung so wie sie ist, dem zuletzt Leibniz eine ernste Denkbemühung gewidmet hatte, wieder aufgreifen. Wir machten darauf aufmerksam, daß Kompensationen eine Funktion des Ausgleichs, des Heils, der Wiederherstellung im Zusammenhange des biologischen Lebens üben. Niemand bestreitet das, wo es sich, etwa in den Kompensationen des erkrankten oder abgenutzten Körpers, von selbst versteht. Niemand bestreitet also einen gewissen Kreis von Phänomenen, bei denen der Sachverhalt selbst uns einen solchen Begriff aufzwingt. Die Frage und der Streit entzünden sich erst, dann aber sofort mit letzter Leidenschaft, wenn man nach der Reichweite des Begriffs Kompensation forscht. Wo fängt es an, falsch, ja gefährlich, verderblich zu werden, Sachkomplexe arger oder gar unerträglicher Art noch mit Hilfe einer Kompensationstheorie zu entschärfen oder zu beschwichtigen? Wir kommen nicht darum herum, die Frage sehr rasch auf ein größeres Ganzes von Welt und Leben auszudehnen. Theodizee heißt Rechtfertigung eines Schöpfergottes wegen der Übel der Welt. Wenn die Übel der Welt aber nicht gerechtfertigt werden können, wenn sie so groß, so evident, so ungeheuerlich sind, daß uns vor ihnen Wort und Sinn verschlagen, dann ist die Folge, daß der Gott, so wie wir ihn auf Grund unserer Tradition verstehen, nicht der Schöpfer dieser Welt sein kann, daß es im Grunde wohl überhaupt keinen Gott gibt. Alle Angriffe gegen das Unternehmen einer Theodizee sind folgerichtig immer von Gottesleugnern gekommen. Voltaire und Schopenhauer, Nietzsche, Marx, Stendal, der Iwan Karamasoff bei Dostojewski sind sich darin einig, daß der Zustand der Welt einem »gütigen« Gott hohnspricht. »Die einzige Entschuldigung Gottes ist, daß er nicht existiert«, hat Stendal gesagt, und Nietzsche hat ihm entzückten Beifall für diesen »besten« aller Atheistenwitze gespendet.

Aber Voltaire, Schopenhauer, Marx, Nietzsche hin wie her, die wahren Einwände gegen die Rechtfertigung des Übels der Welt sind erst aus unserem Jahrhundert gekommen. Sie sind nicht in Gestalt von Aperçus und witzigen Bemerkungen, nicht einmal in der Form durchdachter atheistischer Systeme, sondern als Ereignisse, Geschehnisse, Tatbestände in unser Bewußtsein getreten: Zwei Weltkriege und ihre Innenseite, Konzentrationslager, Gasöfen, Hiroshima, Dresden, das Warschauer Getto waren die extremen Wirklichkeiten, die den Gedanken, die Welt, so wie sie ist, für »gut« oder gar für die bestmögliche zu halten, ad absurdum geführt haben. Was in unserer Zeit geschehen ist, was Menschen tragen mußten, verbietet es mit der Majestät des Grauens, durch vermeintlich »größere« geschichtliche oder übergeschichtliche Zusammenhänge, in denen es Sinn finden soll, abgeschwächt zu werden. Schon der Ansatz zu solchen Rechtfertigungen hat etwas Empörendes. Mag Leibniz mit seinen Prinzessinnen im Herrenhauser Schloßgarten über einen letzten Ausgleich und eine immanente Güte des Daseins philosophiert haben, wir können dies nicht mehr, wir haben es, scheints, so endgültig überwunden wie das ptolemäische Weltbild oder die Theorie vom Phlogiston.

Wer es redlich meint, wird daher dem extremen Existentialismus, der einen tiefen undurchdringlichen Schatten von den chaotischen Rändern des Lebens auf seine Gesamterstreckung fallen läßt, zustimmen müssen. Ein erneutes Fragen müßte an ganz anderer Stelle als bisher einsetzen, ein erneutes Fragen darum, weil sich der »Wühler Geist« nun einmal bei keinen endgültigen Setzungen zu beruhigen pflegt. Auch wo es zunächst unmöglich erscheint, fragt er weiter. Und so könnte nun, wenn wir es richtig sehen, bei unserm Problem ein erneutes Denken und Fragen vielleicht ganz elementar an dem Begriff von Welt und Dasein, der im »letzten Wort« jenes Existentialismus' verwendet wird, sich entzünden: Trifft es wirklich zu, daß man sich mit dem Verweis auf die tatsächlichen oder auch nur auf die möglichen Ungeheuerlichkeiten des Daseins gegen die alte These von der »guten Schöpfung«, indirekt also gegen die Güte Gottes, der die Welt geschaffen hat, wendet? Ist diese These dadurch absurd gemacht worden? Ist in den biblischen Worten des Siebenten Tages, als Gott Bilanz zog und »sehr gut« zur Welt sprach, wirklich dasselbe gemeint, wie wenn wir heute »Welt« sagen und darunter die Summe und den Inbegriff aller Realität verstehen? Merkwürdigerweise sind bei den nun schon einige Jahrhunderte alten Erörterungen dieses Problems die Denker, die gegen die Güte der Schöpfung protestierten, niemals auf den vom Text her naheliegenden Gedanken gekommen, daß der Gott des Siebenten Tages vielleicht etwas anderes unter Welt verstanden haben könnte als der Polemiker gegen eine Theodizee. So töricht und blickverengt für das Wirkliche sind auch die Alten nicht gewesen, daß sie in ihrer aufs Ganze gesehen, auch ohne Atombomben und Konzentrationslager, vielleicht noch rauheren Welt, in der, wie es immer wieder im Alten Testament heißt, die »Schärfe des Schwertes« wütete, das Totum des Daseins für ideal und vollkommen gehalten hätten. Wenn Gott in Genesis 1 sagt: »Sehr gut«, so ist damit vielleicht nur ein bestimmter Ausschnitt unseres heutigen Weltbegriffes gemeint, nämlich die gerade vorher von ihm »al pene tehom, über dem Chaos« gestaltete Welt des Lichtes, der Sterne, der Tiere, der Pflanzen, ohne das niedergezwungene »Tohuwabohu«, ohne die Hölle, den Abgrund von Krieg, Krankheit, Armut, Elend, Verbrechen, kurzum nur die Welt unseres gewöhnlichen und mittleren Lebenstages. Daß sie nicht die ganze Wirklichkeit ist, daß sie von Chaos und Feuerzonen umrandet wird, für die eine Bewertung »sehr gut« paradox wäre, verstand sich für das Denken der Alten, die Gottes Güte preisen wollten, wahrscheinlich von selbst. Die überspitzte Dialektik des modernen Atheismus, die sich am Widerspiel zu einer Theodizee entzündet, würde also offene Türen einrennen. Niemand, der Sinne und Verstand beisammen hat – auch der große Leibniz war kein Phantast –, wird die Güte der Schöpfung auf die Hölle ausdehnen. Selbst Dante hat dies nicht so unvermittelt getan, wie es erscheinen kann, wenn er sagte, daß auch sie noch eine Schöpfung der ewigen Liebe sei.

Macht man sich solche Unterscheidungen zu eigen, so löst sich ein Krampf, der über dem modernen Denken liegt. Kompensationen gelten also nur unter den Bedingungen eines mittleren Daseinsbereiches. Jenseits solcher Zonen hört alles Fragen, Denken und Philosophieren von selbst auf, wird uns im buchstäblichen Sinne die Sprache verschlagen. Der Krampf unseres Denkens bestand und besteht darin, daß man diesen Umstand nicht berücksichtigte, daß wir noch mit dem lebendigen Eindruck der Hölle im Gemüt das Negative schlechthin auch auf die ganz anderen Seinsbedingungen unseres irdischen Tages meinten ausdehnen zu müssen. Existentialismus heißt aufhören, vom gewöhnlichen »gesunden« Sein her zu denken, heißt, alle Aussagen in der Negativität des Grauens, der Angst und Abgründigkeit aufbrennen lassen. Er nimmt für seine Grenzerfahrungen in Anspruch, daß sie allein auch den Sinn oder richtiger den Unsinn, den Wahnsinn des mittleren Daseins implizieren, während dessen eigene Sinngebungen und Urteilsakte nur unernstes Geschwätz seien. Die einzige ernsthafte Gegenwelt, die er zuläßt und die zugleich nichts anderes als die Kehrseite seines extremen Subjektivismus ist, bleibt dann die Sphäre der reinen Objektivität, des transpersönlichen Gegenstandes, die Tatsachensphäre der »positiven Wissenschaft«. Kompensationen? Wir wollen diesen Leitbegriff in seiner chiffreartigen Unschärfe nun nicht gegen die exakten Feststellungen des Positivismus ausspielen, so wenig wie wir mit ihm die Chaoszonen, in deren Medusenanblick der Existentialismus gebannt ist, mit einem falschen Sinn erfüllen wollten. Wir sehen in dem Ausdruck nichts als einen lebensfreundlichen Helfer in der mittleren Zone unseres normalen Daseins. Eine Theodizee soll nicht die Hölle rechtfertigen, vielleicht kann sie aber manches leisten, um den alltäglichen irdischen Übeln etwas von ihrer Last zu nehmen, vor allem die zusätzliche Last zu beseitigen, die der hektisch und kurzschlüssig verurteilende Menschengeist in unser Leben bringen kann. Etwas anderes wollte auch Leibniz mit seiner Idee nicht.

Da besteht die unabsehbare Misere unseres leiblichen Lebens und über sie gelagert die des sozialen und politischen Daseins. Da sind Krankheit, Armut, Enge, die tausend Einschränkungen, die das Schicksal in jedes menschliche Leben bringt. Was wir in der Jugend entbehren, haben wir im Alter die Fülle, suchte Goethe mit Recht zu trösten. Man könnte die Wahrheit eines solchen Satzes aber auch umkehren und auf die Wünsche und Sehnsüchte des Alters weisen, auf alles, was es der Jugend oft mit scheelem Rückblick neidet, wenn es selbst jedes ausgleichenden Gerechtigkeitssinnes mangelt: Gesundheit und Lebhaftigkeit, Geschlechtskraft, Leibesfreude, Gedächtnis, Geisteselastizität, ja ganz einfach die schöne Leidenschaft des Begehrenkönnens nach den Gütern des irdischen Tages nehmen im Alter zwangsläufig ab, und die Kompensationen in Geld und Gut, Stellung und Macht, Weisheit und Erfahrung gelten manchem Alten nur als fadenscheiniger Ersatz. Hier fehlt es auf beiden Seiten der Generationenfront oft an gerechter Überschau, es fehlt in der Jugend an Geduld und im Alter an Dankbarkeit. Oder im Großen und Sozialen: Die Völker des Westens haben zweifellos das gefälligere, genußreichere Leben denen des

Ostens gegenüber, die Nahrung, Notdurft und Komfort nur ansatzweise und das höchste Gut der Freiheit gar nicht genießen. Auch sie sind jedoch nicht gänzlich ohne Kompensation. Auch in der Welt zwischen Leipzig und Wladiwostock wird gelacht, erfreut sich das Leben, wenn schon weniger unmittelbarer Genüsse, so doch vielfach eines weit langsameren inneren Verschleißes. Die Gefahr, daß es sich selbst aus Überdruß ausstreicht, ist viel geringer als in den großen Wohlstands- und Freiheitsräumen. Was wissen wir heute schon von den auf der Zeitlinie, in der Zukunft verborgenen Kompensationen jedes einzelnen dieser Menschenleben? So hilft es dazu, dem Dasein im ganzen gerecht zu werden, wenn man mit einer gewissen Hartnäckigkeit an einen verborgenen inneren Ausgleich glaubt und ihn in der Wirklichkeit aufzuspüren sucht. Es hilft zum mindesten gegen die Gefahr, allzu rasch Angriffe gegen die Güte der Schöpfung zu richten und sie dann meistens doch nur im sozialen oder personalen Vorfeld verpuffen zu lassen. Der Gesichtspunkt, daß das Dasein von Kompensationen durchwaltet ist, soll nicht zu einer alle Probleme einebnenden Weltformel, zu einer alles Übel beschwichtigenden Konstante des Lebensverständnisses übersteigert werden.

Das Gegenteil jedoch, nirgends Kompensationen anzuerkennen, dürfte noch schlimmer als solche Übertreibung sein. Man muß wissen, wie weit man bei sich selbst und bei andern mit diesem Ausgleichsprinzip gehen darf, ob es z. B. noch erlaubt ist, sich oder andern ein soziales Elend, das durch entschlossene Akte der Abhilfe zu beseitigen wäre, als Idylle des einfachen Lebens zu vergolden, ob es erlaubt ist, angesichts von Leiden und Siechtum über Jahre noch auf die Segnungen der Seele hinzuweisen, die im Leiden enthalten sein können. Hat man den rechten Takt in solchen Entscheidungen, hat man vor allem die genügend umfassenden Erfahrungen, die dazu verhelfen, das Transitorische nicht immer gleich für endgültig zu halten, sondern einen panoramatischen Überblick über das Ganze des Menschenlebens zu gewinnen, so erweist sich die Vorstellung vielfacher Kompensationen in Schicksal und Anlage eines Menschen als geeignet, die Mittellagen des Daseins ohne den sentimentalen oder aggressiven Extremismus von Klage und Anklage zu bestehen. Wer sich hier den Star gestochen hat, der sieht dann, daß das Leben, sein eigenes wie das der Menschen um ihn herum, mit allem Guten und Schlechten doch auf Schritt und Tritt von Kompensationen durchsetzt ist. Der Ausdruck gewinnt dann für ihn eine ähnliche Bedeutung wie die ältere Sprechweise, die alle unsere Tage, all unser Sein unter ein ständiges, in unablässigem Vollzug befindliches Gericht stellte und darüber hinaus alles hier Ungelöste noch unter jenseitige, richtende Aspekte brachte: Ein Gericht im Guten wie im Schlimmen, als negative wie als positive Kompensation, als Lohn wie als Strafe. Kompensationen erkennen, heißt dann das Wirkliche besser würdigen, sich von der Diktatur des Einzelerlebnisses lösen. Ob wir die Schöpfung und den Schöpfer angemessen erkennen und beurteilen, ist für sie selbst unerheblich, für uns, unser Glück und unsern irdischen Tag hängt aber so gut wie alles von richtigen Erkenntnissen und Entscheidungen in diesem Grunde unserer Existenz ab.

Aspekte des Atheismus

Ernst Blochs religiöser Futurismus

Das überraschende theologische Alterswerk Ernst Blochs »Atheismus im Christentum« hat trotz seiner Blickfang betreibenden Aufmachung (»Nur ein Atheist kann ein guter Christ sein, nur ein Christ kann ein guter Atheist sein«) bisher wenig Aufmerksamkeit gefunden. Einige Besprechungen kratzten am Rand herum. Die literarische Kritik im allgemeinen fühlt sich nicht zuständig. Eine philosophisch-theologische, soweit es sie überhaupt gibt, läßt auf sich warten. Das mag zum Teil allgemeinere Gründe haben. Bloch ist bei den Jüngeren nicht mehr allzu gefragt. Was an ihm brauchbar war (sein Marxismus, dazu der Gedanke der konkreten Utopie), hat sich dem Zeitgeist eingefügt. Darüber hinaus erzeugt seine persongebundene Methode wenig schule- oder richtungbildende Produktivität. Wer sich näher mit ihm abgibt, hat deshalb das Empfinden, daß er schon Geistesgeschichte betreibt.

Das neue Werk wird an dieser Sachlage kaum viel ändern, auch wenn der Instinkt des Autors ihn diesmal in einen Raum geführt hat, wo vielleicht noch Frucht für ihn anzubauen war: das Spannungsfeld von Marxismus und Christentum. Dennoch ist Bloch auch hier nicht ganz da, wo sich sonst die Köpfe derzeit erhitzen. Er kann es nicht ändern, daß er »ein alter Mann« ist, der üppiges neunzehntes Jahrhundert zu Ende lebt, ein Genie, ein Universalist, ein Stratege von Welt- und Geistesgeschichte. Seine Schuhnummer ist viel zu groß, als daß sie anderen passen könnte. Das gilt auch für das neue Buch, abgesehen davon, daß es so neu auch wieder nicht ist, daß vieles schon in den vorausgegangenen Werken, insbesondere im »Prinzip Hoffnung«, implizit, in großen Teilen sogar explizit zu lesen war.

Gleichwohl muß als erstes Honneurs gemacht werden: Wo schreibt heute jemand, zumal als mittlerer Achtziger, ein vergleichbares Stück Philosophie-Theologie, ein Buch von dem Gehalt und der Gewalt dieses im Impetus eher jugendlichen Spätwerks? Als Adorno starb, äußerte Horkheimer in einem

Interview etwas von »Negativer Theologie«, in die das Denken der Frankfurter Schule ausliefe. Ernst Bloch, der seine eigene Schule ist, gibt sich weniger heikel, spricht sich deutlicher aus. Theologie und überdies ganz positive, wennschon zur Tradition in Spannung stehend, gehört als Abschluß unabdinglich in den Zusammenhang seines philosophischen, soziologischen und historischen Denkens. Seine marxistischen Widersacher in der DDR hatten Grund, ihn als verschleierten Metaphysiker und Theologen zu beargwöhnen, auch wenn dies die Stelle ist, wo sich sein Marxismus als der tiefere und lebendigere erweist.

Das Werk nennt sich im Untertitel »Zur Religion des Exodus und des Reichs«. Es greift damit schon früher geäußerte Ideen und Begriffe Blochs auf. »Exodus«, die Idee des Auszugs (der Kinder Israel aus Ägypten), umschreibt das, was er dem Alten Testament entnimmt. »Reich«, genauer Reich Gottes, die andere große Chiffre, umschließt seine Beziehungen zum Neuen Testament. Ein Christ darf mit etwas Überraschung die Feststellung treffen, seinem eigenen, ihm inzwischen von jüdischer Seite fragwürdig gemachten Modell von Heilsgeschichte insofern bei Bloch wiederzubegegnen, als dieser dem Alten Testament die Funktion der Vorläuferschaft, dem Neuen die der Erfüllung zuschreibt, freilich mit so eigenwilligen und »ketzerischen« Abstrichen, daß es für Traditions-Christen doch wieder keine reine Freude ist.

Da ist als erstes Blochs Provokation mit »Atheismus«, die schon in den Titel des Werks genommen ist. Sie mag inzwischen von ihrer einstigen Schärfe viel eingebüßt haben, da Atheismus praktisch weitgehend in die Rolle moderner Selbstverständlichkeiten abgesunken ist. Wenn Bloch dennoch auf dem Terminus besteht (und ihn nicht, wie die Frankfurter, unter »negativer Theologie« verschleiert), mag das in die Erbschaft seiner Zeit gehören, die ihn geprägt hat. Was inzwischen am Rand christlicher Bereiche sonst an Atheismus herangewachsen ist, die gott-losen Extreme der Entmythologisierungstheologie, die Sozialtheologie, die Theologie der Revolution, läßt meistens Theismus ebenso wie Atheismus auf sich beruhen. Der Unterschied Blochs zu diesen neueren Richtungen und Gruppen besteht darin, daß in seinem Fall keine einfache Leerstelle (»Gott ist tot«), kein religiöser Nihilismus, sondern eine religiöse Revolte, eine negative Theodizee Ausgangspunkt aller seiner Reflexionen ist.

Bloch ist Atheist nicht so sehr deshalb, weil er einen religiösen Schöpfungsgrund überhaupt ablehnt oder unter naturwissenschaftlich-mechanistischen Aspekten für überflüssig erachtet, sondern weil er sich gegen den gütigen, allmächtigen oder auch den unbegreiflichen Schöpfergott der Tradition (Elohim, Jawe, Adonai, den »Vater« Jesu Christi) auflehnt, nicht bereit ist, ein Knie vor ihm und seinen sozial so prekären Werken zu beugen. So verwandelt sich die Schöpfungsfrage (mit ihr die des ersten Artikels christlicher Glaubensbekenntnisse) bei ihm unterderhand nicht ohne Camouflage und Gewaltsamkeit in etwas wie ein Gericht am Anfang. Dieses verhält sich spiegelbildlich zum Jüngsten Gericht. Die Rollen vertauschen sich. Der Mensch wird Richter, von dem Gott, ob er nun ist oder nicht ist, seinen Urteilsspruch empfängt. Dahinter steht in unklarer Weise doch etwas wie Schöpfungsemanation, dunkler Werdedrang. Die Frage, wie Gott, sei es auch erst am Ende aller Tage und in Menschengestalt, in dic Welt kommen kann, wenn es ihn oder seinen Geist nicht von Anfang an gegeben hat, rührt Bloch nicht mehr an. Sein Temperament überspielt sie. Der »Denker« alterniert immer dann, wenn er nicht weiter will oder weiß, in einen Polemiker und »Schriftsteller«, der die angefangenen Linien in Farben auslaufen läßt.

Aus der zentralen Stellung des Menschen in der Schöpfung folgen für Bloch weitere Umwertungen, die aber nicht einfach nach den alten Modellen von Hybris oder Aufklärungsrationalismus begriffen werden können. Die traditionelle Theologie zog sich vor der Realität des absolut Bösen, das Gott nicht selbst sein kann, aber doch zuläßt, auf den deus absconditus zurück – bei Luther, bei Barth. Bloch funktioniert auch diesen Begriff um: zu einem homo absconditus. Dieser arbeitet sich biblisch im Buch Hiob, in den Psalmen, bei den Propheten, später bei Johannes, besonders in der Apokalypse heraus und hält die Zukunft für alle Gottesmöglichkeiten offen. An dieser Stelle mischen sich marxistische mit messianischen und eschatologischen Elementen in Blochs Denken. Das alles geschieht, wenn auch nicht mit Wissenschaft, so doch mit dem der Letzten Dinge würdigen Elan an Scharfsinn, Tiefsinn, Arbeitsenergie. Allein die Stoffbeschaffung sucht ihresgleichen. Bloch kennt sich im Alten und Neuen Testament aus, in der Religionsgeschichte, in den Philosophien und der Gnosis aller Zeiten. Das Alte Testament gibt ihm eine unterschwellige Tradition vom Rebellentum her. Sie zieht sich von der Schlange des Paradieses über Kain (der auf seltsame Weise gegen Abel aufgewertet wird – Abel habe einen Gott des Blutopfers gehabt), über die Rotte Korah, Amos und die späteren Propheten zu Hiob und Daniel hin. »Der Herr ist gleich wie ein Feind, hat erwürgt, was lieblich anzusehen war, und seinen Grimm wie Feuer ausgeschüttet in der Hütte der Tochter Zion«, heißt es für Blochs Ohren empörerisch in den Klageliedern Jeremiae. Immer wieder polemisiert er gegen die Hauptlinie desselben Alten Testaments, die den Menschen unter Gott den Herrn und seine Unbegreiflichkeiten beugt.

Das konnte nicht ohne eigenwillige Spekulationen und Konjekturen am Text abgehen. Die folgenreichste, fast schon an Fälschung grenzende seiner Umdeutungen geht dahin, den Mose im Dornbusch geoffenbarten Gottesnamen Jawe (Haja we haja) ausschließlich futurisch mit »ich werde sein, der ich sein werde« zu übersetzen, obwohl es von der hebräischen Sprache her ein solches (lediglich indogermanisches) Futurum gar nicht gibt, sondern nur einen Austausch der Zeiten. Buber hat deshalb den Gottesnamen »der Ewige« übersetzt. Bloch ist für solche Überzeitlichkeit jedoch nicht offen. Er ersetzt sie durch einen metaphysisch aufgeladenen Zukunftsaspekt und verdunkelt zu dessen Gunsten das ganze Gelände der Vergangenheit. So stattet er den sozialen Fortschrittsgedanken mit messianischer Würde aus und setzt ein innerweltliches Transzendere an die Stelle der Transzendenz. Hier kommen zwar grundjüdische Impulse an die Oberfläche, die auch das innerste Feuer des Marxismus ausmachen. Sie kommen aber ebenso wie gegen die christliche auch gegen die jüdische *religiöse* Tradition zur Alleinherrschaft und verbinden sich über den Menschensohn-Gedanken mit dem exemplarischen jüdischen Ärgernis eines Gott gewordenen oder Gott werdenden Menschen.

Es ist schwer, alle diese Verknotungen richtig zu entwirren, mit Bloch einmal christlich, einmal jüdisch, einmal marxistisch zu diskutieren. Seine Gegner müssen da oft die Fronten wechseln. Der Christ wird in diesem atheistischen Christentum außer Gott selbst auch Jesus Christus, der nie ohne Gott, den »Vater«, zu denken ist, verlorengehen sehen. Die Aufwertung des Menschensohns kann ihn darüber nicht hinwegtrösten. Der jüdische Standpunkt wiederum behält auch trotz und sogar bei Hiob, Propheten und Klageliedern sein Zentrales in Gottes alleiniger Ehre, die sich nicht mit Menschlichem vermischen läßt. Der marxistische Gegner schließlich folgt dem Marxisten Bloch nicht mehr auf Wege einer Spekulation und Metaphysik, die beim Omega gnostischer Mystik enden. Als beispielhaftestes aller Gebete wählt Bloch weder das Schama noch das Vaterunser, sondern einen (an sich sehr schönen) Text aus dem apokryphen Eva-Evangelium: »Ich bin du und du bist ich, und wo immer du bist, da bin ich und bin in alles Lebendige gesät, und aus welchen Orten du auch willst, sammelst du mich, wenn du aber mich sammelst, sammelst du dich selbst.«

Man wird, wenn man einem so inkommensurablen Werk halbwegs gerecht zu werden versucht, es nicht nur auf seine Widersprüche und Ungereimtheiten hin lesen dürfen. Man muß diesem mächtigen Prediger eines religiösen Futurismus geduldig zuhören können, ohne raschen irritierenden Einspruch, gerade wenn man Ausgangspunkt und Grundlagen seiner Konzeption für unannehmbar hält. Ernst Bloch ist kein Fachtheologe, wie er vielleicht nicht einmal ein Fachphilosoph im strengeren Sinne oder überhaupt ein Mann von Wissenschaft und Methode ist. In ihm amalgamieren sich eine außerordentliche Gelehrsamkeit mit einem robusten Temperament, sogar mit Krakeelertum und mit starken, Entscheidungen mehr als Erkenntnisse setzenden Denkakten. Alles das artikuliert sich in einer Expressionssprache, die Bloch von seiner Jugend her bewahrt und auch in diesem Alterswerk kaum verwandelt hat. Eine Sprache, an der man ihn jederzeit wiedererkennt. Das Buch ist noch weniger als »Prinzip Hoffnung« architektonisch gebaut, vielmehr herausgeworfen. Es gibt viel Wiederholung von Bekanntem, auch Leerlauf und Schimpferei, aber im ganzen doch ein Ungetüm und Unikum von Werk, dessen Geistbesessenheit über Schwächen und Ärgernisse hinwegträgt. In irgendeine Wissenschaft, am wenigsten in die Theologie, läßt sich dieser späte Bloch gewiß nicht mehr integrieren. Es läßt sich aber aus ihm Brennstoff und Leben beziehen in schwer abmeßbarem Grad und auf kaum auszumachende Zukunft hin.

Ende des theologischen Denkens?

Bücher, die eine Trennung vollziehen, sind meist eine melancholische Lektüre. Daß Otto Flake mit 81 Jahren noch ein solches melancholisches Buch* publiziert, hatten auch seine Freunde und Verehrer kaum erwartet. Flake war zwar nie ein bequemer, beruhigender Geist. Daß er als Denker gern eigene, wenn auch kaum kapriziöse Wege in seinen vielen Essays und Prosaschriften gegangen ist, hat ihm bisweilen sachliche Gegnerschaft, aber nie Mißachtung oder entschiedene Ablehnung eingebracht. Seine einst so revolutionären Auffassungen über »erotische Freiheit« und den »Versuch« im Liebesleben sind inzwischen weitgehend Wirklichkeit geworden. Seinen Skeptizismus und Stoizismus, die immer mit geistigem und menschlichem Kavalierstum ver-

* Otto Flake: »Der Letzte Gott. Das Ende des theologischen Denkens«. *Rütten & Loening Verlag, Hamburg, 1961*

bunden blieben, konnte man gern gelten lassen. Sie gehörten zum Privatcharakter eines von »Klarheit, Gelassenheit, Sinnlichkeit und Energie«, als seinen vier Kardinaltugenden geprägten Mannes. Selbst ein so umstrittenes Buch wie die 1946 erschienene Studie »Nietzsche« hat Flake als Denker und Essayisten weniger kompromittiert, als mitunter behauptet wurde. Nietzsche ist zwar kein letzter Gott, aber nicht selten ein letzter Götze unseres geistigen Lebens gewesen, der mit einem Tabu der Unantastbarkeit umgeben wurde. Selbst Heideggers Nietzsche-Vorlesungen stehen noch in dessen Bann. Flake hatte dieses Tabu seinerzeit unerschrocken für sich persönlich durchbrochen: »Lieber gar keinen Ruhm als einen solchen«, hieß seine nüchterne Entscheidung in Sachen Nietzsche.

Nun ist aber dieses Buch da, das keinen persönlichen Gegner und kein spezielles Thema mehr hat, sondern eine Summe seines philosophischen Denkens zieht und dieses an der generellen Gegnerschaft zu Religion, Glaube, Theologie und deren Prämissen polarisiert. Das nicht sehr umfangreiche Buch hat eine längere Geschichte im Leben seines Autors. Es mußte wohl einmal aus ihm heraus. Mehrere Niederschriften entstanden, die wieder verworfen wurden. Die letzte, im achtzigsten Lebensjahr vollendete, ist endlich erschienen. Man wundert sich als erstes darüber, daß ein so alter Mann überhaupt noch ein so glühend-polemisches Buch schreiben mochte. »Gegen das Christentum zu kämpfen, käme mir wie Krieg gegen Werwölfe vor«, schrieb Georg Brandes kopfschüttelnd an Nietzsche, als er von dessen Unternehmungen erfuhr. Gleichwohl hat auch er später eine polemische »Christussage« verfaßt und sich ebenfalls herzhaft an diesem Thema kompromittiert. Auch in unserer Zeit steht Flake literarisch nicht allein, von den faktischen Strömungen und Zuständen der Welt in Ost und West gar nicht zu sprechen. Er hat sogar Pech mit dem Datum seiner Veröffentlichung gehabt. Szczesnys »Zukunft des Unglaubens« hat ihm den Wind aus den Segeln genommen. Es könnte scheinen, als ob Flake diesem eingeführten Sprecher für Unglaube, Religionslosigkeit und Christentums-Aversionen nur nachmarschiert sei, während sein Buch doch nicht nur älter, sondern auch altertümlich-kerniger und von ganz anderem Griff ist.

Aber es gibt keine Prioritäten auf diesem Gebiet. Wie seinen Glauben, muß jeder seinen Unglauben selber heranziehen. Derjenige Flakes hat noch Klassizität, wenn man solche Begriffe auf etwas Negatives anwenden darf. Das Buch ist ohne Methode und Systematik; es ist ein einziger großer, in achtunddreißig Glieder geteilter Bandwurm von Essays. Die drei Hauptstücke (Der Abschied, Der Beziehungszwang, Ohne Gottheiten), die jeweils ein Dutzend kleinere Kapitel zusammenfassen, muten wie eine spätere künstliche Gliederung an. Trotz der Kürze steckt das Buch voll Wiederholungen und neuer Anläufe. Man braucht nicht ängstlich mit der Kontinuität seiner Lektüre zu sein. Flake setzt sein Nein gegen die drei Säulen des christlichen Glaubensbekenntnisses: Gott den Schöpfer und Vater, Gott den Sohn und Gott den Geist. Es sind für ihn »unbeweisbare«, ja absurde, in den Folgerungen schädliche »Maximal«behauptungen, denen er selbst ein »minimales« Denken, das sich streng in den Grenzen der »gegebenen« Welt und des in ihr »auftretenden« Lebens zu halten vorgibt, entgegenzusetzen hat. Die Weite der Thematik zwingt ihn dann aber zu einem universellen Improvisieren auf vielen Gebieten, das die Ergebnisse etlicher Fachwissenschaften (Biologie, Kosmologie, Physik, Astronomie, Paläontologie, Geschichte u. a.) im abkürzenden Referat seinem Gedankengang einbaut. Die Gefahren solcher Popularisierung hat Flake sicher gefühlt. Er nimmt sie aber in Kauf, weil er anders das Bild seines Unglaubens und Antiglaubens wohl nicht hätte abrunden können. So bekommt der Leser manche kluge und vernünftige Argumentation zu hören, die aber als Antwort auf die Theologie offene Türen einrennt, weil in keiner ernsthaften Theologie einlinig in so kümmerlichen Abstraktionen gedacht wird, wie Flake sie als unabänderliche Glaubensthesen hinstellt. Seine Argumentation scheint fühlbar am katholischen Kinderkatechismus seiner französischen Enkelin orientiert, von dem einmal kurz die Rede ist. Da sollen »Theologen einen roten Kopf bekommen«, wenn ihnen die Frage gestellt wird, ob ein persönlicher Gott nicht auch Stoffwechsel haben und ein Geschlecht betätigen müsse! Da wird die Verantwortlichkeit eines Schöpfergottes für die Übel der Welt ihm wieder einmal zur Schlinge für das theologische Prädikat seiner Güte gemacht. Da heißt es, daß die Mutter Jesu leibhaft mit allen Unterröcken gen Himmel gefahren sein müsse, wenn das entsprechende Dogma stimmen solle.

Aufschlußreicher, weil mit den Versuchen einer eignen Theorie durchsetzt, ist Flakes Polemik gegen einen Schöpfungsglauben in Biologie und Entwicklungslehre. Wieder fixiert er in geradezu mittelalterlicher Starre die wörtliche biblische Angabe, daß Gott die Welt in sieben Tagen mit allen Lebewesen vor rund sechstausend Jahren geschaffen habe. Mehr als die Zeitangaben, die nur beiläufig abgetan werden, stört ihn dabei der Gedanke einer vorausgefaßten Planung des Schöpfers, also der Kern und Skopus der Schöpfungsgeschichte. Ihm setzt er eine »Natur« entgegen, die nicht »plant«, sondern sich »vortastet«. Der Rüssel des Elefanten ist dann auf die folgende amüsante Weise entstanden: »Der hochbeinige und schwere Elefant hat offenbar Schwierigkeiten, sich zu bücken, und ließ sich deshalb einen Greiftrinkrüssel wachsen. Der Gedanke, einen Rüssel hervorschießen zu lassen, regte sich einst in einem bestimmten Individuum von elefantenartiger Beschaffenheit improvisierend, blitzartig, in einem Augenblick der Geschichte des Lebens, wo der Affekt, der Wunsch, das Bedürfnis, der Einfall noch die Macht hatten, die viel labilere, erregbarere Substanz durch die Macht der Vorstellung zu ändern, umzulenken, gestalterisch zu formen.« Derlei scheint von Flake ernst gemeint zu sein. Wenn eine »allmächtige Gottheit« solche Kraftakte einer Verwandlung von Vorstellungen in Realitäten zustande bringt, heißt es: »theologische Maximalvorstellungen«. Wenn die halb blind tastende »Natur«

oder richtiger die arme, von ihren Unzulänglichkeiten geplagte Kreatur selbst es macht, sollen dies »minimale« Theoreme und Unterstellungen sein. Flake weiß in diesem und in vielen anderen fachwissenschaftlichen Zusammenhängen kaum etwas Genaueres vom Stand der jeweiligen Theorien, die zwar seine empirischen Methoden, deren Vorsicht und Verantwortung teilen, aber längst so weit ins Aporiendickicht ihrer eigenen Konsequenzen vorgedrungen sind, daß ihnen der Mut zu frisch-fröhlichen Augenblickskonstruktionen der zitierten Art inzwischen lange, mindestens seit Haeckels Zeiten, entschwunden ist.

Nun will Flake in seiner Philosophie durchaus kein Materialist und platter Positivist sein. Das Irrationale spielt eine große Rolle in seinem Denken, und er hat sich darüber hinaus ein eigenes Instrumentarium von letzten Begriffen geschaffen, die an die Stelle des theologischen, zu wenig »subtilen« Maximaldenkens gesetzt werden sollen. »Beziehungszwang« ist einer der wichtigsten unter ihnen. »Geist« und »Seele« werden zwar nicht abgewiesen, aber sie sind bloße »Orientierungsphänomene«, das Ich »eine Konstellation von Haltungen und Reaktionen«, die »von den Ahnen des Ichs erlebt wurden«. Hier und an vielen anderen Stellen werden in der Tat interessante »Beziehungszwänge« sichtbar, die sein antitheologisches Denken unbewußt gesteuert haben und ihre Herkunft in den beiden brüderlich-feindlichen Hauptideologien unserer Zeit, im populären Marxismus und im Faschismus besitzen. Ein Beispiel: »Als Karl der Große seine schändliche Tat beging, die Abschlachtung der fünftausend freien Sachsen ... handelte er im Geist des strafenden Jahwe, der ebenfalls seinen Gläubigen empfahl, die Kinder der Feinde an der Mauer zu zerschmettern ... Es ist erstaunlich, zu denken, daß die Wikinger, diese männlichsten und stolzesten Krieger, die draußen jeden Wagemut besaßen, bei der Heimkehr sich vor der Sündenerzählung beugten, mit der Priester und Weiber ihnen in den Ohren lagen.« Solche und ähnliche Sätze eines blühenden Rassismus, die sich schon untereinander widersprechen, kann man neben vielen anderen nicht besseren finden, die umgekehrt vortrefflich in ein östliches Lehrbuch »Weltall – Erde – Mensch« hineinpassen.

Das alles besagt nicht, daß Flakes Denken in seinem Kern etwas mit der einen oder der anderen Ideologie zu tun habe. Es charakterisiert nur überpersönliche Zwangsläufigkeiten, Beziehungszwänge, um noch einmal seinen eigenen, selten so gut wie hier passenden Ausdruck zu verwenden. Ist dieses späte Buch nichts als ein Ärgernis, einer jener Unglücksfälle, die sich bei einem Autor leicht im Zuge einer glücklichen Stunde des Erfolges und der Wiederkehr einstellen können? Wohl kaum. Trotz allem, was dieses Buch bloßlegt, bleibt sein Autor einem größeren, mächtigeren Menschentyp als dem gegenwärtigen zugehörig, einem Typ, der sich noch eine Leidenschaft aus seinen letzten Begriffen machte, der Metaphysik auch noch im Gewande der Antimetaphysik zu treiben versteht. Darum gehört sein Buch auch eher in die Verwahrung derer, die es anzugreifen und zu erledigen vorgibt, als ins Arsenal des Unglaubens, wo mit so altem Geschütz nicht viel mehr zu hantieren sein wird. Flake prophezeit für das Jahr 2000 und danach den endgültigen Abgang von Christentum und Religion. Für den Kinder- und Köhlerglauben, gegen den er die meisten seiner Schläge nur führt, kann er wohl recht behalten.

Lord Russells Unglaube

Ohne Gerhard Szczesny, seine Widerfahrnisse mit dem Bayrischen Rundfunk, sein Engagement an einer »Zukunft des Unglaubens« und seine Verlagsgründung hätten wir das in einigen Bestandteilen bis zu sechzig Jahre alte Buch des britischen Philosophen Bertrand Russell »Warum ich kein Christ bin«* wohl kaum kennengelernt. Es bot sich zur

* Bertrand Russell: »Warum ich kein Christ bin«. *Szczesny Verlag, München, 1963*

Übersetzung an, wenn man einen Verlag einführen und kennzeichnen wollte, der sich die Ziele der älteren Aufklärung, dazu den Kampf für ungehinderte Religionspolemik zum Programm gemacht hat. Die Schrift enthält fünfzehn Aufsätze, die im einzelnen nicht eng aufeinander bezogen sind, im ganzen aber alle um die Thematik von Religion und Moral kreisen. Oft wird bei uns zwischen dem Fachphilosophen und dem Popularphilosophen Bertrand Russell unterschieden, der eine, also etwa der Verfasser der »Principia mathematica«, hoch gepriesen, der andere, der Pazifist, Atomwaffengegner, Kämpfer für eine aufgeklärte Sexualethik, geringgeschätzt, bestenfalls als origineller Outsider angesehen. Diese probate Einteilung hält aber kaum stand. Man muß Russell schon im ganzen nehmen, wie er ist, oder ihn im ganzen ablehnen. Seine Studien zur Grundlegung einer modernisierten Logik, also der Anteil, den er an der Entwicklung der Logistik gehabt hat, hängen eng mit allem zusammen, was man seine Weltanschauung, seine allgemeinen und persönlichen Existenzprämissen nennen kann. Die »Ansprüche der Logistiker auf die Logik« (um den Sachverhalt mit dem Titel eines Buches von Günther Jacoby zu bezeichnen) stellen eine enge Parallele zu den moralischen und emotionalen »Ansprüchen« dar, die Russell auf dem Gebiet von Metaphysik, Glaube, Ethik gegen die dort überlieferten Ordnungen und Mächte erhebt. Er wäre nicht Engländer, wenn er dergleichen nicht mit Geschick der Rede und gesundem Menschenverstand vorzubringen wüßte. Seine Aufsätze lesen sich gut. Sie sind immer interessant und originell, mit Wissenschaft und Gelehrsamkeit aufbereitet, aber nicht überladen. Es fehlt ihnen nur, um wirklich auch »Literatur« zu werden, ein Einschuß von Poesie und Kunst, wie er einen Essay über sein bloßes Thema hinaus fesselnd machen und seinen Verfasser uns auch als Geist und Person nahebringen könnte. Das mag in bestimmten Grenzen Geschmacksache bleiben, aber es kann kaum bestritten werden, daß man für Russells Themen als solche, sei es in Zustimmung oder in Widerspruch, bereits interessiert sein muß, wenn einem die Aufsätze dieses Buches etwas bedeuten sollen. Die Person des Autors, der Fundus seines geistigen Potentials, die Palette seiner darstellerischen Kunst reichen dafür allein nicht aus.

Diese Einschränkungen scheinen aber einen überpersönlichen Zusammenhang zu haben. Man kann zwar gute Bücher über Religion, Christentum und dgl. schreiben, ohne gegenteiliges Denken einzubeziehen, man kann aber offenbar nichts Unterhaltsames, Bewegendes, Erregendes über »Unglaube« schreiben, ohne sich dauernd polemisch auf Glaube und Religion zu stützen. Wenn es wirklich einmal Christentum und Kirche nicht mehr geben sollte, kann man um das Weiterleben der Religionspolemiker sich Sorge machen. Sie werden dann nicht nur arbeitslos sein, sie verlieren vielleicht sogar den Sinn ihrer Existenz. Natürlich würden sie so etwas heute lebhaft bestreiten. Es steckt aber kein fühlbares emotionales Äquivalent in ihnen, das von sich aus, ohne Rückbezug auf den Gegner das Sinnflämmchen ihres Lebens speisen könnte.

Dies soll nun nicht schon unsere Kritik an Russells Schrift sein. Sie bietet im einzelnen in ihren verschiedenen Aspekten weit konkretere Anlässe hierfür, auch wenn man bei einem so abgelagerten Unglauben, wie ihn Russell sein eigen nennt, sicher sein kann, daß er sich längst für jeden gängigen kritischen Einwand gegen sein Denken abgesichert und eingepanzert hat. Der Titelaufsatz »Warum ich kein Christ bin« lehnt den Glauben aus drei Gründen ab: erstens, weil er die Existenz Gottes voraussetze, zweitens weil er eine Unsterblichkeit der Seele unterstelle, drittens weil er Jesus von Nazareth in den obersten menschlichen Rang rücke. Russell sieht die Existenz Gottes als »unbewiesen« an, er hält Unsterblichkeit des menschlichen Geistes oder der Seele für überaus unwahrscheinlich, und schließlich wahrt er zwar einigen Respekt vor bestimmten menschenfreundlichen Aussprüchen und Forderungen des Nazareners, ist aber nicht bereit, ihn »für den besten und weisesten der Menschen« zu halten. Vielleicht war Russell kaum recht bewußt, wieweit eine so formulierte antichristliche Argumentation von partikularen Formen des Christentums, wie er es bei sich zu Hause kennengelernt hat, insbesondere von dem Ausdruck, den es im populären Katholizismus und Anglikanismus gefunden hat, abhängig ist. Vielleicht der aufschlußreichste Aufsatz des ganzen Buches ist eine Betrachtung über »Protestantische und katholische Skeptiker«, wo Russell einige gute Beobachtungen über die unterschiedliche Art, wie man als ehemaliger Protestant und als ehemaliger Katholik zum Atheismus konvertiert, festgehalten hat: »Die Protestanten weichen von der Tradition hauptsächlich in intellektueller Hinsicht ab, die Katholiken vorwiegend in praktischer Hinsicht«, der atheistische Protestant tue nur, was der Sektengründer vorher schon tat, er folge seinem individuellen Gewissen, während der Katholik »eine viel sozialere Auffassung von der Tugend habe, sein Trennungsschmerz viel größer sei, wenn er sich von der Kirche löst«. Das alles ist gut beobachtet, es läßt nur die Wahrheitsfrage, also die religiösen und theologischen Unterschiede der Konfessionen, ganz außer acht. Was Russell gegen ein ihm offenbar unbekanntes Christentum zu argumentieren hätte, das ihm seine drei Vorbehalte zugesteht, also daß Gott nicht »bewiesen« werden könne, daß es keine »Unsterblichkeit der Seele« gebe und daß Jesus Christus nicht in besonders sinnvoller Weise als »bester und weisester Mensch« angesprochen werden könne – die gesamte protestantische Dogmatik und Exegese der neueren Zeit würde dasselbe vertreten –, kann man sich schwer ausdenken.

Aber auch sonst ist es die Hauptschwäche dieses Buches (wie der meisten ähnlich gearteten auch bei uns, also etwa Szczesnys eignen Buches »Die Zukunft des Unglaubens« oder Otto Flakes »Der letzte Gott«, um nur die neuesten und wichtigsten zu nennen), daß es überhaupt nicht gegen die zuständige Instanz, die den Glauben artikuliert, ausdeutet und verteidigt, also gegen die Theologie polemisiert, sondern gegen abgesunkene und verklumpte Restbestände von ihr im ungeklärten Bewußtsein. Im Falle Russells gilt dies allein für den Beitrag nicht, der die Nachschrift einer BBC-Diskussion über »die Existenz Gottes« mit dem katholischen Theologen Pater Copleston im Jahre 1948 wiedergibt. Bezeichnend aber auch hier, daß offenbar ein Katholik von Russell oder seinen Auftraggebern für legitimer gehalten wurde, die Sache des Glaubens dogmatisch und intellektuell zu vertreten, als ein Protestant. Die protestantische Theologie hätte sich kaum auf den in seiner Art sehr »schönen« ontologischen Gottesbeweis in der Descartesschen Variante eingelassen, den Pater Copleston gegen Russells Antidogma von der Unbeweisbarkeit Gottes vorträgt. Sie hätte ihm solche Unbeweisbarkeit von ganzem Herzen zugestanden und damit die Diskussion von vornherein von einem überlebten theologischen Intellektualismus befreit. Im übrigen wirkt Russell gerade in dieser wichtigen Diskussion, die ihn zwingt, nun einmal seine Auffassungen nicht als Lehrvortrag wiederzugeben, sondern vor wichtigen Gegenargumenten zu sichern, reichlich matt und in die Ecke gedrängt: Mehrfach entzieht er sich der weiteren Antwort mit einem resignierten »Lassen wir das«. Aber auch sein Gegner spricht viel zu oft am Partner dozierend vorbei und nutzt bei weitem nicht alle Möglichkeiten, die Widersprüche in Russells eigenen Argumenten herauszuziehen. Am ehesten gelingt ihm dies noch in der kläglichen Bredouille, in die Russell vor dem Problem von Gut und Böse mit seiner Rückführung auf soziale und psychologische Hintergründe gerät. In einem andern Aufsatz hatte er sogar den Konventionen eingeräumt, was er der Moral hier nicht zugestehen möchte: daß es »überall Konventionen gebe, ihre Ursprünge also nicht selber konventionell sein können«. Die Diskussion hat denn auch kaum ein Ergebnis, das wirklich aus gemeinsamer Arbeit der Disputanten entstanden wäre, sie läßt die Partner stehen, wo sie von Anfang an standen, obwohl es sich doch im Einzelleben keineswegs so verhält, daß jeder von vornherein weiß, was er denkt und glaubt, daß also Entwicklung, Veränderung und Verbesserung des Denkens durch Fremdeinwirkung nicht möglich wären. Schließlich jubeln auch die

Engel des Unglaubens, wenn sie eine Seele gewonnen haben, und eine Schrift wie diese hat genauso missionarische Tendenzen, wie sie dem Glauben innewohnen. Recht schnöde und bar jedes historischen Sinns wird Russells Argumentation in dem Titelaufsatz, wo er sich zu der »vollsten Überzeugung« bekennt, daß »die in ihren Kirchen organisierte christliche Religion der Hauptfeind des moralischen Fortschritts in der Welt war und ist«. Sie ist also schlimmer als die antiken und asiatischen Barbareien, von denen sie den Menschen in einem langsamen Kampf um seine Gleichachtung vor Gott und Mitmensch befreit hat! Sie ist schlimmer als Fitzliputzli und afrikanischer Dämonenglaube; schlimmer als der mit Guillotine durchgesetzte Vernunftkult der Französischen Revolution, schlimmer als Nazismus, Faschismus, Bolschewismus mit ihren unzählbaren Menschenopfern! Der Christ würde bei einer solchen innergeschichtlichen Aufreihung gegen Russell und seine Mitstreiter für Fortschritt und Aufklärung gar nicht in Anspruch nehmen, das meiste zur modernen Demokratie und Liberalität beigetragen zu haben – auch hier berührt die Argumentation einen falsch lokalisierten Streitpunkt; die »Welt« ist überhaupt nicht das wichtigste, das Alleinwichtige für den »Glauben«. Am meisten einig gingen Glaube und Christentum mit Russell dagegen überall dort, wo er für die rechten Freiheiten von erstarrten Konventionen streitet, die sich fälschlich auf das Evangelium berufen; also in vielen Punkten seiner Sozialethik, seines Pazifismus und sogar seiner Sexualethik. Auch das Grundbekenntnis dieses streitbaren Agnostikers, daß es zuerst und zuletzt auf Liebe und Intelligenz ankomme, ist eine gute, dem christlichen Denken nicht kontra-diktorische Lebensmaxime. Lord Russell hatte 1940 in New York einen unschönen Prozeß, wo man ihm die Gastprofessur wegen seiner antireligiösen, die Moral der Jugend gefährdenden Einstellungen absprach. Im Umschlagtext der deutschen Ausgabe dieses Buches heißt es, daß das, was in New York geschah, »in jeder beliebigen deutschen Universitätsstadt noch heute geschehen könnte«. Wozu diese demagogischen Konjunktive? Bei uns ist manches geschehen, was, genau besehen, nicht gestimmt hat, wogegen also angegangen werden mußte. Es ist aber schlechte Unterstellung, Unrecht, schon ehe es geschehen ist, nicht nur Möglichkeit, sondern bereits Realität zuzuschreiben. Der Sache der Freiheit und Wahrheit wird nicht mit Übertreibung und Schlagworten gedient.

Wynekens »Abschied vom Christentum«

Als auf dem Hohen Meißner die fünfzigste Wiederkehr des Jugendtreffens von 1913 gefeiert wurde, blieb der damals achtundachtzigjährige Gustav Wyneken fern, weil er aus der Tatsache, daß die Namen zweier evangelischer Theologen auf dem Programm standen, offenbar entnahm, »hier werde statt einer Feier freier Jugend gezähmtes Wandergeflügel unter Assistenz der Kirchen für den nächsten Heldentod abgerichtet«. Einer dieser Theologen, der denn auch die entscheidende Rede an die Jugend gehalten hat, war Helmut Gollwitzer aus Berlin. Was eben in Anführungszeichen zitiert wurde, ist eine Formulierung Gollwitzers aus jener Rede. Er fügte an die Adresse Wynekens hinzu: »Wir grüßen den alten unermüdeten Streiter, der wie wenige andere in dieser Stunde an diese Stelle gehört hätte, und hoffen, daß er von diesem Tage einiges vernimmt, was seinen düsteren Vermutungen widerspricht.«

Das Erscheinen von Wynekens antichristlichem Glaubensbekenntnis lag sicherlich noch auf der Linie solcher düsteren Vermutungen, und die trotzige Gebärde der Abwehr und des Zornes gegen alles, was auch nur im geringsten christlich tingiert sein könnte, spricht kaum dafür, daß »mit dem alten unermüdeten Streiter«, sei es auch in der so milden wie kühnen Weise Gollwitzers, christlich hätte geredet werden kön-

* Gustav Wyneken: »Abschied vom Christentum«. *Szczesny Verlag, München, 1963*

nen. Das Interessante an solchen Beispielen modernen Antichristentums scheint darin zu liegen, daß in ihnen ein Affekt von Intransigenz, Intoleranz, ja von negativem Dogmatismus in dialektischer Mutation weiterlebt, der aus dem Christentum älterer Epochen vererbt ist, von diesem aber in schwierigen Reinigungsprozessen gerade mehr und mehr ausgeschieden wird. Was ist und bleibt es doch für eine arge Selbstgerechtigkeit, für ein Verschlossensein im Haß, wenn man an einem ohnehin buntgemischten Jugendtreffen als Ehrengast nicht teilnimmt, nur weil auch Vertreter christlicher Kirchen dort etwas sagen! Die Sache hat aber einen noch tieferen Hintergrund, der unmittelbar mit Wynekens Buch zusammenhängt: der Anti-Glaube, wie er sich in Werken dieser Art ausspricht, hat das Stadium echter Toleranz, die zugleich das Vorstadium der Liebe wäre, noch nicht erreicht, ja, er kann es und wird es wahrscheinlich überhaupt nicht erreichen, weil es ihn auf verborgene Weise in die Arme seines Gegners zurückbrächte. Die schlüssigste, reifste und definitivste Formel des christlichen Glaubens ist nun einmal die, daß »Gott die Liebe ist«, und der, »der in der Liebe bleibt, in Gott bleibt«. Man muß also die Liebe eingrenzen, wenn man in der Weise Wynekens, praktisch auf dem Hohen Meißner, theoretisch mit seinem »Abschied vom Christentum«, gegen den christlichen Gott revoltieren will; eben dieses Eingrenzenmüssen richtet aber wiederum das ganze Unternehmen solcher Revolte eindeutiger, als irgendeine direkte philosophische oder theologische Auseinandersetzung es vermöchte. Der »Antichrist« Goethe hat solche Schwierigkeit geahnt, wenn er die Unübertrefflichkeit christlicher Moral und Humanität, wie er es ausdrückte, seinem eigenen freien Denken zu integrieren suchte, und der andere große Antichrist des 19. Jahrhunderts, Nietzsche, hat den Versuch, gegen die Liebe zu revoltieren, ehrlich mit dem Wahnsinn bezahlt.

Unsere heutigen Antichristen setzen sehr viel weniger ein, sie glauben, daß es mit den Mitteln der »zweiten Aufklärung«, die derzeit über uns hingeht, also mit Geschichtswissenschaft, Philologie, Soziologie, Religionspsychologie, mit einer differenzierten und kontrollierten Rationalität zu machen sei. Der existentielle Einsatz des Unternehmens erschöpft sich in Protesten kulturkritischer Art und anderen äußeren Akten oder Aktionen. Soweit unterscheidet sich der Fall Wynekens wenig von zahlreichen Parallelfällen, ja von einem breiten Strom unklaren laizistischen Denkens, Meinens und Glaubens überall in den westlichen Demokratien. Was sein Buch aus diesem Rahmen heraushebt, sind die persönlichen biographischen Hintergründe.

Wyneken war ursprünglich, was mancher, der sein Leben nicht näher kennt, vielleicht hieraus erst erfahren wird, evangelischer Theologe, ehe er zur Philologie und Pädagogik hinüberschwenkte. Er hat das Trauma jener Jahre und eines »verfehlten« Studiums bis in die späten Stunden der Niederschrift dieses Bekenntnisbuches nicht verwinden können. Die Mehrzahl der Argumente, die er für seinen »Abschied vom Christentum« vorbringt, stammen bis in ihre Problemstellung und Formulierung hinein aus jenen Jahren, als die liberale protestantische Theologie bei uns das Feld beherrschte und ihrerseits mit dem modernen Wissenschaftsglauben allerlei unkontrollierte Verhältnisse einging. »Die christliche Verkündigung beginnt mit einem Geschichtsunterricht, nämlich mit der Mitteilung, daß dreißig Jahre nach der Schlacht von Aktium und neun Jahre vor der Schlacht im Teutoburger Wald in Palästina der Sohn Gottes als Mensch geboren wurde. Wie grotesk uns eine solche Behauptung auch anmute – sie ist und bleibt das Fundament des Christentums.« In der Tat, und Wynekens Gegenbehauptung formuliert das alte historische Ärgernis neu, das zugleich ein philosophisches ist und die Gegengötter einer abstrakten Gottesidee sowie einer Zweiweltenlehre (hier empirisch-sinnlich-historische Kontingenz, dort die ideelle Norm und Gesetzlichkeit) impliziert samt dem ganzen Schwanz von Gnosis und Manichäismus, der in der Geschichte des Denkens seit dem Altertum zur Attacke gegen jenes »groteske« Datum dazugehört.

Die Konsequenzen werden denn auch in dem Buch bis ins Detail noch einmal ausgezogen. Da taucht das ganze Arsenal einer Polemik von Celsus bis zur Gnosis, vermehrt um die philologische Bibelkritik der letzten zweihundert Jahre, wieder auf und wird mit einem Aufklärungs- und Entdekkungspathos vorgetragen, das sich wie eh und je aus zwei Überzeugungen speist: der ersten, daß die große Mehrzahl der leider immer noch existierenden »Namenschristen« einfach nicht um die ungeheure Masse von Widersprüchen, Ungereimtheiten, »Fälschungen«, Verdrehungen und »Absurditäten« ihres Glaubens wisse, und der zweiten, damit parallel laufenden, daß die Wissenden (die Priester und Theologen) den Wahn aus Prestige-, Macht- und Berufsgründen aufrechterhalten. Der schlichte Kontrollgedanke, ob es sich bei diesen Gruppen, den »Verführten« und den »Verführern«, wirklich so einfach verhalte, kommt dieser Polemik so wenig, wie er ihren früheren Gestalten jemals gekommen ist. Ungläubig und antigläubig ist man allein, das ist die Tragik besonders bei einem so alten Manne, der in dieser Weise auf die Kraft einer im Grunde doch nur von seinem Gegner entliehenen, allein von diesem in zweitausendjähriger Geschichte entwickelten, aber von ihm auch immer wieder in ihren Schranken gehaltenen Rationalität und Wahrheitsforschung setzt, ohne die gleichzeitige Bindung an die Lebensseite dieser Wahrheit, an den mächtigen Strom religiöser Wirklichkeit rings um den christlichen Gott eingehen zu wollen.

Jede gefaltete Hand, jeder Seufzer in einem Krankenhaus, jede Erkenntnis, daß mit unserer Macht nichts getan ist, jeder Akt selbstloser Liebe und Zuwendung zum Nächsten, jede Hoffnung, daß nicht Menschen, Personen leben und geschaffen sein können, um sich eines nahen Tages endgültig wieder in blauen Rauch aufzulösen, alle diese und hundert weitere Realitäten in Geist und Wirklichkeit sagen Tag für Tag das Gegenteil von »Abschied vom Christentum«. Sogar wenn man sie in den Kontext Wynekens einmontierte, sagen sie es, denn auch Wynekens Auffassung ist es, daß nach dem Christentum, wenn es denn einmal zu Ende gehen sollte, nichts Bemerkenswertes mehr komme an »Religion«. Die Alternative, die er aufstellt, macht in ihrer verwirrenden Naivität die »fälschliche« Datierung dieses Abschieds vom Christentum ins Jahr 1963 (statt in das Jahr 1903) deutlich: »Wir kennen keine andere Offenbarung des Sinnes, des Charakters oder Ursprungs dieser Welt (Leben und Menschen eingeschlossen) als eben diese Welt selbst als eine sichtbare, erfahrbare, also als die ›Natur‹.«

Eine solche Bilanz mit nahezu neunzig Lebensjahren! Der Goethesche Mystizismus des Altersdenkens, der auch nicht »Christentum« sein muß, viel eher im Viktor Hehnschen Sinne »Naturform des Geistes« ist, dürfte hier weit noch im Verzuge geblieben sein. Das Buch zu lesen lohnt sich Wynekens, kaum seines Themas wegen.

Religiöser Kritizismus

Mit der Übersetzung des Buches *The faith of a heretic* von Walter Kaufmann hat der Szczesny Verlag in der langen Reihe seiner religionskritischen Literatur bisher wohl den glücklichsten Griff getan*. Das gilt für die Absichten des Verlages, es gilt aber auch für einen kritischen Beurteiler seiner Produktion, dem hier ein bedeutendes und gehaltvolles, nobles und der Auseinandersetzung würdiges Werk zugespielt wird. Der deutsche Titel ist unglücklich. *Heretic* mag im Amerikanischen noch eine sinnvolle Vokabel für religiösen Inkonformismus sein, bei uns ist der Ausdruck Ketzer längst ins Beliebige und Selbstgefällige verschlisssen. Kaufmann stammt aus westdeutschem assimiliertem Judentum, geboren 1921 in Freiburg. In die USA kam er 1939; er ist Professor der Philosophie in Princeton. Sein religiöser Kritizismus geht bis in die Jugend zurück: dem Elfjährigen,

* Herbert Kaufmann: »Der Glaube eines Ketzers«. *Szczesny Verlag, München, 1965*

der im protestantischen Glauben aufgewachsen war, macht die Dreieinigkeit zu schaffen. Er will zum Judentum zurück, die Eltern suchen ihn zu beschwichtigen, die Zeitentwicklung – ein Jahr später setzt der Nazismus ein – gibt dem Entschluß vorausweisenden Sinn. Der Jüngling hat den jüdischen Glauben, besonders in der prophetischen Gestalt, tief in sich eingesogen. Kaufmanns Bilanz ziehendes Werk ist von diesen Einflüssen mindestens ebenso stark geprägt wie von der danach zur Wirkung gekommenen rationalistisch-philosophischen Doktrin. Man könnte Hermann Cohens Formel »Religion der Vernunft aus den Quellen des Judentums« für den Glauben dieses »Ketzers« verwenden, auch wenn Cohen im Text nicht genannt wird und im Hintergrund vielleicht ebenfalls keine wichtigere Rolle spielte.

Die Angriffe, die Kaufmann gegen die tradierten Religionen, darüber hinaus gegen Religion, Glaube, Kirche, weltanschaulichen Konformismus überhaupt vorträgt, kommen nicht von jemandem, dem religiöses Organ, metaphysischer Sinn, die Erfahrung mit Tiefe und Geheimnis des Daseins mangelt, der wie ein Blinder von der Farbe spricht. Eher handelt es sich um Antizipationen, verfrühte Vorwegnahmen; die Energie dieses Geistes, seine aktionshungrige Unruhe fraß sich zu rasch durch die traditionellen Denkgehäuse hindurch und blendete ihm den Sinn für deren helfende Kraft ab. Zu leidenschaftliche Erwartungen schlugen in verschärfte Kritik um. Das Buch, vielleicht nicht schon das letzte Wort des Autors in diesen Fragen, bleibt in vielen Passagen etwas zu eng an amerikanische Verhältnisse gebunden, was seine Kritik am Christentum, aber auch an philosophischen Zeitströmungen betrifft. Es distanziert die eigene Philosophie fast ebenso scharf wie den eigenen Glauben von den derzeitigen amerikanischen Realitäten. »Was hat das alles mit dem Tod zu tun?« hat einmal ein Student in Whiteheads Seminar gefragt und keine Antwort bekommen. Kaufmann stellt insgeheim in seinem Buch dieselbe Frage an die »analytische« Philosophie der Wittgenstein-Moore-Schule. Seine eigene Philosophie will nicht nur Sprach- und Problemanalyse, sondern »Engagement«, auch wenn sie »einige gefährliche Trugschlüsse« in diesem Begriff, vor allem den seiner inhaltlichen Neutralität aufdeckt und vom marxistischen ebenso wie vom existentialistischen Engagement abrückt. Sie will entschlossene Zuwendung zu den metaphysischen Problemen (Tod, Gott, Freiheit, Unsterblichkeit, Tugend usw.), jedoch im Geiste kritischer Vernunft und aufklärerischer Humanität. Der Grundaffekt, gleichsam der Motor der ganzen Unternehmung ist das, was Kaufmann »Suche nach Ehrlichkeit« nennt, *honest* im Englischen, nicht zufällig dasselbe Wort, das auch in dem vielgelesenen Titel *Honest to God* des anglikanischen Bischofs A. T. Robinson auftaucht, die alte Kierkegaardsche Kategorie. Kaufmann paart diese mit drei anderen »Kardinaltugenden« zu einem modernen Quartett, von dem er glaubt, daß es ein tragfähiges Fundament für Vernunft, Humanität, Sittlichkeit (jenseits jeglicher religiösen Rückversicherung) abgeben kann: die erste dieser Tugenden ist »demütiges Streben«, *humbition,* die er aus *humility* und *ambition* zusammenzieht, ein vortrefflicher neuer Begriff. Die zweite ist Liebe, die dritte Mut, die vierte Ehrlichkeit. In scharfen Analysen verdeutlicht er, warum er gerade diese vier wählt, warum keine anderen, insbesondere nicht die platonischen der Mäßigung, Gerechtigkeit, Tapferkeit, Weisheit, von den »übernatürlichen« Tugenden Glaube und Hoffnung gar nicht zu sprechen.

Das alles hat gewiß mehr persönlichen Zeichencharakter für den Autor als wissenschaftlichen Erkenntniswert. Immerhin resultiert diese Ethik aus einer bis zur Identität vorgetriebenen Parteinahme für die prophetischen Traditionen des Alten Testaments. Was er beim Judentum ausklammert, sind jedoch ebenfalls »Religion«, Gottesgewißheit, Offenbarung, Verheißung, Metaphysik. Die Kritik am Christentum wird ungefähr zu gleichen Teilen mit Argumenten der jüdischen Tradition wie mit solchen des Rationalismus und der Philosophie betrieben. Sie richtet sich daher auch nicht nur gegen Kirchen und Organisationen, sondern darüber hinaus gegen das Evangelium selbst. Ihre Hauptpunkte: »Verjenseitigung« des Reiches Gottes, Vergöttlichung der Stifterperson, Abwertung der Werke, der Verbesserungstendenzen sozialer Art, Mystik des Sakramentalismus, Überbewertung der Einzelperson im Heilsgeschehen, Rechtfertigung durch Stellvertretung und die theologische Grundlage dafür in der Erbsünde.

Läßt sich den kritischen Demontagen im Vorfeld, was die geschichtlichen und sozialen Sünden der Kirchen betrifft, ihren Hiatus zwischen Denken und Sein, weitgehend zustimmen, befindet sich dieser Teil der Kritik sozusagen noch in Harmonie mit den Hauptstimmen der innerkirchlichen, innerchristlichen, innertheologischen Selbstkritik, so kehrt sich bei Kaufmann, je mehr er sich dem Kern von Glaube, Religiosität, Evangelium nähert, die alte rationalistische Einlinigkeit heraus, die den komplexen Wirklichkeiten des Glaubens noch niemals gerecht werden konnte. Besonders kraß wird der Mangel, wenn Kaufmann sich mit der Person Jesu selber, ihren »Lehren«, zumal mit der Bergpredigt beschäftigt, der er »Appell an den Eigennutz« unterstellt, weil immer wieder »Lohn« und »Seligkeit« versprochen und eine »aufgeklärte vorausschauende Selbstsucht« unterstützt werde. Die Einsicht, daß es ein geschichtetes Selbst gibt, daß der Mensch aus seinem Selbst nie in eine abstrakte Selbstlosigkeit ausspringen kann und soll, sein Glück vielmehr gerade in den zunächst schmerzlichen Interessen seines höheren Selbst findet, läßt sich offenbar mit einem undialektischen Denken nicht fassen. Daher dann auch die Polemik gegen alle christlichen Höllenvorstellungen, die forcierte Solidarität des »Ketzers« mit dem »Sünder«, bei der man sich heute, nach unseren Erfahrungen mit dem Bösen, schlicht fragen sollte, ob sie auch bis zu den Auschwitzmördern reicht, oder allgemein ausgedrückt: ob der Gerichtsgedanke wirklich gar keine Ansätze in unserem greifbaren und sichtbaren Leben habe?

Ein weiterer Hauptpunkt dieser Polemik, gleichsam ein Topos der traditionellen Glaubenskritik: Gott und die Leiden der Welt. Auch hier versackt Kaufmanns Kritik im Vorfeld über der Abweisung jeder Theodizee, ohne genügend zu berücksichtigen, daß gerade die Theodizee eher ein philosophischer als ein Glaubensgedanke ist. Das ihr theologisch entsprechende mysterium iniquitatis gebietet ja gerade das Schweigen menschlichen Denkens und Sprechens vor dem Geheimnis, wie das Böse und die Leiden in die Welt gekommen sind. Kaufmann hat viel in seinem Buch verarbeitet von den Traditionen in Judentum, Christentum, außereuropäischen Religionen und von denen der Philosophie bis zu Nietzsche und dem Existentialismus. Vorübergegangen scheint er an dem, was man die, zugegeben immer noch recht esoterische, Tradition des dialogischen Denkens nennt, die die scharf herausgearbeitete Pascalsche Differenzierung vom Gott der Philosophen und Gott Abrahams, Isaaks und Jakobs zur Grundlage hat.

Vieles was erörtert wird, würde sich von ihr aus als Scheinproblem erkennen lassen, viele gegen den Glauben gerichtete Polemik wäre falsch adressiert, richtet sich gegen theologisierende Philosophie. Die schönsten Partien des Buches sind die, die sich auf Sigmund Freud beziehen und ihn als Leitfigur der vorher genannten vier Kardinaltugenden hinstellen. Die tapfersten Erörterungen sind die über den Tod, auch wenn sich gerade an ihnen kenntlich macht, warum Philosophie den Grund der menschlichen Existenz und deshalb auch das »Menschlichste«, nämlich die Schwäche, die Angst, Gethsemane so selten erreicht, so oft nur mit »Kraft«, mit »Mut« überblendet.

Gegen Schluß seines Buches sagt der Autor: »Ich will meine Karten auf den Tisch legen, will dir sagen: Das Nachdenken über all diese Begegnungen hat mich zu meinen Auffassungen geführt. Schau, ob unsere Meinungsverschiedenheit durch mangelndes Nachdenken verursacht ist. Und wenn bei deiner Entwicklung Erfahrungen, die ich nicht gemacht habe, Bücher, die ich nicht gelesen habe, eine wichtige Rolle gespielt haben, sag es mir, damit ich sie lesen und über sie nachdenken kann.«

Das ist ein nobles Wort, auch wenn es, wie das ganze

Werk, ein wenig an seiner zu harschen Forderung eindeutiger Hinweise, unmißverständlicher Korrekturen, klarer Repliken krankt. Eine herzhafte Solidarität mit dem Autor in der Tiefe dessen, was man sein mouvement nennen kann, wird ihm gewiß sein, wo immer ihm über die unterschiedliche Lage der Religionen und Weltanschauungen hinweg denkender »demütig strebender« Geist begegnet.

Gestalten der Tradition

Nicolai Berdjajew

Wer im 18. und besonders im 19. Jahrhundert ein »gebildeter« Mensch war, pflegte »seinen« Philosophen zu haben. Philosophie erschien als ein differenziertes »Mehr« gegenüber den allgemeinen Lebensgrundlagen der überkommenen Religion und Sittlichkeit. Man übernahm vom Christentum die Moral und einige Grundüberzeugungen, insbesondere die, »daß ein Gott ist, ein heiliger Wille lebt, hoch über der Zeit und dem Raume«. Dieselbe alt gewordene Religion schien aber höheren geistigen Ansprüchen nicht mehr zu genügen, auch wenn man sich ungern weit aus ihrem Umkreis entfernte. So äußerte sich in der persönlichen Zueignung einer Philosophie ein schüchterner Emanzipationsakt, der aber gleich eine neue Bindung einging. Man blieb sich bewußt, daß man sich mit einer Philosophie einen geistigen Luxus leistete, und man hatte auch noch den guten Instinkt, daß Philosophieren Begabung, Übung und spezifische Energien fordert, also von besonderen Menschen repräsentativ für viele vollzogen werden muß. Niemand wäre so töricht gewesen, seinem beliebigen Kopf ein solches Geschäft zuzutrauen. Man vertraute sich einem Philosophen in einer ähnlichen Weise an, wie man sich heute dem Arzt anvertraut, indem man zugleich Wert darauf legt, sich diesen Vertrauten selber gewählt zu haben. Für wie viele gebildete Köpfe ist Kant in solcher Weise »der« Philosoph gewesen, später dann Fichte, Schelling, Hegel, auch Fries, Krug, Herbart und nicht zuletzt Schopenhauer, den sich der junge Nietzsche so lange, bis er sich selbst für stark genug hielt, und der erfahrene Burckhardt sogar auf Lebensdauer zu »ihrem« Philosophen gewählt hatten.

All das ist heute anders geworden. Wer durch akademische Schulungen gegangen ist, interessiert sich oft kaum noch für Philosophie, oder er traut es dem eigenen Kopf zu, die »Weltanschauung« selber zu zimmern. Andere und wohl auch die Klügeren haben entdeckt, daß das alte Haus der Religion gar nicht so inkomfortabel war, wie es den Urgroßvätern erschien; daß man nicht nur sittliche Grundsätze, sondern auch eine unendliche Beschäftigung des Kopfes in ihm finden kann. Wenn es früher besondere Persönlichkeiten waren, die den »denkenden« Menschen innerhalb der Menschheit repräsentierten – und was wäre Philosophie anderes als »der denkende Mensch« –, so ist Philosophie heute ein Spezialistentum geworden, das den Anspruch, persönliche Führungsmacht zu sein, weitgehend aufgegeben hat. Lediglich im Existentialismus hat sich noch etwas von den alten Verhältnissen erhalten. Aber man käme sich doch ziemlich deklassiert und entmündigt vor, wollte man heute als »gebildeter« Mann Sartre, Jaspers oder auch Heidegger »seinen« Philosophen nennen. Irgendwie geht das nicht mehr, wie es schon im Verhältnis zu Nietzsche nicht mehr so recht ging, den wohl hauptsächlich junge Leute, kaum aber erwachsene Geister, vorübergehend zu »ihrem« Philosophen erkoren haben.

Es scheint aber trotz allem eine besonders geartete Ausnahme zu geben. In einem einzigen Falle, der zwar auch in den weiteren Umkreis des modernen Existentialismus gehört, zugleich aber seine Ausnahmestellung durch eine besondere Verbindung von Philosophie und Religion bezeichnet, ließe sich eine solche hochpersönliche Beziehung von Philosoph und Gefolgschaft zum mindesten ohne die sonst gültigen Einschränkungen vorstellen. Das ist der Sonderfall des russischen Religionsphilosophen Nicolai Berdjajew.

Berdjajew gehört inzwischen zwar zu den rundum in der Welt noch bekannten, aber nicht mehr im Brennpunkt philosophischer und weltanschaulicher Diskussionen stehenden Denkern der ersten Jahrhunderthälfte. Einen richtigen Kairos des Ruhmes hat er, zum mindesten in Deutschland, nicht gehabt, auch wenn seine Schriften in ziemlicher Vollzähligkeit teilweise schon Jahre vor dem Krieg, teilweise nach diesem ins Deutsche wie in ein Dutzend andere Sprachen übersetzt wurden. Woran diese Temperiertheit unseres Verhältnisses zu ihm aber auch liegen mag, sie kann aus Unbedürfnis, latenter oder offener Überlegenheit über die Problemstellungen und Problemlösungen dieses östlichen Denkers nicht erklärt werden. Berdjajew ist trotz mannigfacher Diskussionen, Besprechungen und auch Belobigungen seiner Arbeiten – er erhielt als einziger Russe neben Turgeniew und Tschaikowskij den Cambridger philosophischen Ehrendoktor – in der vollen Eigenart seines Denkens, im philosophischen Topos seiner entscheidenden Thesen und Einsichten nicht hinreichend erkannt, ausgelegt und diskutiert. Die für eine solche Erörterung maßgebenden Publizisten und Kritiker haben das Phänomen dieser Philosophie achtungsvoll-beiläufig registriert, aber kaum in seiner Tragweite erfaßt. Das wäre kein grober Mißstand, wenn man von dieser Philosophie und ihrem Schöpfer sagen könnte, daß sie eine unter vielen anderen sei, daß sie also nur in die Mannigfaltigkeit der Dinge, in die Kategorie dessen, was es »alles gibt in der Welt« hineingehöre. Berdjajew ist aber nur deswegen ein nicht übergehbarer Philosoph, der jeder umfassenden philosophischen Orientierung in der Zeit eine Aufgabe stellt, weil er wesentliche Klärungsprozesse des »objektiven Geistes« um ein paar Enthüllungen bereichert, im Niemandsland des Gedankens einige neue Positionen gesetzt hat. Man könnte dasselbe Werturteil mit den für solche Ereignisse üblichen Begriffen auch so ausdrücken, daß er eine wirklich »neue« Philosophie, einen echten »Ismus« geschaffen hat, mit dem gerechnet werden muß, mit dem sich leben und denken läßt, der nicht nur die Kraft hat, »Schule zu machen«, sondern unsere Begriffe von Leben und Welt um einige vorher nicht dagewesene Einsichten zu bereichern.

Wenn man die üblichen Beurteilungen und Referate Berdjajewschen Philosophierens ansieht, findet man seine Philosophie unterschiedlich entweder als »extremen Personalismus«, als »Philosophie der Freiheit«, als »existentiellen Personalismus« oder auch ganz vage als eine Legierung russischer Mystik und Orthodoxie mit transzendental-philosophischen Elementen charakterisiert. An alledem ist etwas

Richtiges. Es kommt jedoch weniger auf den Namen als auf die Sache selber an; und eine philosophische Sache läßt sich nun einmal nicht mit einfachen Bezeichnungen, sondern nur in einem re-produzierenden Akte jeweils erneuten Mitdenkens ins allgemeine Bewußtsein transportieren. Dazu ist viel weniger ein Referat des Details, das bei Berdjajew ohnehin nicht prunkend und glitzernd ins Auge fällt, als ein Nachvollzug seiner Hauptgedanken vonnöten.

Berdjajew hat manchmal von sich selbst als einem »Aphoristiker« geredet; ein seltsames Selbstmißverständnis, das wohl nur zu erklären ist, weil er in der Tat wenig konstruktive Bewußtseinsarbeit, wenig gedanklichen Ausarbeitungsfleiß an seine Bücher verwandt hat. Er sagt selbst, daß ihm seine Gedanken »zuströmten«, daß er auch in Diskussionen immer sofort wußte, was er zu entgegnen habe, oft noch eher, als der Kontrahent seine Ansichten ausgesprochen hatte. Viele seiner Bücher haben einen über viele Seiten anhaltenden Gedankenfluß, der sicherlich auch ein Grund gewesen ist, ihre dialektischen Schwierigkeiten manchmal zu unterschätzen, überhaupt diesem Philosophen ein wenig die volle, am platonisch-sokratischen Ideal orientierte Relevanz abzusprechen. Er erscheint dann als ein genialer Improvisator, ein Mann mit philosophischem Naturtalent, das ihm zwar eine höhere Form der Rhetorik, aber keine eigentliche Dialektik gestattet; ähnlich wie dies bei den Sophisten der Fall war, und in Gegensatz zum »stotternden«, bei jedem unbegriffenen Begriff haltmachenden Sokrates. An alledem ist, wie wir schon sagten, eine Spur Richtigkeit, wollte man damit indessen die Frage erledigt sein lassen, so würde dies auf eine am Wesentlichen vorbeizielende Fehlinterpretation hinauslaufen. Auch wenn er sich selbst so bezeichnete, ist Berdjajew das Gegenteil eines Aphoristikers, eines Denkers nur mit Einfällen, Esprit und ortlosem Geist, aber ohne eine zentrale Lebensidee. Er hat sich gewiß »entwickelt« und seine Grundanschauungen vielleicht erst in den letzten Büchern mit einer adäquaten Terminologie ausdrücken können, hat aber in seiner Gesamtlinie niemals geschwankt, sondern nur das, was von vornherein in ihm lag, zu einem am Ende fast nahtlos geschlossenen Gedankenbau aufgerichtet. Umgekehrt zu der berühmten kantischen Tendenz, nicht eine Philosophie, sondern das Philosophieren lehren zu wollen (gegen die schon Hegel berechtigte Einwände geltend machte), muß man sagen, daß an Berdjajew vielleicht nicht viel für das philosophische Denken als solches zu lernen ist, daß seine Methode einmalig an seine Begabung geknüpft war, daß aber die Grundzüge einer abgerundeten »Philosophie«, einer in den Elementen unserer Zeit latent gegebenen, sonst aber nirgends mit dieser Konsequenz zu Ende gedachten philosophischen Position zu erfahren und, so man will, zu übernehmen sind.

Wie nun sehen diese Grundzüge aus? Ihre Darstellung verteilt sich trotz häufiger Wiederholungen auf viele Bücher des Autors. Der Grundgedanke entfaltet sich von Werk zu Werk nach einer ganzen Reihe thematischer Gesichtspunkte. Sein Kern ist jedoch einheitlich und läßt sich mit ein paar entscheidenden Griffen ähnlich vielleicht wie der Grundgedanke des Cartesius oder die kantische transzendentale Erörterung der Begriffe von Raum und Zeit oder auch der Anselmsche Gottesbeweis zu »klarem und distinktem« Bewußtsein bringen. Berdjajew ist darin ein Philosoph wie alle anderen, daß er, wie man so sagt, nach dem Wesen der Dinge, dem letzten Sein, dem Unbedingten, dem Eigentlichen fragt und sucht. Nur macht er den seit Parmenides in der Welt bestehenden »Trug« nicht mit, den letzten, abstraktesten Begriff unseres Denkens, nämlich den des Seins, naiv auf dieses »Unbedingte«, »Eigentliche«, »Wesenhafte« anzuwenden. »Sein hat keine Existenz ... mein Lieblingskater aber existiert.« Das ist die berühmte Wendung zur »Existenz«, wie sie als solche in unterschiedlichen Varianten der gesamten modernen Existenzphilosophie eigen ist. Bei Berdjajew empfängt sie jedoch schon im nächsten Gedankenschritt eine Art transzendentalphilosophischer Erweiterung: Nicht das Objekt »existiert«, sagt er, also nicht die Welt, das Sein, das Draußen, sondern allein das Subjekt. Dieses konstituiert die Welt ähnlich, wie es schon im kantischen Transzendentalidealismus die Welt »bedingte« und in der Fichteschen Gestalt dieses Idealismus sogar »setzte« und schuf. Der tiefe Unterschied zum gesamten philosophischen Idealismus besteht bei Berdjajew aber darin, daß er kein abstraktes, transzendentales Subjekt voraussetzt, sondern das konkrete Einzelsubjekt, das Ich, das Du, die Person in diesen Weltmittelpunkt rückt; dieselbe konkrete Person, die sich ungeachtet aller Beschwichtigungen des Idealismus, daß es auf sie nicht ankomme, als ein verlorenes, durch und durch abhängiges, rätselhaft auf Vertrauen gewiesenes, mit Furcht und Zittern dem Tode konfrontiertes Ich weiß. Mit anderen Worten: Sie erfährt in ihrem Personsein zugleich ihren Kreaturcharakter und das mysterium tremendem et fascinosum der »großen Person« ihres Schöpfers. Wer gar nichts von Gott weiß – und das Dasein Gottes ist wißbar, wenn schon niemals »beweisbar« –, wer diese Grunderfahrung einer zweiten, transzendenten Wirklichkeit nicht wenigstens in Ansätzen auf eine nicht weiter ableitbare Weise mitbekommen hat und sie auf Grund dieser Ansätze dann in seinem Leben so oder so zu einem »Glauben« entfaltete, wird die nun folgende Wende dieser Philosophie wohl kaum mitvollziehen können. Das Zentrum der Existenz in der Person könnte auch zum Solipsismus, zur Stirnerschen atheistischen Variante des Subjektivismus führen. Berdjajew nimmt dem Gedanken aber diese falsche Spitze durch eine klare Beziehung der Person zu Gott im christlich-biblisch-personalen Sinne. Für ihn als christlichen Denker hat Gott die Person im Modus der Ebenbildlichkeit geschaffen, weil Gott selbst Person ist. Nur die Person ist daher der reale Grund der Wirklichkeit, nicht das Sein, nicht die »Welt«, wie wir sie mit naivem Realismus verstehen. Diese »Welt« ist vielmehr erst eine »schlechte« Schöpfung der menschlichen Person, eine Wirklichkeit zweiten Grades, die durch einen ständigen zwanghaften Akt des »Objektivierens« von unserem Geiste konstituiert wird. Sie ist der Ausdruck und die Frucht seiner »Gefallenheit«. Berdjajew kommt durch einen in seiner dialektischen Schönheit bewunderungswürdigen neuen Gedankengang von hier aus ohne Bruch dahin, seine gnoseologische Grundlegung in Übereinstimmung mit dem für sie als Axiom unerläßlichen biblischen Schöpfungsgedanken zu bringen: Wenn es bisher so erscheinen könnte, daß die Welt dann anscheinend nicht von Gott geschaffen wurde, sondern nur (um einen Berdjajew eigenen plastischen Ausdruck zu gebrauchen) eine »Exteriorisierung« des menschlichen Geistes ist, so widerspricht er dieser Folgerung gleich im nächsten Satz: Die Welt *ist* »von Gott geschaffen«, nur nicht in der objektivierten Gestalt, in der sie uns, im Gefallenheitszustand unseres Geistes erscheint. Sie hat in Wahrheit ebenfalls ein personales, geistiges Wesen, das genauso wie die Einzelperson des Menschen von Gott kommt. Nur ihre in ein mechanisches System gebannte Objektivierung in Raum, Zeit und Materie ist das Blendwerk unseres gefallenen menschlichen Geistes. Die »Welt« ist also nach dieser Philosophie nicht die eigentliche Welt, unser Dasein ist nicht das eigentliche Dasein. Der legitime Fürst »dieser« Welt ist Satan, nicht Gott.

Gott ist sogar bis zur Abwesenheit fern von dieser Welt; Er »meint« ein ganz anderes Reich, das allein im Geist, im Herzen der Person gefunden und realisiert werden kann. Unsere hiesige Welt ist nicht einmal in dem Sinne als vollwirklich zu verstehen, daß Gott alles in ihr »weiß« und in ihr »allmächtig« ist. (Hier begibt sich die Dialektik Berdjajews in ein gefährlich gnostisches und »häretisches« Gelände.) Wir müßten vielmehr an Gott Rechtens verzweifeln wie Iwan Karamasoff bei Dostojewskij, wenn dies der Fall wäre. Berdjajew vertritt in bewußtem Gegensatz zur herkömmlichen Theologie ein Grunderlebnis des modernen Menschen, wenn er sagt, daß die Übel der Welt schlechterdings *nicht* zu rechtfertigen seien, es sei denn dadurch, daß Gott in dieser Welt *nicht* ist, daß sie im wörtlichsten Sinne dem Teufel gehört, auf Eschatologie angelegt ist und erst in ihrer Aufhebung ihren Sinn erhält.

Von dieser ontologischen oder besser gesagt anti-ontologischen Grundlage her entfaltet Berdjajew nun das Geheimnis der Person, indem er es mit seinen anderen beiden letzten Begriffen durchlichtet, dem der Freiheit und dem des Geistes. Beiden Begriffen hat er eigene Bücher gewidmet. Die Freiheit ist für ihn ein Absolutum, fast wie Gott selbst. Sie gilt so absolut, daß sie nicht einmal von der Schöpfung her als eine Tat oder ein Geschenk Gottes an den Menschen »begründet« werden könne. Sie ist im wörtlichen Sinne im »Nichts« gegründet, was allein erklärt, daß auch Gott sie respektiert und keinen determinierenden Einfluß auf sie nimmt. Die mannigfaltige, nach vielen Richtungen der Soziologie, Politik, Ethik, Ästhetik hin ausstrahlende Kritik wichtiger Zeiterscheinungen, zumal des Marxismus, die verschiedene Werke Berdjajews erfüllt, wurzelt in diesem absoluten Freiheitsbegriff. Man hat Berdjajew nicht mit Unrecht einen »Gefangenen der Freiheit« genannt. Sein bis zur Anarchie sich vorwagender Kampf gegen alle Formen von Konvention, Determination und Kollektivismus hat hier seine Quelle. An der Freiheit hat Berdjajew, je älter er wurde, um so weniger abhandeln lassen; in ihrem Namen hat er sich ebenso gegen die erstarrten konservativen Mächte seiner aristokratischen Herkunft wie gegen den Bolschewismus und Faschismus gewandt, die nach der Revolution sofort in »dialektischer Mutation« alle üblen Gestalten des besiegten Feindes annahmen. In ihrem Namen hat er immer wieder leidenschaftlich auch gegen kirchliche, soziale, wissenschaftliche Kollektive und Determinationen gekämpft und dabei die Geister sicherlich oft etwas zu wenig unterschieden, Geist, Person und Freiheit manchmal zu unbesehen in jeder Gestalt gegen Unfreiheit, Kollektiv und Konvention in Schutz genommen. Diese Unerbittlichkeit, die gar nicht sehr »russisch« ist, hängt mit einem für seine Philosophie zwar nicht mehr in gleicher Weise zentralen, aber doch wesentlichen weiteren Gedanken zusammen, in dem das Prinzip seiner Soziologie zu suchen ist.

Berdjajew gilt als absoluter Personalist. Der Inhalt dieses

Begriffs bedeutet bei ihm ganz wörtlich, daß er die Person verabsolutiert, d. h. keine weiteren geistigen, geschweige denn materiellen Zwischeninstanzen zwischen ihr und Gott anerkennt. Diese Entscheidung richtet sich besonders gegen jeden Begriff eines »objektiven Geistes«, also eines Geistes als Kollektivgebilde in Volk, Staat, Recht, Gesellschaft und dgl. Es gibt in der deutschen Philosophie ein einflußreiches Denken von Hegel bis Nicolai Hartmann, das fest mit der Wirklichkeit des »objektiven Geistes« rechnet und ihn in der Hierarchie der Geister über den Geist der Einzelperson stellt. Auch die christliche Kirche neigt bisweilen dazu, für ihr Selbstverständnis im Anschluß an die Metapher vom corpus Christi einen Begriff von objektivem, überpersönlichem Geist zu gestatten. Berdjajew ist hier unerbittlich in seiner Gegnerschaft. Eine strenge Folgerichtigkeit gerade an dieser bedeutsamen Stelle kennzeichnet ihn im gesamten gegenwärtigen Denken, soweit es die Philosophie des Geistes betrifft. Sie zahlt sich in ihren Ergebnissen aber auch gut aus. Aus diesem unbedingt »subjektiven« Geistbegriff ergibt sich, daß zwischen Gott und dem Menschen nichts außer dem personalen Einzelgeist selbst eine Primärwirklichkeit hat, daß also alle Volksgeister (die so oft die trübe Quelle des Chauvinismus geworden sind), Kollektivgeister (denen der politische Sozialismus in der Regel seine Grundlegung verdankt) aber auch Kunststile, Zeitgeister, sogar die theologischen »Engelmächte« nur »Objektivationen« des personalen Einzelgeistes sind. Sie sind durchaus keine Nichtigkeiten oder bloße Nomina, wie der Materialismus und Nominalismus alten Stiles sagen würde, aber doch nur Wirklichkeiten zweiten Grades ohne eigenen personalen Kern, durch und durch abhängig von der Existenz personaler Einzelgeister. Geist ohne Person, das ist Berdjajews zentrale These, ist immer Objektivation, gefallene Welt, Übergang nicht zu Gott hin, sondern nach unten in die geringere Wahrheit und Wirklichkeit. An dieser Stelle kann sicherlich Kritik einsetzen, die, soweit die veröffentlichten Schriften Berdjajews dies ausweisen, von ihm vielleicht nicht immer hinreichend entschärft wird; eine Kritik dergestalt, daß durch eine solche absolut personalistische Freiheits- und Geistesphilosophie das tatsächliche Kontinuum unserer geistigen Überlieferungen nicht hinreichend geklärt wird. Es müßte dann, überspitzt gesprochen, ein Kaspar Hauser vielleicht auch aus sich heraus, ohne Kontakte mit dem in der Welt in Büchern, Kunst, in der Sprache usw. »vorhandenen« Geist zur vollen menschlichen Person herangebildet worden sein. Dennoch wird man gegenüber den bisherigen Philosophien des objektiven Geistes das starke Wahrheitsmoment, das ohne Frage in Berdjajews Reduktion des Geistes auf die Person liegt, nicht übersehen können.

In diesem Zusammenhang ist noch eine weitere sehr wichtige Unterscheidung bemerkenswert, die Berdjajew im Rahmen seiner Geistesphilosophie vornimmt. Ein voreiliger Schluß könnte nach dem bisher Gesagten dahin gehen, daß man mit dieser Philosophie wenn schon nicht gerade beim Solipsismus, dann aber doch bei einer Leibnizschen Monadenlehre, bei einer metaphysischen, lediglich zu Gott, aber nicht mehr zur Welt geöffneten Isolierung der Einzelpersonen landen müsse. Dem kommt Berdjajew mit seiner sehr interessanten Unterscheidung von »Objektivieren« und »Transzendieren« zuvor. Der »gefallene« Geist »objektiviert« nur und schafft damit keine echten Beziehungen von Person zu Person, sondern nur solche von Person und Sache, die unter den Gesetzen der Materie und der Mechanik, also der äußeren Verbindung stehen. Der personal-agierende Geist dagegen »transzendiert«, und zwar nicht nur im Glauben und Gebet zu Gott hin, sondern in jeder echten, lebendigen Beziehung zu anderen Personen und darüber hinaus zur metaphysischen Personalität aller Weltwirklichkeiten. Auch hier lauert auf diese Philosophie wieder eine Gefahr; die Gefahr, alle Dinge, auch die anorganischen, geschweige denn Pflanzen und Tiere, personalisieren zu müssen, um mit ihnen in transzendierenden Kontakt zu kommen. Berdjajew wäre sicherlich bereit gewesen, seinem geliebten Kater oder seinen Hunden die Personqualität zuzusprechen, ob er diese aber noch weiter ausgedehnt hätte und bis zu welcher Grenze, hat er nicht eindeutig verraten. Andererseits läßt sich diese Frage aber wohl überhaupt nicht mehr im Umkreise philosophischen Denkens bindend beantworten, da dieses auch im günstigsten Falle der personalistischen Philosophie noch kein von den Bedingungen unserer gefallenen Welt befreites Schauen ist. Der von Berdjajew auf Welt und Gesellschaft übertragene Begriff des Transzendierens, den das übliche Denken allein unserer Beziehung zur Transzendenz selbst vorbehält, bedeutet indessen eine sehr fruchtbare Erweiterung unserer zwischenmenschlichen Erkenntnisse, eine Übersetzung christlicher Liebeskategorien in adäquate philosophische Begriffe.

Man wird diese Bestandsaufnahme der Grundbegriffe der Berdjajewschen Philosophie nicht abrunden können, wenn man schließlich nicht in den innersten Bezirk auch noch den Begriff des Schaffens hineinnimmt, dem er ebenfalls ein eigenes Werk gewidmet hat. Hier setzt nun bei ihm eine Polemik weniger im philosophischen als im theologischen Umkreis ein, durch die seine Philosophie ebenfalls einen erregend modernen und zeitgemäßen Zug bekommt. Es geht ihm um die theologische Rechtfertigung von Kunst, Wissenschaft, Philosophie, kurzum von menschlichem Schöpfertum vor Gott, also um die schwierige Antinomie von Demut und Schöpfertum. Die traditionellen theologischen Auffassungen besonders in der dialektischen Theologie des Protestantismus neigen dahin, daß an allem Schöpfertum des Menschen mindestens al pari der Satan, das Dämonische beteiligt ist, daß sich die satanische Verheißung in Genesis II »eritis sicut Deus« am zentralsten in diesem innersten Bezirk des Menschseins verwirklicht hat und daß von dort her über alles menschliche Schaffen ein Fluch des Todes und der Verdammnis durch Gott gekommen ist. Die Antinomie ist in der Geschichte und auch in der Kirchengeschichte freilich nie konsequent durchgehalten worden. Vielleicht ist sie aber auch überspitzt, und zwar nicht nur vom sogenannt weltlichen, sondern sogar vom geistlichen Gesichtspunkt aus.

Zum mindesten stehen ihr viele ebenfalls biblische Zeugnisse entgegen, die den Menschen zur »Vollkommenheit«, zur »Freiheit« und zum Schaffen ausdrücklich auffordern. Die Entscheidung kann daher vielleicht offengehalten werden. Berdjajew selbst plädiert mit dem ihm eigenen Feuer dafür, daß Gott zwar unsere Demut gebührt, daß er sie aber nicht auf Kosten des Geistes und der schöpferischen Entfaltung von uns fordere. »Die degenerierte Demut erschafft ein Lebenssystem, in welchem das alltägliche bürgerliche, bourgeoise Leben als demütiger, als christlicher, als sittlicher gilt als das Erreichen eines höheren geistigen Lebens der Liebe, des Schauens, der Erkenntnis, des Schöpfertums, was alles des Hochmuts und des Mangels an Demut verdächtigt wird. In einem Kleinkramladen handeln, ein durch und durch egoistisches Familienleben führen, als Polizeibeamter oder als Akzisebeamter angestellt sein, das ist demütig, nicht anmaßlich. Aber nach christlicher Verbrüderung der Menschen, nach Verwirklichung der Wahrheit Christi im Leben streben oder Philosoph oder Dichter sein, christlicher Philosoph und christlicher Dichter sein wollen, ist nicht demütig, sondern stolz, anmaßlich und dreist?« In solchen Sätzen äußert sich eine echte Not, ein wesentliches Problem des modernen geistigen Gewissens. Die Berdjajewsche Apologie des Schaffens hat viel für sich. Sie kann höchst wohltätig und befreiend wirken. Die große künftige Synthese weltlichen und heiligen Geistes, auf die alle Zeichen hindeuten und damit zugleich auf das verheißene »dritte Reich« des Geistes, nach dem des Vaters und dem des Sohnes, würde mit einer solchen Befreiung des Schaffens als einer maßgebenden Kategorie des Menschseins entscheidend gefördert werden, so wie ihr vorher der absolute Freiheitsbegriff Berdjajews sehr dienlich gewesen ist.

Es liegt ein ansteckender geistiger Mut, ein gewaltiges Pathos des Lebens in dieser Philosophie, ein Mut nicht zuletzt auf Gott hin und die Absicht, ihm das »Himmelreich« zu entreißen; aber nicht in einem falschen prometheischen Sinne – für alle Gestalten des Atheismus und Nihilismus hat

Berdjajew nur Mitleid, er ist von ihnen niemals »versucht« worden –, wohl aber im Sinne eines ganz und gar gottmenschlichen Gottesbegriffs, der für Berdjajew im Mysterium Christi Fleisch geworden ist. Gott ist nicht nur in seiner zweiten Person »auch Mensch« geworden, er allein ist, wie Berdjajew es ausdrückt, der eigentliche Mensch; nur Gott ist wahrhaft »menschlich«, der Mensch dagegen »unmenschlich«.

Fruchtbare Ideen scheinen, zum mindesten in unserer überhitzten Geisteslage, nur noch in Gestalt dieses oder jenes Extremismus durchzudringen; eine allseitige Ausgeglichenheit ist uns offenbar nicht mehr gegeben; die »Katholizität« hat das »protestantische« Element seit der Reformation aus sich herausgelassen und so ihre »Kathedrale« verkleinern müssen. Berdjajew steht in diesem Sinne sehr weit draußen, auch außerhalb der orthodoxen Kirche, er ist aber doch ein Philosoph, der viele Berührungsflächen mit dem gesamten philosophischen und theologischen Denken der Gegenwart behalten hat. Diese reichen, wenn man einmal von seinen russischen Quellen absieht, vom Katholizismus bis zum Marxismus, von der protestantischen Entmythologisierung bis zum Personalismus moderner jüdischer Denker, insbesondere Martin Bubers. Seine bedeutsame Auseinandersetzung mit Buber ist ein besonders reizvolles Kapitel der vielen zeitkritischen Auseinandersetzungen, die er geführt hat, da sie auf einer breiten gemeinsamen Basis personalen Denkens ihre Differenzen hauptsächlich am Gottesbegriff austragen mußte. Berdjajew ist in seinem Gottesbegriff vielleicht in der Tat »päpstlicher als der Papst«, christologischer als der normale, auch als der orthodoxe Christ. Bei allem Einstehen für die Grundüberzeugung, daß Gott uns allein in dem Menschen Jesu Christo offenbar geworden ist, würde der biblisch gebundene Christ doch kaum eine Aussage wie die Berdjajews von der wesenhaften Menschartigkeit Gottes wagen. Ähnlich kritisch dürfte die herrschende Meinung zu Berdjajews extremem Personalismus stehen. Je schärfer dieser sich bei ihm herausbildete, um so entschiedener hat er freilich seinen Persönlichkeitsbegriff gegen jedes individualistische und egoistische Mißverständnis abzudecken gesucht, ohne jedoch auf diesem Gebiet alle freilich nur theoriebezogene Zwielichtigkeit zu zerstreuen. Vielleicht hängt dieser letztgenannte Mangel von uns her gesehen auch etwas mit seiner russischen Terminologie zusammen. Im Deutschen wurde in der Regel der tragende Begriff seiner Philosophie mit dem Ausdruck »Persönlichkeit« wiedergegeben, obwohl vielleicht oftmals »Person« besser gewesen wäre. Die adjektivische Bezeichnung »persönlich« ist ja von Person, nicht von Persönlichkeit abgeleitet, und sie wird ebensooft wie das Substantiv im Text gebraucht. Man kommt durch den Begriff Persönlichkeit, im Gegensatz zu Person, fast zwangsläufig dahin, das Persönliche falsch zu intensivieren, es als eine Steigerung der gegen oder neben Gott stehenden, autonomen Person zu verstehen. Persönlichkeit gilt für unser Begriffsempfinden als ein Superlativ der Person, der sie ins Mächtige, Geniale, Bedeutende, Schöpferische steigert, was alles in Berdjajews Persönlichkeitsbegriff gewiß mitschwingt, aber doch vom genuin Christlichen her an der entscheidenden Stelle, wo es in Hybris, Autarkie, Atheismus und schließlich folgerichtig in Nihilismus umschlagen könnte, gebändigt wird.

Berdjajews zahlreiche Werke, die eine solche hochpotenzierte Freiheits- und Persönlichkeitsphilosophie in jahrzehntelangem Ringen um ihren immer vollkommeneren begrifflichen Ausdruck dem Gesamtbild des modernen Denkens hinzugefügt haben, sind andererseits in merkwürdiger dialektischer Umkehrung von Theorie und Praxis, Idee und Existenz bis zur Unsichtbarkeit von persönlichen Elementen, Einschüben, Anspielungen gereinigt. Er erinnert darin stark an Kant, daß er als Mensch, außer in seinem ununterdrückbaren Temperamentsausdruck, mit Charakter, Lebensschicksalen, Tageswirklichkeiten ganz hinter seinen Schriften verschwindet. Oder richtiger gesagt: Er wäre hinter ihnen für die Außenwelt kaum greifbar, wenn er nicht doch wenigstens einmal, in später Lebensstunde, den »Versuch einer philosophischen Autobiographie« gemacht, also ein eigenes, speziell der persönlichen »Selbsterkenntnis« gewidmetes und so auch im Deutschen betiteltes Buch geschrieben hätte. Auch dieses persönliche Buch des großen Personalisten ist freilich ohne jede Spur von Exhibitionismus. Es bleibt bezaubernd keusch und verschwiegen in der Behandlung alles dessen, was wirklich »intim« in seinem Leben war. Es erzählt aber immerhin den äußeren und auch manche Seite des inneren Lebensganges in einer sehr eigentümlichen Verschränkung mit philosophischen Sinnbilanzen; ein Unikum in der gesamten philosophischen Literatur, weit ab, ebensowohl von heiligen wie von unheiligen »Konfessionen« der augustinischen oder der rousseauschen Kategorie. Und doch ist dieses Werk viel persönlicher als sonst die philosophische Literatur. Es ist durchaus uneitel, prätentionslos, nüchtern und offenherzig, gleich weit vom Beschönigen wie vom Herabsetzen seiner selbst entfernt.

So findet man in diesem Spiegel besser als in den meisten Schilderungen derer, die ihn kannten, vieles, was vom Menschen Berdjajew wissenswert ist; wissenswert auch für die personalen Hintergründe seiner Philosophie. Derselbe Mensch und Geist, der die Person in den Mittelpunkt der Dinge gestellt hat, war ein rechter Hasser aller »zerlumpten Eigenliebe«. Er hatte viel eher Furcht davor, Jünger und Gesinnungsgenossen zu bekommen, als daß er auf eine solche geistige Machterweiterung aus war. Inkognito und Freiheit des Geistes gehörten für ihn zusammen. Das »Massiv der Geschichte und das der materiellen Welt« haben ihm nie imponiert. Berdjajew wußte aber auch hinreichend deutlich, daß sein Freiheitsbegriff für die meisten Menschen eher eine Belastung als eine Entlastung im üblichen Sinne sein würde: »Freiheit gebiert nur Leiden, man verzichtet gern auf sie.« Sie hat für ihn auch nur sehr bedingt etwas mit »Willensfreiheit« zu tun, er versteht sie vielmehr als eine »Unabhängigkeit und Bestimmbarkeit von innen«, als »schöpferische Kraft«, die ihren Apostel immer auf die Seite der Empörer und Protestler stellt. Die eigentliche Revolution, die er sein Leben lang meinte und erstrebte, ist nie geschehen, weil sie eine Revolution des Geistes und der Freiheit sein müßte, während jede bisherige Revolution noch stets im gleichen Zuge, da sie siegte, in Reaktion und Konventionalismus, in den Sieg eines neuen Kollektivs über die Person umgeschlagen ist. Berdjajews absoluter Freiheitsbegriff wird lediglich von Mitleid kompensiert. Die einzige Grenze, die er setzt, und die ihn vom Anarchismus im Nietzschestil unterscheidet, besteht darin, daß keine Freiheit sich in Willen zur Macht verwandeln dürfe. Umgekehrt würde er freilich ebensowenig nur um des Mitleids willen auf die Freiheit verzichten. So hat er gleich den modernen Promethiden von Nietzsche bis Gide und Sartre niemals Angst vor »gefährlichen« Gedanken gehabt, sei es gegenüber dem Dogma der Religion, dem der Wissenschaft, der Moral, des Rechtes, der Gesellschaft. Ja, er hat geradezu einen Haß auf Symbole und Titel in der menschlichen Gesellschaft oder Klasse gehegt, wie ihn so frei nur der völlig ressentimentlose Hocharistokrat von Geburt und Geblüt sich »leisten« konnte. »Gott ist Freiheit und Revolution; Materie ist Notwendigkeit und Reaktion«; alles »von Gott Entfernte aber ist – Provinz«.

Es finden sich viele derart zugespitzte, als Aphorismen herauslösbare, wenn schon als solche von ihm keineswegs beabsichtigte oder gepflegte Formulierungen in seinen Werken: »Das Subjektive ist objektiv, das Objektive ist subjektiv, denn das Subjekt ist ein Geschöpf Gottes, das Objekt aber ein Geschöpf des Subjekts« ... »Leib ist zuerst Form, nicht Materie; Leib ist Geist« ... »Nicht schlechthinnige Abhängigkeit, sondern Unabhängigkeit ist Religion«, denn Freiheit »wurzelt im Unerschaffenen, im Nichtsein«. An solche philosophischen Fundamentalsätze lassen sich mancherlei reizvolle persönliche Variationen seines Grundthemas anschließen. Er sei, wie er sagt, ein Mensch, den es vor allem »ekele«, der die physiologische Seite des Lebens kaum ertrage und sie u. a. mit seiner Leidenschaft für Wohlgerüche kompensieren müsse. Berdjajew hatte auch im Alter noch ein doppelt so scharfes Sehvermögen wie der normale Mensch, eine physiologische Tatsache, die sich auch für seine geistige Charakterisierung anbietet. Aber: »in mir selbst ist kein Garten ... ein trockenes Feuer brennt in mir, ich bin mehr dramatisch als lyrisch«.

Was Berdjajew wirklich unter Persönlichkeit verstand, wie er das Transzendieren von Person zu Person und zum Kollektiv auffaßte, wie sich die Antinomie von Individuum und Gesellschaft für ihn quer durch die üblichen Fronten löste, was der Begriff des Existentiell-Schöpferischen in seiner Welt bedeutete, ja inwiefern das Schaffen für ihn geradezu eine Forderung Gottes an den Menschen, eine Anthropodizee war, wobei er nicht etwa das übliche »Kulturwerte«-Schaffen, sondern den innersten transzendierenden Impuls des Schaffens meinte, der sich ebenso in Taten wie in Werken, wie in einem durch und durch auf Anrufe wesensgerecht reagierenden Tageslauf äußert, all dies läßt sich nur aus dem Supplement, das sein Leben für seine Philosophie bildete, ermessen, ein Leben von russischer Weite und Bewegtheit, voll von oft wahrhaft heroischer Tat und Haltung. Mit einer interessanten theologischen Wendung sagt er einmal, daß »Erlösung und Rechtfertigung des Menschen zwar ohne Schaffen möglich seien, daß aber das Reich Gottes nicht ohne schöpferische Mithilfe des Menschen Wirklichkeit werde«, wenn auch alle Ergebnisse unseres Schaffens zuletzt nur symbolischen Charakter behalten, das Schöpfertum selbst also immer eschatologische Bezüge hat. Man muß hierzu Berdjajews Gedanken über das Wesen der Zeit berücksichtigen. Sie gehören zum Einleuchtendsten, was zu diesem schwierigen philosophischen Thema in neuerer Zeit, insbesondere nach Heideggers »Sein und Zeit« und auch in mannigfachem Gegensatz zu diesem, gesagt wurde. Berdjajew unterscheidet eine dreifache Zeit: die kosmische Zeit, die historische Zeit und die existentielle Zeit. Die kosmische und die historische Zeit, die von ihm mit dem Kreis bzw. in der Geraden symbolisiert werden, binden den Menschen von außen. Die historische Zeit bindet und determiniert uns noch stärker als die kosmische Zeit, in engem Zusammenhange damit, daß das Kollektiv stärker als die Natur für uns zum Schicksal zu werden, uns zu knechten vermag. Andererseits steht die historische Zeit in tieferen Beziehungen zur Person, zur Zukunft und zum Ende der Zeit als die kosmische Zeit. Es gibt aber eine Unterbrechbarkeit der historischen ebenso wie der kosmischen Zeit allemal dann, wenn existentielle Zeit, die eigentlich keine Ausdehnung mehr hat und nur im Punkt annähernd zu symbolisieren wäre, von uns Besitz ergreift. Das sind die großen Augenblicke der schöpferischen Entfaltung, wenn »die Zeit erfüllt« wird und sich über, nicht erst hinter dem Leben die Ewigkeit öffnet; die Augenblicke, in denen Freiheit, Schöpfertum, Reich Gottes, Geist und Person über der Geschichte, sowohl wie über der Natur, jenseits von Tod und Zeit zur reinen Verwirklichung kommen.

Ganz anders als die meisten andern Existenzphilosophen ist Berdjajew in seiner Philosophie so gut wie gar nicht vom Tode und von der Angst her inspiriert worden. Er war ein johanneischer Christ, der schon in diesem Leben der zermalmenden Wirklichkeit des Todes überhoben war. Als er in seinem 74. Lebensjahr in Paris starb, geschah es mit einem leisen Griff der Entrückung von hinten, mitten aus der Arbeit heraus, den Federhalter noch in der Hand beim Schreiben eines zuletzt geplanten Werkes über die Gestalten der Mystik, das dann nicht mehr zustande gekommen ist. »Eine endgültige Befreiung ist nur durch Verbindung des menschlichen Geistes mit dem Geiste Gottes möglich. Geistige Befreiung ist immer Hinwendung zu einer größeren Tiefe als das geistige Prinzip im Menschen ist, also – Hinwendung zu Gott.«

Nach Bubers Tod

Während diese Zeilen geschrieben wurden, lag derjenige, den sie betreffen, in einem Jerusalemer Krankenhaus. Er war in seiner Wohnung gestürzt, hatte sich einen Knochenbruch zugezogen. Da es um einen Mann von siebenundachtzig Jahren ging, war die Nachricht mit Sorge in der Welt verbreitet worden. Es ließ sich nicht voraussehen, wie Martin Buber, von dem wir sprechen, dieses Unglück bestehen würde. Was sein früh verstorbener Freund Franz Rosenzweig im »Stern der Erlösung« sagt, daß das Judentum sich am adäquatesten erst im ganz alten Manne verwirklicht, eben dafür erschien uns der so viel älter gewordene Buber seit geraumer Zeit das eindrucksvollste Beispiel. Er selbst hat sich als »Erzjuden« bezeichnet. Seine israelischen Glaubensbrüder waren nicht immer bereit, ihm diesen Ehrentitel zu konzedieren. Als es, kurz nach seinem Unglück, um die – erstaunlicherweise noch offen gewesene – Frage einer Jerusalemer Ehrenbürgerschaft für Buber ging, mußte sie erst »in einer stürmischen Sitzung« durchgebracht werden. Bubers Gegner waren einerseits Orthodoxe, denen sein jüdischer Glaube nicht streng genug, zu weltoffen, zu missionarisch, cum grano salis gesprochen: zu »christlich« war. Anderseits wurde ihm von der zionistischen Rechten zu unentschiedene Haltung bei der Konstituierung des israelischen Staates vorgeworfen. Insbesondere sein Vorschlag, mit den Arabern eine Föderation einzugehen – man wird ihn aus der damaligen politischen Lage würdigen müssen –, machte ihn bei jüdischen Nationalisten liberalitätsverdächtig. Es ist nicht unsere Sache, in solchen Streitigkeiten Stellung zu beziehen, es scheint nur ein generelles Kennzeichen für geistige Spannweite eines Menschen, wenn ihm von entgegengesetzter Seite einander aufhebende Siegel aufgeklebt und wieder abgerissen werden. Warum hat Buber – man muß inzwischen nun sagen: nie den oft für ihn vorgeschlagenen Nobelpreis bekommen? Warum zum Beispiel nicht endlich im Todesjahr 1965, als das Komitee sich statt dessen Sartres

Ohrfeige einhandelte? Wir kennen die Hintergründe nicht, nur soviel wird man, wenn man die Preisträger des letzten Jahrzehnts am innern Auge vorüberziehen läßt, vermuten dürfen, daß er für diese Ehrung umgekehrt zu wenig »liberal«, zu stark religiös (und denn also nicht »links«, sondern »konservativ«) engagiert erschienen sein wird.

Aber Preise und Ehren hin wie her, Bubers Grundwort, mit dem er die dreibändige Ausgabe seiner *Werke* (eine Gemeinschaftsproduktion der bundesdeutschen Verlage Kösel, München, und Lambert Schneider, Heidelberg) einleitete, war »Dank«: »der Dank, daß er leben durfte, eng verbunden mit dem, daß er habe werken dürfen«. Diese dreibändige Ausgabe (der noch ein bei Melzer, Düsseldorf, in gleicher Ausstattung erschienener Ergänzungsband spezifisch jüdischer, für Juden und Forscher des Judentums wichtiger Arbeiten nach Belieben zugeschlagen werden kann) ist zuerst einfach das, was bei Umfang und Rang von Bubers literarisch-wissenschaftlicher Produktion lange fällig war: »Gesammelte Werke«. Die Schriften Bubers sind trotz der Treue, die er seinen drei, vier deutschen Verlegern im Laufe wechselvoller Jahrzehnte gehalten hat, inzwischen doch so zerstreut, man mußte sie in so uneinheitlichen Ausgaben auflesen, daß eine Zusammenfassung dringlich wurde. Man sagt als Außenstehender so etwas jedoch zu leicht dahin. Es hat der Anstrengung, Planung und Investition zweier Verleger bedurft, in den Jahren 1962 bis 1964 diese wuchtige dreibändige Ausgabe mit rund 3600 Seiten Text zustande zu bringen. Martin Buber ist zwar von seinen publizistischen Anfängen an (in den Jahren vor dem ersten Weltkrieg) kontinuierlich ein Autor gewesen, um den Verleger sich von sich aus bemühten – Prestige und Geschäft hielten sich dabei ungefähr die Waage –, sein Stern strahlte jedoch zweifellos nicht mehr so hell, wie es in seinen günstigsten Konstellationen, den zwanziger Jahren und dann wieder in den fünfziger Jahren, der Fall war. Die Ausgabe der »Werke« kam also eher in einer Periode des Aphel, wobei uns nur so viel wahrscheinlich dünkt, daß es sich um einen wiederkehrenden, nicht verstiebenden Himmelskörper handelt. Eben diese Behauptung wird vielfach bestritten. Man hat Stimmen im Ohr, die Buber und sein Werk mit unterschiedlichen Datierungen und Begründungen der Vergangenheit zuweisen, man weiß um manche intelligente Verwunderung darüber, daß es immer noch Leser gebe, die zu Bubers Werken, zu seinen Ideen, Philosophemen und vor allem zu seiner »Sprache« ein unmittelbares, historisch nicht gebrochenes Verhältnis für möglich halten. Bei solchen Verweisen und Verwunderungen tauchen Stichworte auf wie Expressionismus, Neuromantik, religiöser Klassizismus. Erst unlängst ist die bedeutsame Rezension wiedererschienen, die Siegfried Kracauer in den zwanziger Jahren in der Frankfurter Zeitung über das damals schon für diesen Kritiker »anachronistische« Unternehmen von Buber-Rosenzweigs Bibelübersetzung geschrieben hatte*. Die Argumente, daß die »neuromantisch-wagnerisierende« Sprache jener Bibelübersetzung, mit ihr aber auch die Sprache *jeder* heutigen Bibelübersetzung die »profane« Wirklichkeit und Wahrheit unserer Epoche verfehlen müsse, daß auch Bubers Rekurs auf Dialogik und das Ich-Du-Verhältnis nur in abstrakte Innerlichkeit, nicht in die extrem objektive Wahrheit und Wirklichkeit der Zeit führen könne, sind sehr ernst zu nehmen, auch wenn sie kein letztes Wort in der Sache sein müssen. Buber selbst hat das große Werk der Schriftübersetzung nach dem Tode Rosenzweigs und nach den Ereignissen der dreißiger und vierziger Jahre, die alle Arbeit daran sinnlos erscheinen ließen, mit der ihm eigenen Zähigkeit dennoch zum Abschluß geführt. Er hat sich aber in seinem späten Nachwort doch mit Rosenzweig gefragt, ob diese Übersetzung nicht ein Abschiedsdokument sei, ob sich in ihr – dialektisch und spiegelbildlich zu Luthers Übersetzung – nicht der Auszug der Bibel aus der deutschen Geistesgeschichte und Sprachwelt manifestiere. Kracauers Kritik und alle ähnliche Argumentation berücksichtigt

* Siegfried Kracauer: »Das Ornament der Masse«. *Suhrkamp 1963. S. 173 f.*

kaum, daß es nicht nur eine jeweilige geschichtliche Wahrheit und deren Sprache gibt, sondern daß in ihr und aus ihr entfaltet überzeitliche Wahrheit, überzeitliche Intensitätselemente der Sprache möglich werden, die rascher direkter Wirkung entbehren können.

Unser Hinweis soll jedoch auf diese schwierigen Fragen, ob sie schon beim Thema Buber zu den wichtigsten gehören, nicht eingehen, zumal die Werkausgabe Bubers Bibelübersetzungswerk und damit – der Leistungskontinuität nach – sein wichtigstes, umfänglichstes, wohl auch folgenreichstes »Werk« nicht enthalten konnte. Die drei Bände haben eine probate Einteilung in »Schriften zur Philosophie«, »Schriften zur Bibel« und »Schriften zum Chassidismus« vorgenommen. Jede Gruppe füllt einen Band. Jede ist mit den andern durch viele thematische und formale Verspannungen und Überschneidungen eng verbunden. Dennoch wird es Leser geben, die sich nur für einen dieser Aspekte des Autors Buber interessieren, ihn nur auf seine philosophische, nur auf seine theologisch-biblische, nur auf seine dem Thema Chassidismus zugewandte Relevanz befragen: Leser und eben auch Kritiker. Im Hinblick auf den chassidischen Themenkreis sind diese Kritiker – wenn man von einer vor einigen Jahren durchgeführten Kontroverse zwischen Rudolf Pannwitz und Buber in den Fragen des Chassidismus absieht – vornehmlich in jüdisch-chassidistischen Kreisen selber aufgetreten. Für sie war Buber nur eine Art »Heidenapostel« und »Paulus« des Chassidismus, ja des Judentums überhaupt, und seine Widersacher entsprächen der »Jerusalemer Gemeinde«. Heute besteht kein Zweifel mehr – Buber selbst hat es in seinen eigenen Beiträgen zu dieser Diskussion eingeräumt –, daß er das große chassidische Legenden- und Geschichtenwerk, das er herausgegeben und kommentiert hat, einer betont persönlichen Bearbeitung unterzog, die das magische Element im Chassidismus zugunsten des ethischen und rationalen zurückdrückt. Auch darüber im einzelnen mitzureden, kommt jedoch einem Außenstehenden kaum zu. Die universell wirksam gewordenen Elemente des

Chassidismus, mögen sie auch nur einige Aspekte des Gesamtphänomens herauskehren, sind allein Bubers Leistung, sowohl was ihre Vermittlung wie auch die damit Hand in Hand gegangene Wiederbelebung betrifft. Was Buber hierüber publiziert und geschrieben hat, wird deshalb auch in der »Welt« für alle absehbare Zeit als Quellenschrift wie als Kommentar Dokument erster Ordnung bleiben.

Sieht man die drei Bände obenhin durch, so fällt auf, daß das Gesamtwerk Bubers aus verhältnismäßig vielen Einzelwerken geringen Umfangs besteht. Buber selbst muß diesen Eindruck bei der Zusammenstellung der Ausgabe wohl auch gehabt und das Fragwürdige darin reflektiert haben, denn er erwägt im Vorwort, »was eigentlich das Wort ›Werk‹ in diesem seinem Literatursinn bedeutet«? Seine Antwort ist eher ausweichend: »Offenbar doch – zum Unterschied von ›Aufsatz‹, ›Essay‹ – etwas in sich Abgeschlossenes, nicht über sich Hinausweisendes. Von dieser Art fand ich in meinen Schriften, als ich sie nun auf das Auszuwählende hin durchsah, nicht viel, fast keine bot das Ende eines zu Äußernden dar, fast jede lenkte zuletzt, ohne daß ich es gewollt hatte, den Blick auf etwas noch Uneinbezogenes, aber doch wohl dereinst Einbeziehbares.« Er kommentiert dann weiter, daß es sich in der Ausgabe um »Werke« sowohl wie »Entwürfe«, um »Atemproben«, nicht immer um »die volle Atemeinheit einer Idee« handele – wir würden es weniger verrätselt dahin ausdrücken, daß Buber zu sehr Schriftsteller war, um sich im vollen Umfang an Ethos, Idee und Aufgabe der Wissenschaft daranzugeben, daß er dem prophetisch-apostolischen Impuls, der ebenfalls nicht den »langen Atem« großer Werkekonstruktion zu haben pflegt, viel zu stark verpflichtet, ja verfallen war, als daß er ihn zugunsten einer entsprechenden Wissenschaftlichkeit, dieses Mal der philosophischen, preisgeben würde. So ist sein Werk tatsächlich in erster Linie nur »Aufsatz« und »Essay«, und wo er diese Kurzformen über das ihnen normalerweise innewohnende Maß ausdehnte – am konsequentesten im wissenschaftlichen Sinne in seiner sozialgeschichtlichen Schrift *Pfade in Uto-*

pia –, sind zuletzt auch keine »abgeschlossenen« wissenschaftlichen Werke, sondern Großformen des Aufsatzes entstanden. Eben darin jedoch, daß er die kleinen Formen groß durchzuhalten vermochte, der Extensität sowohl wie der Intensität nach, liegt die Stärke, das Einzigartige und Dauerhafte an Bubers Schriftstellerei über den jeweiligen Inhalt seiner Arbeiten hinaus; seine Aufsätze sind immer zugleich Triumphe der Sprache in ihrer dichtesten Gestalt.

Das alles bewährt sich als Eindruck auch bei einer Wiederbegegnung in der neuen Ausgabe; es bewährt sich sogar bei den wenigen Schriften, die Buber aus den Jahren vor dem ersten Weltkrieg, also aus seiner »Jugend«, in diese Ausgabe übernommen hat. Von den Inhalten dieser Schriften wußte er sich inzwischen ziemlich abgerückt – zumal was die Auffassung des Chassidismus in den für die »Werke« aufgenommenen Einleitungen zu den Büchern *Geschichten des Rabbi Nachmann* und *Legende des Baalschem* betrifft. Aus der schwer übersehbaren Mannigfaltigkeit des Gesamtwerkes sei hier aber nicht das schon so viel erörterte Thema Chassidismus, sondern ein Aspekt von Bubers Denken und Forschen ausgewählt, der relativ randbezogen und dem Komplex der »Chassidischen Botschaft« oder dem Aspekt des »dialogischen Denkens« und der »Ich-Du-Beziehung« gegenüber viel weniger zur Wirkung gekommen ist: seine Soziologie und Sozialkritik, wie sie vor allem in der 1948 zuerst erschienenen Schrift *Pfade in Utopia* ihren Niederschlag fand. Diese wichtige Schrift (im ersten Band) enthält Bubers Marxismus-Kritik und darüber hinaus das, was er zum Sozialismus in Israel zu sagen hat. Beide Seiten der Untersuchung, die negative wie die positive, haben sachlich-wissenschaftlich, also ohne Hinblick auf die sprachlich-pneumatischen Fermentierungen, die allen Arbeiten Bubers den Glanz geben und die Konsistenz fördern, uneingeschränkte Klärungsfunktionen bis zur Stunde behalten. Pauschal gesprochen dürfte in dieser Buber-Studie überhaupt das Schlüssigste und Stichhaltigste an Marxismuskritik enthalten sein, soweit sie nicht aus einem dem Sozialismus gegnerischen (konservativen oder religiösen), in der Tiefe sachfremden Denkbereich, sondern aus gemeinsamen sozialistischen Prinzipien selber entwickelt wurde. Die Schrift gehört zu Bubers schwierigsten, auch zu seinen »trockensten«, am stärksten mit Methode und wissenschaftlichem Apparat belasteten Arbeiten. Sie geht noch ausführlicher als auf Marx selber und die marxistischen Quellenschriften auf die Wurzeln alles Sozialismus ein beziehungsweise zwei Generationen früher als Marx bei Saint-Simon, Fourier, Owens und besonders Proudhon zurück. Diesen später verlästerten »Bourgeois-Sozialismus« rehabilitiert Buber vor dem marxistischen Totalitätsanspruch. Wer dem marxistischen Glaubensdogma, daß sich allein im Marxismus das Gesetz der Geschichte verwirklicht, ohne kritische Reserve verfallen ist – sei es als Marxist selber, sei es als bürgerlicher Kapitulant, der keine überzeugende Alternative weiß –, kann aus dieser Schrift die volle Breite der Wirklichkeitsbezüge wiedergewinnen, die der ältere Sozialismus besaß, ehe er sich marxistisch auf die Aktion konzentrierte und zugleich menschlich verengte. Buber holt alles das aus der Tiefe der Geschichte des Sozialismus heim, was über der harten Suprematie des Marxismus-Leninismus in den Tagen der russischen Revolution, ja teilweise erst in der deutschen Novemberrevolution an Gedankengut (zum Beispiel bei Landauer, bei Rosa Luxemburg) verlorengegangen ist. Marxismus erscheint Buber als eine »apokalyptische«, im Gegensatz zur »prophetischen« Form der »Eschatologie«; theologische Kategorien, deren Gebrauch im Umkreis dieser Fragen uns inzwischen geläufiger geworden ist. Er formuliert die Summe seiner Kritik in der bemerkenswerten Feststellung: »Von den drei Modi des Denkens in Dingen des öffentlichen Lebens, dem ökonomischen, dem sozialen und dem politischen, hat Marx den ersten mit methodischer Meisterschaft beherrscht, dem dritten war er mit Leidenschaft ergeben, mit dem sozialen ist er – so absurd das auch in den Ohren eines bedingungslosen Marxisten klingen mag – nur selten in näheren Umgang getreten, und nie ist er für ihn bestimmend gewesen.« Das ganze Dilemma, die ganze Misere und Problematik, die die Erscheinungskomplexe des verwirklichten Marxismus in der heutigen Welt darbieten, denen gegenüber aber die übliche nichtmarxistische Reflexion ebenso wie ein abgefallenes, weiterhin »ideal«-marxistisches Denken gleichermaßen unzulänglich reagieren, dürfte in diesen Sätzen im Nerv getroffen und »aufgehoben« sein. Anders ausgedrückt: Die Verfehlung des Sozialismus im Marxismus basiert auf dessen Grunddogma vom allein seligmachenden politischen Umsturz. Auf Grund dieses Dogmas denunzierte der Marxismus alle aus gegebenen Ansätzen unter Wahrung des erreichten Freiheitsstandes für das Individuum entwikkelten Formen und Versuche des Sozialismus als utopisch, kleinbürgerlich, reaktionär – mit dem Ergebnis neuer Despotie und Ausbeutung. Israel gegen Moskau, Kibbuz gegen volkseignen Betrieb, das etwa wäre, grob ausgedrückt, die Alternative, die Buber in dieser Schrift aufstellt. Sie hat in den bald zwanzig Jahren seit Erscheinen der Schrift nichts von ihrer Aktualität eingebüßt, wenn man sich nur von dem Vorurteil befreit, daß der Gang der Geschichte und ihr Fortschritt sich allemal bei den großen Massen, allein im quantitativen Maßstab vollziehe. Das unaufgebbar Individuale, die Integrität von Ich und Du und Person sind auch in diesen Fragen der Kern von Bubers Denken und Wirken, ohne daß sich die Frage der religiösen Erneuerung zum mindesten im ersten Akt der Reflexion schon zu stellen braucht. Auch die Ausgabe seiner Werke wird schwerlich ein Massenartikel werden, aber sie gehört in den Bereich dessen, was man das Salz der Erde nennt; und sie gehört, praktisch gesprochen, mindestens in jede mittlere öffentliche Bibliothek; greifbar für den, der sich durch die komplexen Voraussetzungen dieses Werkes durchgearbeitet hat. »Wir fangen nicht mehr oben an, freilich erst recht nicht unten, sondern überall«, das ist ein Schlüsselwort, in dem man den ganzen Buber hat.

Nachwort zu Albert Schweitzer

Für die Mitmenschheit war es ähnlich wie bei Sterben und Tod seines Rang- und Altersgenossen Winston Churchill. Seit langem war man auf diesen großen Tod vorbereitet. Ein stark überdehntes Lebensalter macht selbst Verehrung und Liebe heimlich ungeduldig. So ließ schon der 90. Geburtstag am 14. Januar des Jahres 1965 nicht mehr die frühere Feststimmung um solche Schweitzerschen Gedenk- und Ehrentage aufkommen. Das hatte aber weniger, als manche kritische Wetterfahne anzeigen wollte, mit dem Abblättern des Mythos Schweitzer, mit Überlebtheiten seines Denkens und Wirkens als mit natürlichen Ermüdungen im Verehrungsrhythmus zu tun. Ähnlichkeit mit Churchill brachte dann vor allem das langsame Sterben über Tage hin, mit den Atemzügen einer sich nicht geschlagen geben wollenden Vitalität, während Geist und Bewußtsein die irdischen Kreise bereits die meiste Zeit über verlassen hatten. Nun hat Albert Schweitzer mit dem 4. September 1965 sein letztes Geschichtsdatum gesetzt. Nach Lambarene, den Ort, dem er wie keinem andern seines Lebens zugeordnet bleibt, kann der Urwald der Geschichtslosigkeit zurückkehren.

Man prophezeit kaum allzu gewagt, wenn man auch sonst für die nächsten Jahre, vielleicht Jahrzehnte, für Albert Schweitzers Manen eher eine sich mindernde als wachsende Blutzufuhr erwartet. Viel wichtiger, als sich über diese Frage Gedanken zu machen, ist es jedoch, etwas von der wirklichen Gestalt Schweitzers diesseits von Mythos sowohl wie von Polemik in den Griff zu bekommen. War er denn wirklich der so sehr große, so einzigartig beispielhafte Mann, als den ihn der sein Leben von früh an begleitende, sich unablässig steigernde Ruhm hingestellt hat? Ein »Genie der Menschlichkeit« (Winston Churchill)? »Der größte Mensch unserer Zeit« (Albert Einstein)? »Ein Symbol der Humanität« (Nikolaus Louvaris)? »Der mit genialen Gaben am reichsten ausgestattete Mensch unserer Zeit« (George Seaver)? Schon diese wenigen Superlative in einer endlosen

Reihe machen durchsichtig, wie sehr sich im Image Albert Schweitzers die moralischen mit den intellektuellen Bewunderungsaffekten der Menschheit gemischt und einander wechselseitig zu jener übergroßen Höhe, die oft an Idolatrie grenzte, gesteigert haben. Das alles zu entscheiden, auf ein vernünftiges Maß zurückzuführen oder gar kritisch zu durchleuchten, kann nicht die Aufgabe eines Wortes am Grabe sein, es hat überhaupt relativ wenig mit den interessanteren Fragen nach Wesen und Wirken von Schweitzer zu tun. Jeder einzelne, der einmal unter moralischen Einwirkungen Schweitzers gestanden hat und von ihnen das eigne Gewissen belebt fühlte, ob jung oder alt; aber auch jeder, der auf Schweitzers Tun und Denken im Umkreis der von ihm berührten und befruchteten Wissenschaften und Künste stieß, muß solche Urteilsklärungen für sich selbst erarbeiten. Es wird sich wahrscheinlich herausstellen, daß das meiste, was man Schweitzer an Kraft, Talent, Geist, Ethos zugeschrieben und dementsprechend an ihm verehrt hat, auch einer sehr nüchternen kritischen Reflexion, ja sogar dem bösen Blick standhält. Er ist das alles gewesen: ein sehr bedeutender, bahnbrechender Forscher in Sachen des Neuen Testaments und des »Lebens Jesu«. Ein eminenter Kenner und Interpret des Bachschen Werkes. Ein außerordentlicher und auf diesem Gebiet alte als neue Wege weisender Orgelbau-Fachmann. Ein großer Virtuose des Orgelspiels selbst. Dann aber auch ein kritischer Geschichts- und Kulturphilosoph von hohen Graden, überhaupt ein Denker im elementaren Sinn des Wortes. Und schließlich das Wesentlichste: ein Mann der ethischen Tat, der christlich-existentiellen Konsequenz, wie es in dieser nachprüfbaren monolithischen Eindeutigkeit sie sehr selten unter den Menschen, besonders unter den Menschen unseres kollektivistischen Jahrhunderts gibt. Kein Zweifel, daß sich diese Qualitäten wechselseitig zu jenen Superlativen gesteigert haben, die dann im Umkreis Schweitzers die normale Beschreibungssprache über ihn und sein Wirken geworden sind. Gleichwohl hieß es in der Summe solcher Beurteilungen in einem sonst sehr positiven Schweitzerbuch von Werner Picht mit einigem Recht: »Die Schweitzer-Verehrung ist echt, aber gedankenlos.«

Die Frage, die hieran, zumal bei dem ersten Datum, das nun seine faktische Geschichtlichkeit konstituiert, anzuschließen wäre, müßte lauten: Darf man vermuten, daß die Schweitzer-Verehrung im Fluß kommender Jahre und ihrer Entwicklungen erhalten bleibt, auch wenn sie anfängt, sich genauere und ernsthaftere Gedanken, als dies in der Regel bisher geschehen ist, über ihre Gründe zu machen? Dazu gehört, wiederum als erstes, das ruhige, sachliche Hinhören auf die in den letzten Jahren sich mehrenden Stimmen der Kritik, die sich teilweise auf den immer ein Element von Ärgernis enthaltenden oder provozierenden übergroßen Ruhm, den »Rummel«, dann aber auf tatsächliche Schatten im Bilde, Schwächen im Werk, Überlebtheiten in der Gestalt beziehen.

Darüber ein paar zwangsläufig stark abgekürzte Bemerkungen. Vor wenig mehr als zwei Jahren erschien das erste, wirklich schonungslos kritische Buch über Albert Schweitzer. Es war von einem Engländer (Gerald McKnight) geschrieben, hieß »Verdict on Schweitzer« – eine bessere Reportage, kein wirklich gutes, sehr ernst zu nehmendes Buch, das aber doch als Signal für den bei soviel Verehrung schwierigen Umschlag in Kritik wichtig geworden ist. Das Presseecho überall in der Welt war groß, der Verehrungsbann schien gebrochen, es folgten zahlreiche kleinere Artikel, die uns von den Unzulänglichkeiten der Person, von den Mängeln des Hospitals, von der Überlebtheit der sittlichen Intentionen Schweitzers zu erzählen hatten. Die Neger selber meldeten sich zu Wort; richtiger gesagt: die negritude, das ideologische Negertum, von dem Schweitzer und sein Werk Charakteristiken erfuhr wie: der letzte Kolonialist, er behandelt die Schwarzen wie Kinder, er respektiert keine afrikanische Zivilisation, er zwingt dem Neger seinen Arbeitsrhythmus, seine Lebensweise und Moral auf, er versteht keine einzige afrikanische Sprache, obwohl er ein halbes Jahrhundert in Afrika lebt, er ist gegen die Intellektuellen und die intellektuelle Erziehung der Neger, sein Hospital ist veraltet, unhygienisch, die Kranken müssen bei ihm arbeiten. Es fehlt an modernem Komfort usw. usw. In der Summe war alle diese durch ihren Herkunftsort scheinbar besonders legitimierte (und natürlich auch von europäischen Halbintellektuellen sofort beifällig unterstützte) Kritik in dem Ruf zusammengefaßt: Hinaus mit Schweitzer! Er selbst hat ihr ebenfalls, freilich ironisch-humorvolleren Ausdruck verliehen, wenn er sich (angesichts der Vorkommnisse im Kongo aber wieder gar nicht so ohne ernste Hintergründe) als Grabspruch die Worte wünschte: »Wir haben ihn gegessen, den Doktor Schweitzer. Er war gut bis zu seinem Ende.«

Man hat ihn also nun doch nicht gegessen, sondern er ist gestorben, wie er es wohl lange vorher in seinem Bewußtsein geordnet und gewünscht hatte: an dem Ort eines durch mehr als ein halbes Jahrhundert gehenden Wirkens, wo er denn auch neben seiner Frau auf dem Urwaldfriedhof von Lambarene begraben worden ist. Zu dieser späten Kritik nach soviel Wirkung und Segen bleibt aber Stellung zu nehmen, nur nicht vom Standpunkt und im Geist der inzwischen wirklich vielfach überalterten Verehrungsklischees, sondern von Schweitzers Denken selber. Da gilt als erstes eine offene Bestätigung, daß eine beträchtliche Zahl solcher Vorwürfe faktisch zutreffend, in einem planen Sinne »richtig« ist, zugleich aber in der Tiefe eine Unwahrheit von höchster Bedeutung herauskehrt. Schweitzer hat mit der »Negritüde« in der Tat nichts, aber auch gar nichts zu tun. Er war zwar nicht im groben ausbeuterischen Sinn der »letzte Kolonisator«, aber einer der letzten Europäer, der mit Persönlichkeitsmacht höchsten geistigen Einfluß in Afrika nahm. Dasselbe, was er seinen eigenen Landsleuten zum Thema »Aufbau und Verfall der Kultur« ins Gewissen schrieb: das große »aufklärerische« Thema seiner Ethik der Ehrfurcht vor dem Leben und einer sie begründenden Kulturphilosophie, für die eine Kultur nicht im ästhetischen, sondern allein im sittlichen Aspekt relevant wird, dies alles gilt genauso für die sogenannten afrikanischen Kulturen. Vice versa ist eine ideologisierte Negritüde nur als Parallele zu Faschismus, Nazismus, Nationalismus zu verstehen. Schweitzer hat für diese ebenso peinlichen wie substantiellen Zusammenhänge harte, aber gültige Ausdrücke gefunden. Er spricht u. a. davon, daß »Kultur nicht mit Lesen und Schreiben, sondern mit einem Handwerk beginnt«: »Keine Ausbildung des Intellekts ohne gleichzeitige Ausbildung der Handfertigkeit! Wie werden die Schwarzen tüchtige Menschen? Durch religiöse und sittliche Unterweisung und durch das Handwerk. Alles andere hat erst einen Sinn, wenn dieser Grund gelegt ist.«

Im Zitat mögen solche und ähnliche Worte für uns heute, zumal in Europa, sehr vorgestrig wirken, wo doch die Handfertigkeiten scheinbar überall durch die industrielle Revolution ersetzt und aufgehoben werden. Man muß aber das Gemeinte nur auf die rechte Weise in eine allgemeinere Moral der Arbeit, der Anstrengung, der sittlichen Gewissenskontrolle des eigenen Lebens und der Zuwendung zu den Erfordernissen fremden Lebens übersetzen. Dann bleibt es große europäische »Aufklärung« und kehrt so wie diese eine für Gegenwart und Zukunft nach wie vor entscheidende Bedeutung heraus. Die sittliche und religiöse Amalgamierung mit dem Christentum, die diese Ethik bei Schweitzer erfahren hat, ist demgegenüber nicht einmal das Wichtigste in seinem Denken, wenn sie auch im biographischen Kontext seines Lebens Ausgangspunkt und Endpunkt solcher Anstrengungen des Begriffs wie des Willens gewesen ist. Schweitzers Christentum hat ja, so paradox dies auch erscheint, von seiner ersten Entscheidung zur afrikanischen Praxis an ebensoviel Widerspruch wie Zustimmung in der christlichen Welt gefunden. Auch darüber kann in Kürze kaum, ohne Mißverständnisse zu riskieren, gesprochen werden: nur dies, daß auch der Theologe Albert Schweitzer, ähnlich wie der aufklärerische Philosoph, weit weniger geschichtlich angestaubt ist, als es sich die jeweilige Fachintelligenz wenigstens zeitweise gedacht hat. Das »eschatologische« Verständnis Jesu und des Neuen Testaments bei

Schweitzer hat überraschende Rechtfertigung im modernen theologischen Denken (u. a. durch die Parallelen der Qumran-Funde) erfahren, der »vermenschlichte« Jesus, den uns Schweitzer durch sittliche mehr als durch glaubenstheologische oder sakramentale Kommunikation nahegebracht hat, erweist sich keineswegs so schwach und anfällig für Skepsis und Glaubensaufweichung, wie es den Befürchtungen traditioneller Dogmatik erschien. Das alles sind aber schwierige, hier nur zu streifende Zusammenhänge. Gewiß sein dürfte bei intimerer Beschäftigung und auch bei »Aus-einander-Setzung« mit Schweitzers in schwer überschaubarem Ausmaß ausuferndem wissenschaftlichem, künstlerischem, denkerischem und praktischem Lebenswerk, daß er auch künftigen »naiven« Betrachtern im Eindringen immer interessanter, in der Kritik eher als Persönlichkeitsphänomen bedeutender wird, auch wenn die Regenbogenfarben seines Mythos sich schon vor seinem Tode aufzulösen begannen und dies weiterhin tun. Zuallerletzt gelten solche Vermutungen auch ein wenig für den Schriftsteller Albert Schweitzer, den Verfasser von Lebenserinnerungen, die im Zug der Zeit wahrscheinlich an Klassizität gewinnen werden, unbeschadet dessen, daß sie heute schon in vielen Details vom Sand der Geschichte verwehte und in ihrer Sprache einer älteren Zeit zugeordnete Signaturen aufweisen. Vielleicht wird sich, zumal im Umkreis seiner afrikanischen Kritiker, auch für dieses Leben und Werk etwas von Nietzsches Wort erfüllen: »Erst wenn ihr mich alle verleugnet habt, will ich euch wiederkehren.«

Erwin Reisner

Am 12. Juni 1966, nicht ganz ein Vierteljahr nach seinem 76. Geburtstag, ist in Westberlin (Lichterfelde) der emeritierte Professor der Philosophie an der Kirchlichen Hochschule, Erwin Reisner, »nach kurzem, schwerem Leiden«, wie es in der Todesanzeige hieß, gestorben. Ein Tod, der Freunden und

Bekannten trotz jahrelangen Kränkelns von Erwin Reisner unerwartet, beinahe bestürzend gekommen ist. Die äußere Ursache mag in Reisners Darmleiden gelegen haben, das ihm manches Jahr seines Alters durch Schmerzen getrübt hatte, ohne daß ein medizinisch klarer physischer Anlaß dafür gefunden werden konnte. Zuletzt hatten sich die Beschwerden aber so weit gelegt, daß Reisner in Gesprächen und in Gesellschaft wieder der alte zu sein schien. Eine innere Blutung hat seinem Leben plötzlich das Ende gesetzt.

Berlin und die philosophische Literatur der Gegenwart sind um einen bemerkenswerten Geist ärmer geworden. Es wird noch einigen Abstandes der Zeit und manches Wiederholungsaktes der Lektüre bedürfen, um recht ans Licht zu bringen, was es mit Erwin Reisner als Denker, Schriftsteller, Philosophen, Theologen und Mythendeuter auf sich gehabt hat. In den vorangegangenen Jahren, zumal nach der Emeritierung, war es ziemlich still um ihn und sein Werk geworden. Zwar brachte er immer wieder ein und das andere neue Buch heraus, sogar in Zeiten der Krankheit und anderer persönlicher Misere. Es mangelte aber an der rechten Resonanz bei den Lesern. Die Probleme, die Reisners Bücher erörterten, die Lösungen, die sie anboten, schienen in ihrer spekulativen Entrücktheit zu wenig mehr dem zu entsprechen, was dringlich, gegenwartsnah, aktuell ist. Das gilt in gewisser Weise für sein ganzes Werk. Immerhin war dessen Stunde bald nach dem Krieg, als »Der Dämon und sein Bild«, Reisners bekanntestes Buch, bei Suhrkamp herauskam, für Ruhm und Erfolg günstiger. Jenes Buch war über seinen allgemeingültigen Gehalt hinaus ein authentischer Ausdruck damaliger Erfahrungen. Es konnte als eine der wesentlichen philosophisch-theologischen Antworten auf die Versuchungen und Provokationen der voraufgegangenen dunklen Epoche empfunden werden. Darüber soll nachher noch ein Wort gesagt werden. Zuerst ein paar Daten des äußeren Lebens.

Erwin Reisner wurde am 19. März 1890 in Wien geboren. Seine Sterne schienen zunächst einen andern Lebensweg für ihn vorzubereiten: Kadettenkorps, Artillerieschule, Berufsoffizier. Als ein solcher hat Reisner den ersten Weltkrieg mitgemacht und es bis zum Hauptmann gebracht. Der junge Reisner mag ein charmanter und eleganter Offizier, Gesellschaftsmensch, auch Tänzer gewesen sein, jene faszinierende Mischung von Soldat und Bildungsmensch, die im alten Österreich öfter als in Preußen-Deutschland vorgekommen ist und dort wohl auch ein wenig gezüchtet wurde. Die Prägung aus jener Zeit hat sich bis ins Physiognomische, in Haltung, Gestik, Manieren und Sprache ausgewirkt und ist auch im Alter immer noch deutlich spürbar geblieben. Gleichwohl setzte mit dem Ende des Krieges zunächst große Unsicherheit und Unruhe in Reisners beruflich jäh abgebrochener Entwicklung ein. Er siedelte nach Siebenbürgen über und versuchte sich dort in allerlei Betätigungen, die vom Journalismus bis zur Anzeigenakquisition, vom Buchhalter bis zum Bibliothekar reichten und die schwankende wirtschaftliche Grundlage für ein Leben intensiver privater Forschung, Denkarbeit und Gelehrsamkeit zu bereiten suchten. Im nominell-äußerlichen Sinn hat Reisner ja nie studiert, nicht einmal das dafür nötige Abitur gemacht. Im Jahre 1931 gestattete jedoch das Preußische Unterrichtsministerium durch einen eigenen Erlaß dem 41jährigen Privatgelehrten und österreichischen Hauptmann a. D. auf Grund dreier voraufgegangener Buchpublikationen in Marburg an der Lahn, bei Erich Frank mit einer Arbeit über »Kennen, Erkennen, Anerkennen« zum Dr. phil. zu promovieren. Es geschah summa cum laude und wurde der erste Schritt, aus dem einstigen Offizier und Kavalier einen Bürger der Gelehrtenrepublik zu machen. Zugleich wurde es Reisners erste lose Bindung an Deutschland und Preußen. Er blieb noch bis 1935 in Siebenbürgen, siedelte dann nach Wien zurück, wo er bis zu Hitlers Einzug 1938 als Sekretär beim internationalen Missionsrat tätig war. Die Naziherrschaft ließ es ihm dann aus mehrfachem Grund ratsam erscheinen, Wien (es gab dort nur »deutsche Christen«, wenn man der evangelischen Kirche angehörte) zu verlassen und über Berlin Beziehungen zur »Bekennenden Kirche« aufzunehmen. Diese ordinierte ihn nach insgeheim durchgeführtem Examen und beschäftigte ihn in Potsdam als Hilfsgeistlichen, zugleich arbeitete er in Grübers Amt für die rassisch Verfolgten. Mit Kriegsende und der Gründung der Kirchlichen Hochschule in Berlin wurde Reisner deren erster Dozent für Philosophie, war aber zugleich noch an der Sophienkirche bis 1948 als Pfarrer tätig. Aus der Dozentur ist später die erste Professur für Philosophie an dieser Hochschule hervorgegangen, die Reisner bis zu seiner Emeritierung innegehabt hat.

Themen und Titel einiger vor dem Krieg herausgekommener Publikationen lauten: »Die Geschichte als Sündenfall und Weg zum Gericht« (erschienen bei Oldenburg 1929), »Die Kirche des Kreuzes und das deutsche Schicksal« (erschienen bei Christian Kaiser 1934), ein Kommentar »Der Brief an die Hebräer« (ebenfalls bei Christian Kaiser 1938). Nach dem Kriege kamen heraus: bei Suhrkamp 1947 »Der Dämon und sein Bild«, ein Kommentar zur Johannes-Apokalypse »Das Buch mit den sieben Siegeln« bei Vandenhoeck und Ruprecht 1947, »Vom Ursinn der Geschlechter« (Lettner-Verlag 1954), »Krankheit und Gesundung« (Lettner-Verlag 1956), »Der begegnungslose Mensch« (Lettner-Verlag 1964) und als letztes Werk »Die Juden und das deutsche Reich« (Eugen Rentsch Verlag, Zürich 1966).

Reisners Image als Schriftsteller und Essayist und Denker wurde jedoch fast ebensosehr wie durch seine Bücher und die Lehrtätigkeit an der Hochschule durch freie Publikationen in Zeitschriften geprägt. Wer die Literatur und Publizistik, darunter im besonderen die philosophische Essayistik der fünfziger und sechziger Jahre durchmustert, wird seinem Namen und seinen Arbeiten in Merkur, Neue Deutsche Hefte, Eckart begegnen. Diese Beziehung zu Literatur- und Kulturzeitschriften hängt mit der besonderen Natur seiner Gabe zusammen. Der Lebensgang hat schon hinreichend deutlich gemacht, daß es sich im Falle seiner Professur nicht um die übliche akademische Ochsentour gehandelt hat. Das läßt sich noch grundsätzlicher formulieren: für Wissenschaft und wissenschaftliche Philosophie und Theologie zählt Reisners Werk relativ wenig. Er war im Sinne eines Wortes von Rosenstock-Huessy ein »unreiner Denker«, den Theologen zuviel Philosoph, den Philosophen zuviel Theologe und beiden zusammen zu sehr Schriftsteller, als daß man ihn und seine Arbeiten dem System der Wissenschaften einigermaßen plausibel einordnen könnte. Diese Grenzen hat er jedoch nach oben, nicht nach unten überschritten ins Künstlerisch-Literarische ebenso wie in einem spekulativen philosophischen Alleingang seines Denkens.

Was hat es mit Reisners Philosophie auf sich? Wie ließe sich ihre Thematik und ihre Thetik am knappesten formulieren? Im Hintergrund und am Beginn steht eine Prämisse. Reisner philosophiert nicht im freien Raum der unendlichen Frage, sondern auf der Basis einer Erweckung und Erfahrung in der Dimension von Glaube und Offenbarung. Philosophie ist für ihn Hilfswissenschaft des Glaubens, wenn schon nicht im scholastischen Sinn ancilla Theologiae. Zu einer solchen besteht eine feine Differenz, die vielleicht entfernt mit Reisners Konfessionswechsel in jungen Jahren zusammenhängt. Als Österreicher war er zuerst Katholik und ist auch katholisch getauft und erzogen worden. Der Konfessionswechsel selbst soll keine allzu gravierenden Gründe gehabt haben. Er hat seinen Sinn aber nachträglich in einer langen wissenschaftlichen und publizistischen Entwicklung bekommen. Dennoch sind gewisse »katholische« Züge in Reisners Verhältnis zu Wissenschaft und Philosophie bis zuletzt wirksam geblieben. Daß er für sein Denken die Essayform, eine moderne Abwandlung des mittelalterlichen Traktats, wählte und zu beispielhafter Höhe brachte, hat etwas mit diesen Ursprüngen zu tun. Ein gleiches gilt für seinen tiefen Konservatismus, die Neigung zu metaphysischen Hypostasierungen, die seinem Denken bis zuletzt eigen war. Reisner hat im Rahmen einer fast ins Ontologische fixierten Zwei-Sphären-Vorstellung gedacht: Hier die gefallene, dort die heile, die erlöste Welt; hier der Mensch von Zeit und Geschichte, dort der Mensch der Begegnung mit Gott, die ihn außerhalb von Zeit und Geschichte stellt. Was er über Mythen und Dämonen in seinem farbigsten Werk, »Der Dämon und sein Bild«, zu sagen hat, muß aus diesem Zwei-Welten-Schema verstanden werden. Er geht nicht empirisch als Mythenforscher oder als Tiefenpsychologe an den historischen und den verdeckten gegenwärtigen Bestand mythischer Vorstellungen und Denkweisen heran, sondern benutzt die Ergebnisse beider Disziplinen, um seinerseits dem Mythus jene negativen Sinngehalte zu entlocken, die dieser, als Welt der Götter und Dämonen, von jeher für den Offenbarungsglauben gehabt hat, mit denen er diesem zu frontaler konfessioneller Polemik diente. Mythus-Polemik blieb aber insofern früher immer eine unsichere Sache, als von hinten und unten mythische Projektionen in den Zusammenhang des Glaubens immer wieder hineingedrungen sind. Nicht nur die Geschichte, Kultur- und Religionsgeschichte des Altertums, des fernen Ostens, des fernen Westens oder die der Naturvölker ist durchweg vom »Dämon und seinem Bilde« gezeichnet, auch die des abendländischen Christentums hat genug Einschläge dieser unreinen Art. Hinzu kommt die uferlose nachchristliche Mythenbildung und Dämonisierung in der Wissenschaft und den Sozialreligionen unserer Tage. Diesen ganzen riesigen Komplex, der fast der faktischen Geschichte der Menschheit kongruent ist, ruft Reisner in die Schranken. Das geschieht jedoch nicht auf den Wegen einer direkten, rational verstandenen Aufklärung, also nicht durch das, was sich seit Bultmann Entmythologisierung nennt – die verdeckten Dämonien von Rationalität und Aufklärung sind gerade ein sehr wesentliches Thema in Reisners Philosophie der Entdämonisierung –, sondern es geschieht über die Entdeckung der Person, ihre Befreiung in der hörenden und vernehmenden Beziehung zum Offenbarungswort Gottes in Christo. Vor diesem Wort wird alles andere Menschentum und Menschendenken in unendlichen Abstufungen, die vom »aristokratischen Satanismus« des Buddhisten bis zum Animismus und Totemismus der Primitiven reichen, dämonistisch, darunter auch die Eskapaden des sogenannten freien Gedankens, der freien Wissenschaft und Geschichtsphilosophie.

Wir referieren hier in großen, zusammenfassenden Zügen, was in Reisners Schriften, ob sie nun die Mythenkunde oder die Fragen von Krankheit und Gesundheit oder das Mysterium der Geschlechtsliebe oder die Kritik der historischen Vernunft zum engeren Thema haben, innerhalb seines allgemeinen Schemas der beiden Welten und Seinsweisen mit subtilen Details an Fakten und begrifflicher Differenzierung ausgeführt ist. Sein entschiedener metaphysischer Konservatismus hat ihm den Sinn für große Probleme und letzte Dinge in einer heute fast schon anachronistisch erscheinenden Weise erhalten, wenn ihn umgekehrt auch zuweilen die Versuchung angekommen ist, dem abstrakten Denken zuviel zuzutrauen. Die Schrift »Der Dämon und sein Bild« setzt die kleine erlesene Reihe spekulativer Mythenforschungen und Mythendeutungen fort, für die die Namen Schelling, Creuzer, Bachofen zu nennen wären, unterscheidet sich von solchen Vorgängern jedoch durch ihren fest abgestützten theologischen Hintergrund, der die Methode dieser Mythenauslegung bestimmt. Obwohl auch Reisner »Entmythologisierung« betreibt, verfolgt er eine solche Tendenz jedoch in entgegengesetzter Richtung wie Bultmann und dessen Schule. Nicht Aufhebung oder existentielle Reduktion von Mythos und Dämon, sondern Ausweitung der Kategorie des Dämonischen auf das gesamte »natürliche« Denken und Tun des Menschen. Reisner kann von dieser Sicht her Mythen lesen, nicht nur interpretieren, sie sind ihm kein rationales, sondern allenfalls ein existentielles Ärgernis, kein Gegenstand des Eliminierens, der in seiner ursprünglichen biblischen oder außerbiblischen Gestalt »erledigt« ist, sondern eine Frage an die menschliche Freiheit und Erlösung. Mythen müssen durchschaut und durchleuchtet, danach vom Glauben her in seinen Vorstellungshorizont einbezogen oder von ihm ausgeschlossen werden. »Der normale Abendländer sieht keine Dämonen, er kennt sie nicht aus Erfahrung, sondern nur vom Hörensagen, aus den überlieferten

Berichten vergangener Geschlechter und fremder Völker«, heißt es in der Einleitung zu dem Dämonbuch Reisners, das danach diese Blindheit für das Dämonische als ihrerseits dämonisch erweist. Inzwischen sind wir etwas scheuer mit der Kategorie des Dämonischen geworden. Reisners Untersuchung verrät an dieser Terminologie indirekt ihre geschichtliche Stunde und deren sprachlichen Ausdruck. Das mag sich heute einschränkend auswirken, da wissenschaftlich mit dem Begriff des Dämonischen so wenig wie mit Gott und Teufel zu arbeiten ist. Das bedeutet jedoch nicht, daß in einer spekulativen Gesamtschau des menschlichen Daseins – und um eine solche geht es bei Reisner allein – diese letzten Begriffe zu entbehren sind.

Als Reisner 1947 – im gleichen Jahr, in dem auch »Der Dämon und sein Bild« erschien – seinen Kommentar zur Johannesapokalypse unter dem Titel »Das Buch mit den sieben Siegeln« veröffentlichte, machte sich in dem bald darauf einsetzenden Streit über die Wissenschaftlichkeit und Legitimität spekulativer Deutungsmethoden im Hinblick auf ein Buch wie die Johannesapokalypse die Unterschiedlichkeit seiner diesbezüglichen Forschung und Interpretation neutestamentlicher Schriften zur wissenschaftlichen neutestamentlichen Forschung und Exegese kenntlich. Es gibt da kaum eine Brücke. Der Neutestamentler wird allemal pneumatische, von spekulativem Geist getragene Deutungen, wie Reisner sie gegeben hat, als unkontrollierbar und demnach unwissenschaftlich verwerfen, er wird ihnen gegenüber aber auch die Armut und Enge seiner Methoden indirekt herauskehren, für die ein Buch wie die Johannesapokalypse eben doch, trotz aller philologischen und religionsgeschichtlichen Detailerforschung das Buch mit den sieben Siegeln bleiben wird. Anders ausgedrückt: Es ist nicht einzusehen, warum nicht Geist so hochspekulativer und pneumatischer Art, wie er in dem letzten biblischen Buch inkorporiert ist, seinerseits spekulativ und pneumatisch angegangen werden könnte, auch wenn die Ergebnisse unkontrollierbar bleiben. Im schlechten Sinn spekulativ, also phantastisch, obskur, willkürlich sind sie bei Reisner bestimmt nicht. Der Leser und gerade der relativ unvorbereitete, aber auch der, der praktisch im Dienst der Kirche mit diesem Buch umgeht, wird Reisners Kommentar auch heute noch und wer weiß bis in welche Zukunft hinein mit einem Gewinn lesen, der weit über den der meisten Wissenschaft hinausgeht. Es gilt hier ähnlich wie gegenüber dem späten Schelling, schon vorher gegenüber Jakob Böhme oder Franz von Baader, einen Dogmatismus der Wissenschaftlichkeit in seine Grenzen zu verweisen, wenn der geniale Außenseiter ihn überspringt.

Reisner hat zu keinem älteren Philosophen eine so nahe Beziehung wie zu Schelling, insbesondere zum späten Schelling gehabt, dem Schelling der Philosophie der Mythologie. Darin liegt über alles Inhaltliche hinaus Verwandtschaft des Denktypus, schließlich sogar, mutatis mutandis, auch ein wenig des menschlichen Schicksals. Auch der späte Schelling blieb ja außerhalb einer historischen Stunde, die nur dem frühen Schelling beschieden war – die durch Hegel gebrochenen Bahnen waren nicht mehr rückgängig zu machen. Dennoch ist uns in den seitdem verflossenen hundertfünfzig Jahren gerade der späte Schelling immer interessanter und wichtiger geworden. Das mag, wiederum mit vielen Vorbehalten und Einschränkungen, auch für Reisners stille Denkarbeit und ihre möglichen Nachwirkungen gelten. Es wäre vieles zu sagen über seine Metaphysik der Erotik, einbefaßt in dem Buch »Vom Ursinn der Geschlechter«, das vielleicht überhaupt zum ersten Male die Geschlechtsliebe deutlich vom Partner, von der Dualität menschlichen Seins her erfaßt, also einerseits über die psychologische und psychoanalytische Ebene hinausbringt, andererseits doch nicht in einer rein begrifflich-metaphysischen Erörterung nach dem Muster des platonischen Eros oder der einseitig-männlich orientierten Metaphysik der Geschlechtsliebe Schopenhauers steckenbleibt. Es wäre weiterhin Reisners Arbeit, über Gesundheit und Krankheit zu gedenken. Der kranke Mensch ist für ihn der besonders sprechende Ausdruck des gefallenen Lebens, der Unwirklichkeit dieses Lebens gewesen, was sich bis zu so »harten« Äußerungen steigern konnte wie der, daß es auf medizinische Lebensverlängerung im Grunde doch nicht ankäme, weil hier nur unwahres, unwirkliches, scheinhaftes Leben verlängert werde.

Vielleicht das unerschlossenste, in jedem Fall das für Reisner selbst am wichtigsten gewesene, von ihm als eine Art Hauptwerk angesehene und dementsprechend lange im Innern herumgetragene Buch war aber die Untersuchung »Der begegnungslose Mensch«, die er im Untertitel »Eine Kritik der historischen Vernunft« genannt hat. In diesem Werk wird »Sein und Zeit«, die existentielle Grundthematik, verhandelt, und zwar im Aspekt der historischen Vernunft. Der Terminus stammt bekanntlich von Dilthey. Später hat der katholische Philosoph Alois Dempf ihn aufgegriffen. Reisner differenziert den Ausdruck im Eingang seines Buches dergestalt gegen seine beiden Vorläufer, daß der Begriff bei ihm mit dem, was Dempf darunter versteht, nichts, mit dem, was Dilthey darunter verstand, nur am Rande zu tun hat. Bei Dempf wird die jeweilige kontingent innergeschichtliche Vernunft analysiert, bei Dilthey geht es im Ansatz zwar um eine Analyse der Geschichte konstituierenden Kategorien, in der Praxis biegen seine Untersuchungen aber bald ins Geistesgeschichtliche, ins Historische im engeren Sinn, ab. Reisner fragt beiden gegenüber im analogen Sinn zu Kant nach den Strukturen, die unser geschichtliches Wirklichkeitsverständnis ermöglichen: »Wie sind historische Urteile möglich?« Eine Fragestellung, bei der es nicht ausbleiben kann, daß die Erörterung des Problems der Zeit ihren Kern ausmacht. Auch Kant hat die Frage der Zeit in seine Vernunftkritik einbezogen, aber nur die »unendliche« physikalische Außenzeit. Die Innenzeit, das eigentliche Problem der Zeit für den Menschen, das solche Fragen wie Unumkehrbarkeit, Vergangenheit, Gegenwart, Zukunft, Vergänglichkeit, Dauer, Veränderlichkeit, überhaupt Sein und Zeit aktiviert, ist von Kant beiseite gelassen worden, obwohl schon Leibniz, Suarez, später Fichte, neuerdings Weininger, Spengler, Heidegger, Berdjajew, Hedwig Conrad-Martius die Zeitanalyse auch in dieser Richtung in Gang gesetzt haben. Man wird auch Reisners Schrift in diesen Zusammenhang einzuordnen haben. Augustins berühmtes Wort, daß er wisse, was die Zeit ist, wenn er darüber nicht zu reden brauche, daß er es nicht wisse, wenn er sprechen solle, ist inzwischen nicht mehr der Weisheit letzter Schluß über das Wesen der Zeit. Reisner bringt in seiner Schrift eine ganze Reihe neuer oder neu zugespitzter Begriffsbestimmungen der Zeit, die im Vorfeld des Problems beginnen mit einer Unterscheidung von »konstituieren« und »phänomenalisieren«. Unter dem ersten ist das begriffliche Fixieren, unter dem zweiten das Objektivieren von Wirklichkeiten zu verstehen. Der Grad der Objektivierung ist beim Phänomenalisieren höher, zugleich die Entzeitlichung, die Verwandlung ins Außenzeitliche, Physikalische und »Tote«. Geschichte, wie wir sie verstehen, ist in diesem Sinne die Phänomenalisierung des Vergangenen. Die Kritik an der historischen Vernunft besteht daher im Aufweis der Differenzen, die zwischen der Innenzeit des gelebten Lebens und den ins Außenzeitliche gewendeten Faktizitäten der erforschten und beschriebenen Geschichte bestehen. »Das Vergangene kommt, den Rücken zu mir, in der Geschichte zurück, getötet, objektiviert. Die Historiker sind die Konquistadoren der Zeit, sie zertreten das Gefundene unter ihren Füßen. Vergangenheit haben, heißt auch Vergangenheit sein, ich bin das Allervergangenste. Vergehen bedeutet nicht nur die Gegenwart verlieren, sondern zunehmend auch die Kontinuität mit der Gegenwart. Geschichte ist ontologisch verstanden ein regelloses Trümmerfeld (Hegel). Der die Vergangenheit auf ihr Vergangensein festlegende Historiker wird zum homme passé.«

Soweit einige Sätze aus dem Buch. Diese Fundamentalkritik am Geschäft des Historikers ist sub specie aeternitatis, ähnlich wie Reisners Mythus- und Dämonkritik, zu verstehen. Er spielt keine abstrakte Gegenwärtigkeit, keine mythologische »ewige Gegenwart« gegen die Zwänge unseres Geschichtsdenkens aus. Seine Kritik bestimmt nur ohne philosophische Positivität die Grenzen des historischen Denkens. Erst im Schlußkapitel des Werks weitet sich der Horizont im Sinne eines eschatologischen Zeitbewußtseins. Das kleine Werk enthält »schweres Wasser« der Spekulation, mit dem die Fachforschung der Historiker kaum etwas wird anfangen können, das aber die philosophische Durchdringung der »Letzten Dinge« – und die sind ja nichts anderes als die Fragen nach Sein und Zeit – ohne die sonst üblichen Reste vorantreibt. Vielleicht daß sich an dieses Werk am besten und leichtesten das anschließen könnte, was im ganzen für Reisner von künftigen Tagen und Jahren zu erhoffen ist: neue Lektüre, neues Rezipieren und Bedenken der von ihm aufgeworfenen Fragen und der für sie angebotenen Lösungen. Daß unausgelebtes Leben und denn also auch Zukunft in seinem Werk steckt, dürfte gewiß sein.

Rudolf Bultmann

Der Marburger Neutestamentler Rudolf Bultmann gehört zu der schwindenden Schar heutiger deutscher Gelehrten, die einen unbestrittenen Weltruhm genießen. Dennoch bringen es der esoterische Charakter seiner Wissenschaft und dazu das geistige Getto, in dem Glaube und Theologie als solche innerhalb der modernen Welt eingesperrt sind, mit sich, daß man auch bei uns vielleicht beim hundertsten unter »Gebildeten« Kenntnis von Name und Funktion Bultmanns antreffen wird. Erst der Tausendste mag dann über die wichtigsten Arbeiten und Impulse des in Wiefelstede (Oldenburg) geborenen, 1912 in Marburg habilitierten, ab 1916 in Breslau als ao. Professor, ab 1920 in Gießen als o. Professor und von 1921 wiederum in Marburg wirksam gewesenen Gelehrten näher orientiert sein. Rudolf Bultmanns Ruf war bis in die dreißiger Jahre nicht über die engeren Kreise der neutestamentlichen Theologie und Forschung hinausgedrungen. Anders als Barth, Gogarten, Tillich, Bonhoeffer hat es Brüche im Lebensgang, eruptive Ereignisse der Wissenschaftsentfaltung kaum für ihn gegeben, keinen Bombenschlag wie bei Barth den Römerbriefkommentar, kein wechselndes Engagiertsein am Tagestrend seiner Wissenschaft mit immer neuen Systementwürfen wie bei Gogarten, keine Tuchfühlung mit religiösem Sozialismus und der Konsequenz der Emigration wie bei Tillich und schließlich auch gewiß kein Märtyrertum wie bei Bonhoeffer. Bultmanns Wissenschaftsarbeit hat etwas Sedimentäres, sein Lebensgang war eher unscheinbar, was sich auch in der freundlich-bürgerlichen Physiognomie des erst in den letzten Jahren von den Schwächen des Alters geplagten Mannes spiegelt.

Manche hat es deshalb geradezu aufgeregt, daß über Bultmann seit der Auslösung der Entmythologisierungsdebatte so viel in der Welt gesprochen wird, daß er hier und da überhaupt als der einflußreichste theologische Kopf der Gegenwart gilt. Rosenstock-Huessy, der ihn von der Breslauer Zeit her kannte, als beide dort ao. Professoren waren, hat sogar einmal vom »gräßlichen« Bultmann gesprochen. Das böse (im Persönlich-Menschlichen wahrhaft niederträchtige) Wort meinte sicherlich in erster Linie die in Bultmann repräsentierte »Entmythologisierung«. Ein wenig wird sich in ihm aber auch Abneigung gegen das »Ungeniale«, so gar nicht Vulkanische, Überraschende in Bultmanns Denken ausgesprochen haben und nicht zuletzt der Neid auf den Weltruhm.

Rudolf Bultmann kommt aus der Schule der liberalen Theologie, die nach dem »Wesen des Christentums« ungefähr so wie nach dem Wesen des Geldes fragte (er hat Harnacks berühmte Schrift gleichen Titels mit einem bedeutsamen Kommentar wieder herausgegeben). Die Krise und Vertiefung seines Denkens brachte ihm wie so vielen seiner Generationsgenossen danach die »dialektische Theologie« mit ihrer scharfen Trennung von Gott und Mensch, Glaube und »Religion«. Bultmann hat aus Karl Barths revolutionärem Impuls in erster Linie die Reinigung der Gottesbeziehung vom menschlichen Phantasie- und Gefühlsanteil und von spekulativer Begriffsbemächtigung bezogen. Als

Neutestamentler ist er jedoch in aller Stille weiter als Barth gegangen und hat sich auch der Urkunden des Glaubens selber im gleichen Geist der Ernüchterung und Demontage des Menschlich-Nurmenschlichen angenommen. Zunächst und über viele Jahre hin geschah dies einfach mit den Mitteln von Philologie und Religionsgeschichte als Forscher (»Geschichte der synoptischen Tradition« 1921, »Jesus« 1926, »Das Evangelium des Johannes« 1941, »Das Urchristentum im Rahmen der antiken Religionen« 1949, »Theologie des Neuen Testaments« 1953), bis ihm, fast könnte man sagen: beiläufig, »bei Gelegenheit« eines Vortrages in breiterem Kreise die theologische Bilanz dieser Forschungen und der sie unterbauenden Denkarbeit wie eine kleine, runde, mit unzähligen Samen gefüllte Frucht in Gestalt seiner Abhandlung »Neues Testament und Mythologie. Das Problem der Entmythologisierung der neutestamentlichen Verkündigung« aus den Händen fiel. Der Vortrag wurde im Kriege 1941 vor Pfarrern gehalten, danach in den »Beiträgen zur Evangelischen Theologie« veröffentlicht und seither vor allem in den Sammelbänden »Kerygma und Mythos« zusammen mit den wichtigsten durch ihn ausgelösten Diskussionsbeiträgen zum Programm der Entmythologisierung verbreitet.

Das Stichwort, das seitdem einer der meistverwendeten theologischen Ausdrücke, darüber hinaus fast ein Wort der höheren Umgangssprache geworden ist, stammt, wie so oft in ähnlichen Fällen, weder von Bultmann selbst, noch hat er es bewußt »lanciert«, es wurde von ihm nur in den Untertitel der Abhandlung gesetzt. Die volle Bedeutung der These läßt sich allein im Innern von Theologie und Kirche verstehen. Es handelt sich gleichsam um einen auf eigene Faust gewagten theologischen Ausfall zur Rettung der Burg. Bultmann akzeptiert das Denken der »Welt«, das wir Wissenschaft und Philosophie nennen, und prüft von dieser Basis her die Aussagen der Glaubensurkunden, nun aber nicht, wie die liberale Theologie es tat, auf abstrakte Übereinstimmungen, sondern auf Möglichkeiten der Verständigung unter Einschalten der am weitesten vorgearbeiteten philosophischen Idiome als Dolmetscher. Zur Basis der Verständigung dient ihm die Voraussetzung eines gemeinsamen Interesses beim Neuen Testament wie bei dem »Menschen heute«, dessen nach Bultmann avanciertestes Selbstverständnis von der Heideggerschen Philosophie in Begriffe wie Existenz, Geworfenheit, Eigentlichkeit gefaßt ist. Das Neue Testament birgt im Hintergrund seiner Lehren und Erzählungen aber ein mythisches Weltbild; ihm »entspricht die Darstellung des Heilsgeschehens«. Diese Mythologeme sind jedoch in allen ihren Bestandteilen, den kosmologischen wie den anthropologischen, »für den heutigen Menschen unglaubhaft« geworden. In einer langen Liste, deren Radikalität und Tonart auch heute noch für religiös gestimmte Herzen wie ein Skandal wirkt, hat Bultmann aufgeführt, was alles »erledigt« sei: von Himmel und Hölle über den Geister-Dämonen-Wunderglauben bis zur mythischen Eschatologie, zur Himmelfahrt und schließlich sogar zur als »Tatsache« verstandenen Auferstehung von den Toten nach drei Tagen: »Man kann nicht elektrisches Licht benutzen, in Krankheitsfällen moderne medizinische Mittel in Anspruch nehmen und gleichzeitig an die Geister- und Wunderwelt des Neuen Testaments glauben.« Das ist nur einer der vielen Ernüchterungssätze, von denen jener berühmte, die Entmythologisierung proklamierende Aufsatz Bultmanns wie von Schockstößen durchzogen wird.

Das alles wäre nun gar nicht weiter so alarmierend, wenn es von der Seite des Marxismus, des historischen Materialismus oder auch von Aufklärung und »Zukunft des Unglaubens« herkäme. Was Bultmann weltbewegend machte und auch heute noch unabsehbare Auswirkungen zeitigt, ist nicht nur die *theologische* Herkunft dieses Programms – es hätte zur Not ja auch von einem Abtrünnigen in seinem negativen Teil proklamiert werden können, von Christoph Schrempf etwa, vielleicht heute von Gustav Wyneken –, sondern seine theologische *Relevanz*, also das, was wir vorhin unter dem Bild des Ausfalls aus der Burg verstehen wollten. Bultmann hat sich die schroffe Sprache, die im übrigen seine späteren, zumal die rein wissenschaftlichen Arbeiten weitgehend zurückgenommen haben, gewissermaßen als Medizin selbst verordnet, in Repräsentation des gläubigen Christen moderner Provenienz. Er hat Satan gespielt, um Satan fortzuweisen, und zwar in der verführerischsten Maske frommer Konvention. Sein Unternehmen war eine zeitgenössische Aktion im Rahmen dessen, was man permanente, nie vollendete Reformation nennt. In Bultmann ist der lutherische Impuls, auf den Kern des Evangeliums zu dringen, zum erstenmal erkenntnisgültig geworden. Von den drei Gestalten Weg, Wahrheit und Leben, die Christus im Johannesevangelium annimmt, ist für Bultmann die der Wahrheit bestimmend gewesen. Sein Wahrheitspathos steht daher in Analogie zu den anderen Extrem-Haltungen, die von Christen im sozialen Liebesimpuls oder in der Bereitschaft zum Zeugnis auf Leben und Tod in der neuen Geschichte realisiert wurden.

Um das richtig zu verstehen, muß man sich freilich durch Wolken von möglichen Mißverständnissen auf den im Begriff »existentiale Interpretation« gefaßten Kern des Entmythologisierungsbestrebens hinarbeiten. Vom Ende her gesehen, bedeutet Entmythologisierung vollständige Durchdringung des im Neuen Testament Gesagten mit »je meiniger« Erfüllung, mit einem Verstehen über alle bloßen, mehr oder weniger gutwilligen, mehr oder weniger gläubigen Apperzeptionshorizonte hinaus, eben »existentielle Interpretation«.

Man hat Bultmann, wenn es darum ging, ob er nicht die Kirche ruiniere und die jungen Theologen verbilde, oft bestätigt, daß er ein »frommer Mann« sei. Seine Predigten sind als Band neben seinen theologischen Werken auf die praktische Entmythologisierung hin durchstudiert worden – mit überraschend wenig Rezepten und vielleicht sogar mit relativ bescheidenem Ertrag sowohl an Ärgernis als auch an Erbauung. Martin Niemöller hat seinerzeit als zuständiger Kirchenpräsident bestätigt, daß der Professor Bultmann in den Examen frage und prüfe, wie die Kirche es von einem Ausbilder ihres Pfarrernachwuchses erwarte. Es war und ist kein praktischer Revolutionär aus dem Marburger Professor zu machen. Dennoch wirken seine Denkansätze lawinenartig weiter und sind innerhalb der deutschen theologischen Reflexion inzwischen bis zu Positionen eines Christentums gelangt, das sogar die Vokabel Gott aus seinen Artikulationsbereichen ausschließen möchte. Die Debatte hat nach Amerika und England hinübergegriffen und sich dort unter dem Terminus »Honest to God« in der gleichnamigen Schrift des anglikanischen Bischofs John A. T. Robinson auf eine bei dem angelsächsischen Konservatismus nun wirklich revolutionierende Weise populär gemacht. Auch freiheitlich gesonnene, ihre »Abweichungen« mit sich selbst abmachende Katholiken übernehmen weitgehend die Bultmannschen Anregungen, während man sich umgekehrt in der Stille theologischer Rüstkammern in allen Konfessionen fieberhaft mit der Integrierung von Bultmanns Thesen abmüht; eine Verarbeitung, deren Radius von krassen Verdikten über einlinige Widerlegungen bis zum produktiven Einbau und zur »Überwindung nach vorn« reicht. Bultmann begrenzt das Heilsgeschehen reformatorisch auf den von ihm betroffenen Einzelmenschen. Er hat wahrscheinlich sowohl einen etwas zu eingeschränkten Wissenschafts- wie auch Geschichtsbegriff: »Die Ansicht von der säuberlichen Ablösung des mythischen Weltbildes durch das moderne stellt eine nicht unanfechtbare geschichtsphilosophische These dar.« Man kann ihm (wie schon seinem philosophischen Mentor Heidegger) auch die Denunzierung der raumzeitlichen Wirklichkeit als bloße »objektive« Verfügbarkeit unter Ausschluß aller Intensitätsaspekte vorwerfen. All das sind aber nur »Einsatzstellen für kommende Anstrengung des Begriffs«. Hinter Bultmann wird die Theologie und in gemächlichem Abstande nach ihr sicherlich auch der Glaube nicht mehr zurückgehen können, wenn er denn wirklich lebendig, ehrlich und in veränderter Welt fruchtbar bleiben will.

Beim siebzigsten Geburtstag Karl Barths

Wenn ein Großer gefeiert wird, leben auch alle interessanten Bekenntnisse zu ihm wieder auf. So ist im Mozartjahr außer demjenigen Goethes auch das Bekenntnis Karl Barths zu Mozarts Genius oft zitiert worden, nur meistens ohne die reizende, für das Mozartsche in Barths eigenem Geist so bezeichnende Redeblume, die er für diese Musik ersonnen hat: »Wenn die Engel unter sich sind, spielen sie Mozart; nur wenn der liebe Gott zuhört, geh'n sie zu Bach über.« – Man steigt gut auch in Karl Barths eignes Haus hinein, wenn man durch das über seine Mozartliebe führende Hintertürchen kommt. Der »frivole« Mozart und der »grimmige«, Gott allein die Ehre lassende Inaugurator dialektischer Theologie, Barth, sind ja nur recht dürftige, viertelswahre Klischeebilder, die mit den Wirklichkeiten der beiden Menschen und Geister, welche sie meinen, nur sehr wenig zu tun haben. Bei Mozart ist in Wahrheit »immer der steinerne Gast dabei«, wie wiederum Barth es mit der ihm zu Gebote stehenden, ins Schwarze treffenden Knappheit ausgedrückt hat, ohne dort die Gründe anzusetzen, die jenen für ihn so einzigartig himmelsfähig gemacht haben. Barth selbst aber kann nur begriffen werden, wenn man etwas von der unbändigen Freudigkeit, von dem strahlenden Sonnenlicht aufgefangen hat, die seiner Theologie von ihren ersten Anfängen im Römerbriefkommentar bis in alle Hallen und Schiffe der »Kirchlichen Dogmatik« die Tönung gegeben haben.

Nun ist Karl Barth aber selbst dran, gefeiert zu werden. In Basel hat es eines besonderen Regierungsbeschlusses bedurft, daß sein 70. Geburtstag nicht ein antizipiertes geistiges Begräbnis, also das an der dortigen Universität übliche Datum der endgültigen Entziehung des akademischen Wortes wurde. Er und Jaspers dürfen über die biblische Grenze hinaus weiterlehren, weil beide offenkundig noch zu viel fertig zu machen haben, Barth insbesondere die noch fehlenden Bände seiner als das kolossalste Gedankenwerk christlicher Theologie zu bezeichnenden »Kirchlichen Dogmatik«.

Die schrumpfende Zahl der heute Siebzigjährigen dürfte überhaupt die letzten Vertreter jener leistungsstarken, in einem uns nicht mehr möglichen Grade arbeitsfähigen Generation unter sich haben, die die geistigen und materiellen Grundlagen unseres Jahrhunderts gelegt haben. Auch unter ihnen ragt aber Karl Barth, wenn man ein Leistungsgebirge in Metern messen könnte, als der Montblanc heraus. Es gibt einfach kein zweites Werk eines Einzelkopfes, das nach Anlage und Umfang an die große Systematik Barths, diesen Kolossaldom christlichen Denkens, heranreicht, selbst dann nicht, wenn man die Geistesgeschichte einbezieht und etwa an die am ehesten äußerlich vergleichbaren Formate der protestantischen Scholastik, der lutherischen Orthodoxie des siebzehnten Jahrhunderts zurückdenkt.

Darüber hinaus muß im Fall Barths eine zusätzliche Lebensdimension berücksichtigt werden, die sein Verständnis noch schwieriger macht, die Bewunderung aber zugleich noch einmal heraufsetzt. Bei allem, was er gedacht und geschrieben hat, handelt es sich ja keineswegs um die gesamte Produktivität und Kapazität dieses Lebens, vielleicht nicht einmal um dessen wirksamste Seite. Als aus dem prophetisch erregten Autor des Römerbriefkommentars, der unversehens ein Sturmgeläut theologischer, nein gemeinchristlicher Erneuerung für die zwanziger Jahre anfachte, dann überraschend schnell ein beamteter Professor für systematische Theologie geworden war, schien sich die radikale »Diastase« von Gott und Welt für viele, die ihr begeistert zugestimmt hatten, auch bei Barth in die übliche Koexistenz saturierter Zeiten und Lebensalter rückverwandeln zu wollen. Die rasch aufgeblühte Bewegung einer »dialektischen« Theologie, die von Köpfen der zweiten Linie (Brunner, Gogarten u. a.) aufgegriffen und weitergeführt wurde, ließ an Elan bald nach, und es wäre von ihr heute kaum noch viel die Rede, wenn nicht das Beste dieses Impulses von Barth selbst heimlich aufbewahrt und glühend erhalten worden wäre, um dann bei neuer Gelegenheit als die gleiche Lava hervorzukommen.

Karl Barth wurde zuerst nur Professor wie andere auch, als solcher jedoch in aller Stille und wiederum höchst überraschend einer der größten Gelehrten der Zeit, der mit einer eisernen Arbeitsdisziplin jahraus, jahrein im Zuge seiner Lehrtätigkeit wie seiner Systemplanung riesige Stoffmengen aufgenommen und verarbeitet hat. Gleichwohl blieb er zu keiner Stunde »nur« Gelehrter, nur Denker, nur Universitätslehrer, sondern zeigte sich über die Tätigkeiten (zuerst in Göttingen, dann in Münster, dann in Bonn und ab 1935 wieder in seiner Heimatstadt Basel) hinweg immer als der unheimlich wache, allzeit sprungbereite Tiger der zeitgenössischen Theologie, der sofort die Erkenntnis mit dem Bekenntnis, das Buch mit dem Leben vertauschte, wenn ihm die Zeichen der Zeit für die Sache Christi auf Sturm zu stehen schienen. Barths ins Politische ausgreifende Einstellungen lassen sich niemals und auch heute nicht auf eine ideologische Linie festlegen. Von der Theologie des Römerbriefkommentars mit ihrem rauhen, gegen den schleimigen Liberalismus der damaligen Zeit gewendeten Gerichtsruf »Gott ist Gott und ganz und gar anders als alles Menschliche, auch als alle menschliche Religion und Kultur« besteht ideologisch-vordergründig gesehen keine rechte Brücke zu dem zweiten großen »Akt« Barths, dem Gründungsimpuls der Bekennenden Kirche unter dem Druck des auch seinerseits antiliberalistischen Nazistaates. Von innen her gesehen, war das zweite jedoch nur der notwendige neue Schritt nach dem ersten. Trotz ihrer rednerischen Wucht blieb die Römerbrieftheologie ja noch ein Manöver, eine Art Generalprobe, ein »inexistentielles« Ereignis, und erst Barths unvergeßliche Schrift »Theologische Existenz heute« aus dem Jahr 1935, mit der er der Bekennenden Kirche das Gewissen schärfte und die Kraft stärkte, wurde wirklich ein Stück Kirchengeschichte. Es liegt danach dann vielleicht etwas von den Geheimnissen Gottes, die er mit besonderen menschlichen Entelechien verfolgt, in dem immer noch leicht »zweideutigen« Umstand, daß Barths weit vorgetriebener persönlicher Einsatz im Kirchenkampf schon so früh in die schweizerische Etappe hinüberlenken mußte. Vielleicht war es wirklich so, daß dieser Zeuge Christi nicht in der reinen Flamme der Bekennerschaft aufgehen, sondern als ein zugleich für viele andere Aufgaben vorbereitetes Werkzeug theologischer Verkündung aufgespart werden sollte.

Was könnte nun die knappste Formel dieser Theologie und zugleich die Existenzgrundlage dieses Theologen genannt werden? Gibt es überhaupt eine durchlaufende Linie vom unscheinbaren Landpfarrer im aargauischen Safenwil, der seiner Gemeinde im Vorwort seines ersten Buches für die Geduld dankt, daß er so viel Kraft auf bloßes Papier verschwenden durfte, bis zu dem weltberühmten Basler und Bonner Professor, der noch einmal den ganzen Boden christlichen Denkens und Lebens in Gegenwart und Vergangenheit aufgepflügt und mit frischer Saat beworfen hat? Ist es möglich, ein so riesig ausgebreitetes Werk und Menschenleben unter einen letzten, sinnraffenden Gesichtspunkt zu bringen? Es ist nur möglich, weil Karl Barth darin wirklich der Theologe dieser Zeit, jenseits konfessioneller Begrenzungen, ist, daß er von seinen ersten produktiven Anfängen an bis in die jüngste Gegenwart seines Alters einem einzigen Grundimpuls treu geblieben ist, den man weder aus seinem altbürgerlichen Milieu noch aus landsmannschaftlichen Wurzeln noch aus Charakteranlage, Temperament, nicht einmal aus den relativ wichtigsten geistigen Einflüssen etwa vom jüngeren Blumhardt her hinreichend erklären kann. Es ist die Fundamentalerkenntnis seines ganzen Lebens und Denkens, die er selbst immer wieder in den nur für Theologen ohne Erläuterung verstehbaren Satz kleidet: Gott ist Gott. – In gemeinverständlicherer Form hat man das hier Gemeinte so ausgedrückt, daß Karl Barth mit einer gleich starken und gleichrangigen, aber gegenläufigen Energie zum gesamten modernen Zeitgeist in Naturwissenschaften, Technik, Wirtschaft, Politik »den Himmel wiederentdeckt« habe. Keinen mystischen oder spekulativen oder pietistischen, logosfremden, sentimentalischen Himmel, sondern den, der uns allein vom biblischen Wort und seiner

Mitte, von Jesus Christus her, eröffnet wird. Die ungeheure Freudigkeit, von der wir eingangs sprachen, ist zuletzt nur in dieser systematisch-methodisch ausgebauten Entdeckung begründet. Auch Barths schwer vergleichliche Kraft und Arbeitspotenz, verbunden mit seiner schlackenlos wachen Aufmerksamkeit auf die ihn umgebende Welt, haben ihre Wurzeln in dieser einen, alle seine Einzelerkenntnisse durchdringenden Grunderkenntnis. Hier hängt der Römerbrieftheologe nahtlos mit dem »kirchlichen Dogmatiker« zusammen. Hier lassen sich, wenn auch auf Umwegen, sogar manche der selbst für seine Freunde nicht immer leicht verständlichen Kapricen des Politikers und polemischen Publizisten Barth etwas erhellen.

So merkwürdig und widersprüchlich dies bei einem genuinen Theologen auch erscheinen kann, die besondere Kraft Barths ebenso wie die Seite der ihn bedrohenden Versuchungen sind in diesem gnostischen Pathos, in seiner wahrhaft glühenden Erkenntnisleidenschaft zu suchen, die mit dem paulinischen Wort, daß der Geist auch die Tiefen der Gottheit erforsche, in einer so heute nicht wiederzufindenden Weise Ernst zu machen sucht. Wenn man will, könnte man daher mit der nötigen Prise Salz in dem systematischen Riesenwerk der »Kirchlichen Dogmatik« einen Super-Hegel wiederfinden. Nicht nur die gleiche Leidenschaft für ein Ganzes, das doch Stein um Stein aus dem Detail erbaut ist, lebt darin: nicht nur eine vollkommen in Bewegung aufgelöste, unablässige Anstrengung des Begriffs; es gibt auch verborgenere Entsprechungen bis in die innersten Persongeheimnisse. Nur bei Hegel bestand eine ähnliche Durchdringung von Diesseits und Jenseits, von Zeit und Ewigkeit, die keine ungelösten Reste mehr für ein Dasein nach dem Tode beließ und diesen Grad der Erfüllung nicht nur ahnungslos behauptet, sondern in der Person und ihrem einzelnen Tag wieder und wieder erlebt hat. Der weit näher, als dies der idealistischen Position möglich war, an der vollen Wirklichkeit und zugleich am biblischen Wort bleibende Barth weicht dennoch ganz leise vom Wort ab, wo es um Zukunft und Auferstehung des Christen geht und damit um die im Hiesigen ungelöste Differenz von Glauben und Erkennen. Er schlägt sich still auf die Seite des Erkennens und »bedarf« keines als schlichte Sukzession verstandenen Jenseits mehr. Er vertraut der Kraft des Logos – wohlgemerkt natürlich immer von einem unvergleichlich aufmerksamen Hinhorchen auf die Schrift gesteuert –, auch die volle Erkenntnis Gottes in Jesus Christus schon diesseits des eigenen Kreuzes gewinnen zu können.

Das alles sind nur andeutbare Probleme der Theologie Barths. Bis zur Stunde gibt es ja noch kein zusammengefaßtes Werk über Barth, und das relativ gültigste ist mit konfessioneller Perspektivenverschiebung von dem katholischen Theologen und Publizisten Hans Urs von Balthasar geschrieben. Es gibt dessen unbeschadet jedoch dies schon, daß man Barth zur Geschichte schlägt und für die theologische Gegenwartsproblematik andere Akzente setzt, wie sie etwa in Bultmanns Entmythologisierung vorliegen. Solche Schrumpfungsprozesse sind weder ungewöhnlich noch unnatürlich. Auch Johann Sebastian Bach ist schon bei seinen Lebzeiten von ganz anderen Entwicklungen der Musik abgelöst und erst hundert oder gar zweihundert Jahre danach wiederum in seiner unverhüllten Größe gesichtet worden. So kann man die kleine Geburtstagsbetrachtung vielleicht auch mit diesem wieder aus der Musik zitierten Beispiel beschließen. Auch wenn seine Liebe zu Mozart einzigartig ist, die denkerische und kerygmatische Lebensleistung Karl Barths müßte, wenn sie überhaupt durch musikalische Analogien erhellt werden kann, eher derjenigen Bachs für kongenial und vergleichbar gehalten werden.

Theodor Haecker nach fünfzehn Jahren

Am 4. Juni 1959 würde Theodor Haecker achtzig Jahre a geworden sein. Noch im Dezember 1942 schrieb er in seinen »Tag- und Nachtbüchern«: »In diesen Tagen habe ich Ahnung und Warnungen, daß ich lange leben werde ...« Es ist dann aber doch anders, als der Mensch dachte, gekommen. Ehe der Krieg ganz zu Ende war und Haecker das verzehrend herbeigesehnte Ende des »Dritten Reiches« erleben konnte, ist er am 9. April 1945 in dem schwäbisch-bayrischen Ort Ustersbach bei Augsburg gestorben; einsam, ein indirektes Spätopfer des Krieges, nach zweitägiger heftiger Erkrankung an einem diabetischen Koma. Sein Grab befindet sich auf dem Friedhof des Dorfes.

Was hätte Haecker getan, wo stünde er heute, was hätte sich in seinem Denken vielleicht geändert, erweitert oder auch fixiert und verhärtet, fragt man sich zuweilen, wenn man ihn in Gedanken, da noch mancher seiner Generation unter uns ist, in den veränderten Umständen der Gegenwart fortleben läßt? Die unmittelbare Nachkriegszeit hat uns dank der Fürsorge, ja der Leidenschaft des Kösel-Verlages für diesen seinen bedeutendsten Autor eine lange Reihe neuer Ausgaben Haeckerscher Schriften beschert. Die älteren sind – leider mit Ausnahme von »Satire und Polemik«, einem Werk, das Haecker selbst nicht mehr aufgelegt wünschte – vollzählig wiedererschienen. Aus dem Nachlaß des seit 1938 mit »Publikationsverbot« Geehrten kamen neben einer kleinen Schrift »Metaphysik des Fühlens« vor allem die zwischen 1939 und 1945 geschriebenen »Tag- und Nachtbücher« schon 1947 in einer ersten, vom Verleger Heinrich Wild selbst besorgten Ausgabe an die Öffentlichkeit. Sie taten, wenn man vom Vergilbuch absieht, mehr Wirkung als irgendein anderes Werk Haeckers. Heinrich Wild hat wohl recht, wenn er im Vorwort sagte: »Auf die Frage, welches von den Büchern Haeckers alles in allem genommen das bedeutendste sei, würde ich ohne Umschweife antworten: Es sind die Tag- und Nachtbücher.«

Gleichwohl ist es seit Jahren stiller um Haecker geworden. Mit dem schlechten Papier der Nachkriegszeit scheint auch etwas von seiner Gloria, seiner lebendigen Wirkung vergilbt zu sein. Der achtzigste Geburtstag kann daher als Aufforderung dienen, mit der Distanz eines gewichtigen Jahrzehnts, wenn schon nicht das gesamte Werk, so doch einige seiner Seiten einer erneuten Betrachtung und Überprüfung zu unterziehen. Der Kösel-Verlag hat uns mit dem ersten und zweiten Band seiner geplanten Gesamtausgabe (»Essays« und »Tag- und Nachtbücher«) die hierfür nötigen Textunterlagen geliefert. Diese sorgsam ausgestatteten, in dem kleinen Format der Hochland-Bücher herausgekommenen Bände lassen, wenn man den Ausführungen von Eugen Blessing im Märzheft von »Wort und Wahrheit« folgen will, bei den »Essays« für eine künftige Haeckerphilologie einiges zu wünschen übrig. In den »Tag- und Nachtbüchern« wiederum vermißt der vertraute Leser die für Haeckers Biographie nicht unwichtige Einleitung Wilds der ersten Ausgabe. Derlei sollte aber auch nicht überbewertet werden, zumal ehe es sich in seiner Wichtigkeit erwiesen, ehe sich also die Grade der Konsistenz von Haeckers einzelnen Werken etwas deutlicher als bisher geklärt haben. Was im Hinblick auf eine Gesamtausgabe am ehesten gewünscht werden könnte, scheint uns die Aufhebung des Embargo für den seinerzeit im Brenner Verlag erschienenen Band »Satire und Polemik« zu sein. Unter Kennern Haeckers und der Literatur der zwanziger Jahre gilt dieser später nicht mehr erschienene Band seit langem als eine kleine Kostbarkeit. »Satire und Polemik« mag ein »ärgerliches« Buch sein, bleibt aber wahrscheinlich das vitalste Dokument der frühen, vielleicht der gesamten Schriftstellerei Haeckers. Liest man heute einmal wieder »naiv« in diesen alten Aufsätzen, so bestätigt sich ein solches Urteil auch noch nach fast vier Jahrzehnten. Ja, es stellt sich die ironische Sachlage heraus, daß von allen Werken Haeckers diese verleugneten Aufsätze seine »glänzenden schriftstellerischen und bescheidenen denkerischen Gaben« (Walter Benjamin) vielleicht am

besten widerspiegeln. Ihre unmittelbare Wirkung erscheint insofern am unproblematischsten, als »Probleme« hier nur in Gestalt von Irrtümern, die sich für den intelligenten Leser von selbst erledigen, zutage liegen, während der überproblematische Lebensgehalt, der allein über Rang und Dauer einer Schriftstellerei entscheidet, in kaum einem anderen Werk Haeckers sich so frisch und ansteckend bezeugt. Die Aufsätze sind unentbehrlich, wenn man einmal an so etwas wie eine Gesamtwürdigung und Charakteristik Haeckers herangehen sollte.

Wir haben in unserer Literatur wenig große Satire und Polemik, vielleicht zu wenig, um sichere literarische, nicht nur inhaltliche Qualitätsbegriffe hierfür bilden zu können. Neben Karl Kraus dürfte der frühe Haecker einer der wichtigsten Namen auf diesem Feld bleiben. Seine Polemik arbeitete zwar mehr mit inhaltlichen statt sprachlich-formalen Kriterien als die des Wieners, zielte aber auf ein analoges Hochgericht über den Zeitgeist und dessen literarische Repräsentanten. Haecker brachte gute Voraussetzungen für einen bedeutenden Satiriker mit: ein hinreißendes Furioso der Rede; Ironie und Sarkasmus; eine von Zorn stimulierte, aber doch sorgsam ihre syntaktische und grammatische Kontur wahrende Sprache; das große Pathos des subjektiven Rechthabens, wie es sich nur aus absolutistischen Standpunkten herleiten läßt, und schließlich eine Unmittelbarkeit der Denkansätze, die sich am ehesten ein literarischer Selfmademan so frisch zu bewahren pflegt. Daß die Rechnung auch bei besten charakterlichen und geistigen Anlagen kaum glatt aufgeht, daß besonders ein »christlicher« Autor, der Haecker ja schon auf dieser frühen Stufe so nachdrücklich gewesen ist, einmal vor der Teufelskomponente in solchem »mörderischen« Tun erschrickt, läßt sich verstehen, wie auch die persönlichen Konsequenzen Haeckers, daß er das Buch später nicht mehr erscheinen lassen mochte, zu respektieren sind. Man wird nur eineinhalb Jahrzehnt nach seinem Tode dies kaum noch im buchstäblichen Sinn auslegen müssen.

Es kommt hinzu, daß gerade die »Tag- und Nachtbücher«, also Haeckers wichtigstes Spätwerk, erst im Rückblick und auf der Folie dieser frühen Schrift richtig gewürdigt werden können. In keinem andern Werk Haeckers triumphieren »Satire und Polemik« ein zweites Mal mit solcher Schroffheit und Leidenschaft wie in den mitternächtlich-einsamen Niederschriften der Kriegsjahre. Was zwischen diesen beiden großen Dokumentationen von Haeckers Charakter und Temperament liegt, was er an anderen Werken geschrieben hat, erscheint dem heutigen Leser daher bisweilen nur als ein Zwischenspiel, eine unbewußte Vorbereitung für die beispielhafte Daseinsleistung im letzten Akt seines Lebens, als sich alle seine Kräfte in den geistigen Widerstand gegen eine Unzeit zusammenzogen, der nur mehr mit einem in die Nähe von Opfer und Martyrium geläuterten und geschärften Wort angemessen zu begegnen war. Wenn es wahr ist, daß Haeckers Existenz in jenen Jahren wie wenige andere beispielhaft für das war, was man etwas vage »innere Emigration« genannt hat, so wird man berücksichtigen müssen, von wie langer Hand ein solches Schicksal vorbereitet werden mußte, wie es sich in den noch gleichsam leerlaufenden, kein rechtes Objekt vorfindenden Ausbrüchen des jungen Polemikers nach der subjektiven Seite hin bereits ankündigte.

All das läßt sich nun auch heute kaum so unmittelbar, wie es hier vorgetragen wird, dem Werk Haeckers entnehmen. »Manche Worte, gelöst von der Stimmung, aus der sie kamen, und der Stimme, die sie gesagt, verlieren die Hälfte ihrer Kraft und Bedeutung.« Dieser Satz aus den »Tag- und Nachtbüchern« ließe sich beinahe gegen Haecker selber wenden und als Motto über die Wiederbegegnung mit seinem Werk, zum mindesten mit dessen de facto wie de jure wichtigstem Teil, eben den Kriegsaufzeichnungen, stellen. Das ist eine etwas melancholische Einsicht, die im einzelnen erwiesen und diskutiert werden muß.

Haecker hat sein Erlebnis des Nazismus und den wachsenden Abscheu vor dem zu einem solchen Ungeheuer sich verdichtenden »Zeitgeist« gemäß der Anlage seines Denkens im wesentlichen unter religiösen, christlich-katholischen Gesichtspunkten zum Ausdruck gebracht. Er hat von dieser absolutistischen Position her besser als die meisten andern Widerständler gewußt, nicht nur gefühlt, was zu hassen war, längs welcher komplizierten Bruchlinien die Auseinandersetzung mit dem Gegner von Fall zu Fall geführt werden mußte. Wir heute haben es ihm gegenüber leichter, nachdem die Erträge und Konsequenzen alles dessen, was damals auf der menschlichen, geistigen und politischen Ebene experimentiert, gewagt und vor allem gesündigt wurde, offenbar geworden sind. Man wird nicht vergessen dürfen, gerade wenn man das zuweilen etwas entleerte Pathos, die mannigfachen Überspitztheiten und Kurzschlüsse in Haeckers Denken zurechtrücken möchte, daß er einer Generation mit sehr schwierigem und verführerischem Erbe angehörte. Nicht nur, daß ihr der christliche Glaube weithin verlorenging, war das Charakteristikum dieser Generation, sondern daß in losem Zusammenhang hiermit aller Primat der geistigen vor den Vitalwerten geschwunden war, daß die wichtigsten negativen Erfahrungen menschlicher Existenz – Angst, Sünde, Gebrochenheit, Erlösungsbedürftigkeit – kaum noch ernstlich im Horizont des maßgebenden Denkens und Dichtens der Zeit lagen. All das hat Haecker in großen, oft auch nur in groben Zügen sich selbst zurückgeholt, seinem eigenen Denken und Schreiben integriert, in seiner Kritik und Polemik zur Waffe geschärft. Wie wir heute leicht sehen können, geschah es mit unzureichend-autodidaktischen Mitteln, mit mehr Leidenschaft als Wissenschaft, mehr Instinkt als Intellekt, aber doch aufs Ganze gesehen mit solcher Kraft und Authentizität, daß er kaum seinesgleichen in seiner Generation gehabt hat. Wenn man dies vorwegsagt, kann man im Abstand der Jahre nun auch feststellen, was uns Haecker schuldig geblieben ist, wie von ihm wider Wissen und Willen auch ungute, überlebte Seiten des Zeitgeistes ihren Tribut genommen haben.

Die »Tag- und Nachtbücher«, Haeckers »Testament«, gehören kaum in dem Sinne zur »großen Literatur«, daß man sie unabhängig von den vielen Imponderabilien ihrer Entstehungszeit nur um ihres objektiven Gehaltes willen wieder und wieder lesen müßte. Die Zeit hat schon in den verflossenen fünfzehn Jahren viel Glanz an ihnen zum Schwinden gebracht, mehr sogar als an den alten Aufsätzen des jungen Haecker und an den stärksten Passagen des Vergilbuches oder der Essays. Das kündigt sich von der äußerlichsten Seite her in solchen Bemerkungen an, die eindeutig sinnlich-reale Voraussetzungen der Zeitgenossenschaft beim Leser machen. Mehrmals hat Haecker »die Stimme des Ansagers« als das »für die Ausgestorbenheit eines ganzen Volkes repräsentative Organ« in der Einsamkeit seiner Nächte, wenn sie als einzige um ihn war, angeprangert; zweifellos mit Zustimmung des Lesers, der diese Stimme selbst noch im Ohr hat und ähnlich auf sie reagierte. Wie soll jedoch einem späteren Leser die Tiefe des Abscheus, die Haecker offenbar von einer subtileren Charakteristik des Phänomens zurückhielt, mit diesem bloßen Hinweis glaubhaft gemacht werden? Die Ironie der Wirklichkeit hat es herbeigeführt, daß jener Ansager des Deutschlandsenders nach menschlich sehr harten Schicksalen seine Epoche überlebte und sich mit verwandelter Stimme, vielleicht sogar mit verwandeltem Geist, auch heute wieder für wichtige Kommentare und Nachrichten als Sprecher unentbehrlich gemacht hat. Derlei kann die betont physiognomische Komponente in Haeckers Denken illustrieren und zugleich in Frage stellen. Nur zu sehr ist er mit ihr ein Sohn seiner Zeit gewesen, obwohl sie bei ihm doch nicht so dominiert wie bei vielen »freien« Intellektuellen, die nur aus Instinkt und ästhetischem dégout Gegner des Naziregimentes und seiner physiognomisch in der Tat unqualifizierbaren Repräsentanten gewesen sind, ohne der »schauerlichen Schurkerei« und »ewig unsagbaren Dummheit« eine klare Gegenwelt konfrontieren zu können. Erheblich schwerer als solche impressionistischen Zeitelemente wiegen jedoch geistige Verklammerungen mit dem Gegner, die sich bei Haecker von seiner Polarisierung, die den Feind überhaupt nicht mehr aus den Augen läßt, ergeben. Sie führten zu unbewußter Übernahme verabscheuter Denkweisen und Begriffe. Auch hier liefern die »Tag- und Nachtbücher« besser als andere Werke deutliche Beispiele. Haecker war seiner Grundanlage und Substanz nach zweifellos eine sehr »deutsche«, unbeschadet seines Konvertitentums und seiner schwäbischen Herkunft schier »norddeutsch-protestantische« Natur. Das, was er bekämpfte, hat er oft selbst verkörpert und indirekt zum Ausdruck gebracht. Sein Katholizismus hat schon für einen oberflächlichen Blick lutherisch-protestantische Züge in der Leidenschaftlichkeit des Protestes, der Blindheit für die Rechte der bekämpften Position. Dieser konfessionelle Kampf transformierte sich rascher, als die Dinge es gestatten, auf die politische Ebene. Das später viel gebrauchte geschichtsphilosophische Schema, das die Linien des Nazismus über Bismarck und Friedrich den Großen auf Luther zurückführen wollte, wird im wesentlichen schon von Haecker geteilt. Seine Anwürfe gegen »Preußen«, die in den »Tag- und Nachtbüchern« beinahe mit denen gegen den Nazismus zusammenfallen, zielen nicht nur auf das politische Preußen, sondern auf den gesamten philosophischen und poetischen Idealismus von Kant bis Kleist, ja auf drei Viertel der deutschen Kultur und Literatur. Sie unterscheiden sich hinsichtlich ihrer Differenzierung kaum mehr von dem, was damals, nur freilich mit positivem Vorzeichen, auf den Gassen geblasen wurde und dort sogar noch weniger »verstimmt« erklang, insofern, als es mehr auf die »glorreiche« Gegenwart bezogen und nur sparsam mit historischen Reminiszenzen gerechtfertigt wurde. »Hüte dich vor den leichtsinnigen und gewalttätigen Vereinfachern im Theoretischen und im Praktischen. Sie schaffen schließlich die heilloseste Verwirrung. Wer etwas ausläßt, schafft rettungslosere Unordnung, als wer die Dinge nur untereinanderbringt«, heißt es in den Nachtbüchern in guter Übereinstimmung mit Thomas von Aquin und den besten Traditionen des katholischen Denkens. Die Lehre ist aber im eignen Denken Haeckers unzureichend Fleisch und Instinkt geworden. Was soll man heute mit solchen Passagen anfangen: »Es ist kindisch, Europa nur durch Änderung von Regierungen und Wirtschaftsordnungen vor dem Untergang retten zu wollen. Nur eine völlige Änderung der Gesinnung, eine metanoia (griechisch geschrieben) kann uns helfen. Kein Zweifel freilich kann darüber sein, daß ›Preußen‹ das größte Hindernis ist.« Ein solcher Satz mag sich vielleicht auf den ersten Leitartikel der Süddeutschen Zeitung von J. F. Schöningh »Zerschlagt Preußen« ausgewirkt haben. Es steckt sicherlich etwas Wahrheit in ihm. Er *ist* aber nicht die Wahrheit, und eben diese Differenz unterscheidet Ideologien von Philosophie und klarem Denken. Der heutige Leser wird nicht nur an vagen Allgemeinbegriffen Anstoß nehmen wie »Rettung« und »Untergang« Europas, die zudem die vom jungen Haecker in »Satire und Polemik« einmal keck kritisierte Spenglerei naiv im Ausdruck übernehmen. Er wird ganz schlicht fragen, warum nicht mit sachlicher Genauigkeit gesagt wurde, daß *Hitler* jenes größte Hindernis war, warum gleich mit einem leeren, weit ausholenden Bogen in die Geschichte gegriffen und ein wenig sagender, damals schon als politische Realität aufgehobener Allgemeinbegriff zitiert werden mußte?

Stellen dieser Art, bei denen alle Leidenschaft im Gefühl steckengeblieben ist, sich aber nicht in eine bessere Konkretisierung der Begriffe transformiert hat, wo also mit Abstraktionen gedacht, statt ins Detail der Situation eingegangen ist, sind recht zahlreich auf diesen Blättern. Sie machen heute selbsttätig »leere Blätter« aus ihnen, wenn dem Leser die unmittelbaren Gefühlsgehalte, die hier einmal aktiviert werden konnten, inzwischen verblaßt sind, oder wenn er noch gar keine Ideen und Erfahrungen dieser Art gesammelt hat. Der erstaunliche Mangel an zeitgeschichtlichem Stoff hinter der Intensität des Zornes und Abscheus in den mitternächtlichen Stenogrammen der Lage hängt wohl mit einer generellen, schon von Benjamin beim »Vergil« bemerkten Denk- und Verarbeitungsschwäche des Autors zusammen. Es verhält sich kaum so, daß Haecker nur in jener unseligen geschichtlichen Stunde vor Zorn und Eifer bebte und nicht zum Atmen, zur ruhigen breiten Rezeption der Welt kommen konnte. Hier wird ein Mangel seiner Konstitution sichtbar, der sogar die Nachwirkungen seines Glaubenszeugnisses zu mindern vermag. Es ist doch einfach auch das zu wenig, was er von christlichen Autoren verarbeitet hat: Kierkegaard, Newman, etwas Johannes vom Kreuz, etwas Thomas von Aquin, Blumhardt, Hilty; ja, und dann ist die Reihe schon beinahe zu Ende.

Noch ein paar Beispiele aus dem Text, um diese harte Schlußfolgerung zu unterbauen. Sie beziehen sich auf Nietzsche und Luther, zwei Deutsche, die Haecker mit einem in der damaligen Stunde verständlichen Haß verfolgt, ohne sie für eine fruchtbare Kritik in den Griff zu bekommen. Man kann es als eine tiefe Einsicht schätzen, die einmal näher entfaltet zu werden verdiente, wenn Haecker die wesentlichste Differenz zwischen Nietzsche und Kierkegaard, derentwegen der zweite über den ersten zu stellen sei, einmal darauf reduziert hat, daß »der eine gebetet hat, der andere nicht«. Haecker hat selbst wesentliche Anstöße gegeben, dem modernen Intellektuellen die zentrale existentielle Bedeutung des Gebetes wieder vor Augen zu bringen. Gleichwohl verstößt eine Bemerkung wie die vom 31. März 1940 gegen die gute Moral des Zitierens und Interpretierens: »Wie erschrak ich, als die ausgestorbenste Stimme des Reiches (Goebbels) seine Rede endete: ›Gelobt sei ...‹ Er machte sogar eine Pause – sollte er sich vergessen haben, in Kindererinnerungen gefallen sein? Aber er fuhr fort: ›was hart macht.‹ Ja, das ist wieder in der Reihe ...« Der Kernsatz dieses Fragmentes kommt, wie sicher auch Haecker wußte, von Nietzsche. Dieser hat ihn aber genau umgekehrt verstanden, als er von Goebbels, von der SS, von den Nationalsozialisten praktiziert wurde: hart gegen uns selber, nicht gegen den andern und am wenigsten gegen den wehrlosen Gegner! In seinem ursprünglichen Sinn ist er also ein guter, ein beinahe christlicher Satz, was auch in der heftigsten Polemik nicht hätte vergessen werden dürfen.

Oder Luther! Haecker schreibt am 9. April 1940: »Die Deutschen halten sich an das Wort ihres lieben Lehrers Martin Luther peccare fortiter – mentiri fortiter.« Zweifellos ist nie in der Geschichte schamloser und wahnsinniger gelogen worden als in den Jahren, da dieses geschrieben wurde. Was aber hat Martin Luther im allgemeinen, was sein spezifisches Wort zu Melanchthon »pecca fortiter ...«, das einem pathologischen Skrupulanten zum Trost gesagt war, mit solchen Zusammenhängen zu tun? Niemals und nirgends hat Luther das Lügen oder gar das kräftige Lügen als eine leicht vergebbare Sünde ausgegeben, in die man sich mit der Hoffnung auf Gnade getrost hineinfallen lassen kann. Nicht einmal seinen entscheidenden Nachsatz »sed crede fortiore« scheint Haecker gekannt zu haben, jenen Satz der Glaubensaufforderung, daß Christi Gnade und Sühnehandlung groß genug sei, um alle unsere Sünden zu bedecken. Sonst hätte er ein solches urchristliches Kernwort auch in der größten Hitze der Polemik schwerlich ins Weltlich-Politische umwenden können. Hat Haecker denn, so möchte man sich bei der Lektüre dieser Niederschriften fragen, gar nichts von einer Bekennenden Kirche, von einer Barmer Synode, von ungezählten in Konzentrationslagern schmachtenden evangelischen Christen gewußt, als er dies schrieb? Ist ihm denn gar keine Erfahrung von der damals überall getätigten praktischen »Una sancta« der Christen in seine einsame Zelle gedrungen? Der Lutherhaß geht bei Haecker so tief, daß er sogar Luthers Bibelübersetzung, mit der auch er doch einmal groß geworden ist, selbst in ihren herrlichsten Formulierungen nicht »stehen lassen« konnte. Christus sagt in Luthers Deutsch: »Was hülfe es dir, wenn du die ganze Welt gewönnest und nähmest doch Schaden an deiner Seele?« Schwerlich aus einem andern Grunde als dem, auch in solchem Zusammenhang der Autorität Luthers keinen Tribut zu zollen, bildet Haecker den Satz um: »Was hülfe es dir, wenn du die ganze Welt gewännest, wenn du doch Schaden nähmest an deiner Seele.« Daß ihn, den Schüler von Karl Kraus und selbständigen Sprachmeister das verlorene ö nicht schmerzte; daß ihn der zweimalige, lahmgewordene Wenn-Satz nicht störte, sind Dinge, die kaum zu verstehen und zu verzeihen sind. Aber sie liegen in der Linie anderer sprachlich auch direkt geäußerter Heftigkeiten, die sich gerade in den »Tag- und Nachtbüchern« als ein den Leser nicht mitbewegender, allzu reicher Gebrauch von Kraftausdrükken und emphatischen Attributen kundtun. »Der preußische Sauerteig hat die Nation völlig ver-saut«, heißt es unter dem 13. 12. 39. Die künstliche Assonanz Sauerteig-Sauen kann den unnötigen nichts leistenden Vulgärausdruck, dessen Deplaciertheit Haecker gefühlt haben wird, kaum wieder ungeschehen machen. Derlei bleibt ein seltenes Ausgleiten bei ihm, das für seinen Stil in keiner Weise symptomatisch ist. Häufiger und mit bedenklichem Nachdruck treten jedoch solche emphatischen Eigenschaftswörter auf, die nur werten aber wenig aussagen; Wörter wie tief, flach, gemein, schamlos, lächerlich u. a. Oft genug mögen sie verzweifelt berechtigt gewesen sein. Oft aber greifen sie auf Bezirke über, in denen ihre ohnehin geringe Erkenntniskraft vollends aufgehoben wird. Man kann nicht sagen: »Bismarck war kein tiefer Staatsmann, so wenig wie Napoleon . . .« Ein tiefer Mensch, eine tiefe Seele, ein tiefer Geist, das sind mögliche Begriffsbildungen. Ein Staatsmann qua Staatsmann kann jedoch gar nicht »tief« oder flach sein. Er kann groß, bedeutend, klug, weitblickend oder umgekehrt unfähig und unbedeutend sein, die Dimension der Tiefe läßt sich jedoch in seinem Aktionsbereich überhaupt nicht realisieren, und der Sprachgeist wehrt sich instinktiv mit Recht gegen eine solche Wortverbindung, abgesehen davon, daß auch in diesem besonderen Falle nur ein wertloses Gefühlsurteil über den »Preußen« Bismarck, aber kaum etwas Aufschlußreiches über dessen komplexe und sehr wenig am Nazimaß meßbare Persönlichkeit ausgesagt wurde.

Die Neigung zum extremen Ausdruck, die Haeckers Schwäche sein kann, hat, was ihm nie vergessen werden darf, auch glänzende Früchte in diesen Niederschriften getragen. Das stärkste Wort der Verachtung, das überhaupt gegen die Repräsentanten jener Jahre von einem deutschen Schriftsteller formuliert wurde, findet sich bei Haecker unter dem 5. 2. 44 in der mit Recht berühmten Stelle: »Ob sie mehr die schauerlichen Schurken sind, die sie zweifellos sind, oder mehr die unvorstellbaren, also ewig unsagbaren Dummköpfe, die sie ebenso zweifellos sind – das war und ist das peinigende Dilemma usf.« Es ist eine der unsterblichen Stellen in Haeckers Werk. Auch die vielen Passagen, in denen er die von ihm so bezeichnete »deutsche Herrgottsreligion« denunziert hat, treffen als Polemik gegen eine immer wieder mögliche Pseudoreligion nicht nur für die damalige Zeit ins Schwarze. Dennoch läßt sich nicht leugnen, daß sogar Haeckers theologische Begrifflichkeit unter seinem Abkürzungs- und Vereinfachungsdrange, also unter einem nicht immer glücklichen Dilettantismus, leiden kann: »Das ist das Privileg des Christen, daß er, indem er Christus anbetet, den wahren Gott mit Namen anbetet.« Ein solcher Satz hat wohl seine Richtigkeit, soweit es sich um seinen zentralen Gedanken handelt. Aber die Sprachgestalt stört an einer nicht unwesentlichen Stelle. Man kann *zu* Christus beten; man kann auch, allgemein gesprochen, »anbeten«; *jemanden* anbeten widerstreitet aber der christlichen Freiheit der Kinder Gottes und läuft auf eine sublime, die göttlichen Personen zum einzelnen Gegenstand verkleinernde Idolatrie hinaus. Haecker vergreift sich auch im innersten Kreis seines theologischen Denkens gelegentlich mit solchen Begriffen. Er verfehlt die Genauigkeit und Feinheit, was alles für den Ernst seines Denkens gewiß nicht entscheidend ist, aber mit seinem der Konversion gefolgten Abschied vom philosophischen Denken in Zusammenhang stehen dürfte. Gerade aus der von ihm allzu generell verworfenen neueren protestantischen Theologie hätte er manches lernen können, das auch in seiner Zeit schon wissenschaftliches Umlaufsgeld gewesen ist. Da kehrt zum Beispiel ständig der Begriff der »Unsterblichkeit der Seele« bei ihm wieder, ohne daß er sich über dessen Herkunft hinreichende Gedanken gemacht hätte. Es ist zwar zu verstehen, daß er diese These in der damaligen Zeitsituation für sein eigenes Denken brauchte, um den Zeitgeist, der weder von Seele noch von Geist, noch von Person, Individuum oder gar von der Auferstehung der Toten etwas wissen wollte, abzuwehren. Gleichwohl ist »Unsterblichkeit der Seele« ja nun doch ein durchaus »heidnischer« Begriff, zum mindesten eine fragwürdige und voreilige Übertragung christlicher Verheißungen in die fixierende Sprache der griechischen Philosophie. Weder im Apostolikum noch gar in der Bibel steht etwas von Unsterblichkeit der Seele geschrieben. Auferstehung des Fleisches ist dem Christen verheißen, die jedoch zunächst den absoluten Tod, auch der Seele, in keiner Weise mindert oder seiner Schärfe beraubt. Man hätte dem nazistischen Gegner viel vorgeben können, ähnlich wie man es in analogen Diskussionen heute bei dem marxistisch-materialistischen tun kann, indem man ihm diese Unsterblichkeit preisgibt, um ihm weit entschiedener und besser im Glauben begründet mit der Auferstehung des Fleisches zu entgegnen. Natürlich ist zu verstehen, was Haecker mit solchen Formulierungen und ihrer polemischen Zuspitzung meinte. Das Kennzeichen eines guten Denkens bleibt aber, daß man sich nicht auf die Gutwilligen verläßt, die das Gemeinte im Gesagten schon heraushören werden, sondern daß das Gemeinte auch genau ausgesagt wird.

Die These von der Unsterblichkeit der Seele ist noch ein relativ ungefährliches Beispiel unglücklicher Formulierung. Schlimmer wird es, wenn man Sätze wie die folgenden lesen muß: »Den alten Juden wurde von Gott das Recht gegeben, Palästina zu erobern und Völker zu vernichten oder zu entrechten. Wir dürfen annehmen, daß diese Völker entartet waren und ihr Recht verwirkt hatten. Wir dürfen das wohl auch von den Inkas in Mexiko annehmen oder sogar von Karthago oder den Abessiniern heute. Aber nicht immer hält das Stich . . .« Es hält auch in den zitierten Fällen in gar keiner Weise Stich; es macht sich vielmehr das furchtbare Problem Gottes in der alten und auch das in der neueren Welt unerlaubt einfach. Wie leicht es sich diese Formulierung gemacht hat, verrät sie nicht zufällig schon an ihrem äußeren Gewande. Daß die Inkas nach Mexiko verlegt werden, mag noch ein verzeihlicher Lapsus sein. Gravierender ist die Vokabel »entartet«. Gerade der, der die Nächte durch mit seinem Gott ringt, um ein Verständnis jener Zeit von ihm zu erwarten, der diesem Gott mehr als einmal mit Abschwören und Unglauben droht, wenn er es zuließe, daß die verhaßten und verabscheuten Antichristen das Feld behalten, durfte dieses Wort nicht in den Mund nehmen; und am wenigsten im Zusammenhange der Heilsgeschichte. Ob die Kanaaniter »entartet« waren oder nicht – aller Wahrscheinlichkeit nach waren sie es keineswegs, denn sie besaßen vorzüglich gemauerte Städte und köstliche Weinberge –, darüber steht einem modernen Geist überhaupt kein Urteil zu. Mit einem so billigen Moralismus läßt sich das Ärgernis der Erwählung Israels nicht verstehen, so wenig, wie man das Schicksal der amerikanischen Kulturen oder gar das der inzwischen recht freudig wiedererblühten Abessinier, an denen Mussolini schwerlich einen im Zuge der Heilsgeschichte gelegenen Eroberungsakt tätigte, in die Kategorien dieser mit dem Nazismus im Kern verbundenen Geschichtsideologie einfangen darf. Haeckers Versagen an solchen Stellen hängt nur teilweise damit zusammen, daß der Zeitgeist oft auch in seine erbitterten Gegner hinten herum eindringt. Es hat wohl seine tiefere Ursache in seinem zu rasch wieder Ausdruck und Polemik gewordenen christlichen Glauben, der die Abstraktionen der Konvertitenbelehrung noch zu wenig abgeschliffen und verarbeitet hatte. So »biblizistisch«, wie der oben zitierte Satz formuliert und gedacht ist, wird man nur denken, solange ein Glaube noch nicht die volle Freiheit errungen hat, hinter den Buchstaben, sei es der Bibel, sei es des Dogmas, zu dringen. Immer wieder finden sich Zeugnisse in den »Tag- und Nachtbüchern«, daß Haecker dieser Aufgabe bis zuletzt manches schuldig geblieben ist, daß er sein protestantisches Erbe in der neuen Konfession kaum hat fruchtbar machen können. Die Schwere seines Leidens als *Glaubens*leiden wäre vielleicht etwas gemildert worden, ohne daß er einen Kompromiß mit den Teufeleien des Tages hätte schließen müssen, wenn er in dieser Hinsicht größere Freiheit gegenüber dem Buchstaben gewonnen hätte. So versteht man es heute kaum noch, wie die Zeit bei ihm immer wieder die scheinbar so entscheidende, in Wahrheit ganz unreligiöse Frage nach der Existenz oder Nichtexistenz Gottes aufrühren konnte, die er durch irgend etwas hierfür so Irrelevantes wie Sieg oder Niederlage des Nazismus entscheiden lassen wollte. Eine solche Frage kann sich aber nur stellen, solange man sich Gottes und auch Christi allein in den Sätzen des Credo und der Schrift vergewissert hat, ohne daß er mit seiner fraglosen Wirklichkeit ganz in die eigene Seele gedrungen ist. Wir berühren damit eine Grenze Haeckers, bis zu der er, auch als Christ, nur gekommen ist. Daß sein Leiden und sein Kampf mit der Zeit, aber auch der mit dem Denken und mit der Sprache, ernst und beispielhaft genug waren, um ihn weit über seine Epoche hinauszuheben, wird von solchen Einschränkungen nicht berührt. Man muß aber um das eine wie um das andere gerade dann wissen, wenn man sich mit den Grundakkorden eines Menschen und Geistes in guter Übereinstimmung weiß.

Rabindranath Tagore 25 Jahre später

Eine Betrachtung über den indischen Dichter Rabindranath Tagore zu seinem 25. Todestag kann nur mit der skeptischen Frage anheben, ob dergleichen für uns noch sehr sinnvoll und nötig sei. Tagore – die Inder sprechen Thakur – hat 1913 den Nobelpreis bekommen, drei Jahre nach Paul Heyse. Läge hier ein Parallelismus vor, er wäre tödlich weniger für den, von dem wir ohnehin wissen, daß sein Name nur noch in Literaturgeschichten aufbewahrt wird, als für den Mann aus Indien, der jedoch eine Generation jünger als der deutsche Erzähler gewesen ist (1861 bis 1941). So scheint als erstes eine Prüfung am Platz, wieweit Tagores Werk noch in der Weltliteratur existent und wirksam ist, anders ausgedrückt: Ob es sich auf dem Aufwärtspfad zur Klassizität befindet oder niederwärts in den Schutt der Geschichte, der künstlich eine Weile aufgehaltenen, zuletzt aber unaufhaltsamen Vergessenheit? Eine positive Vorentscheidung für Tagore wird offenbar damit getroffen, daß Bücher von ihm (wenn wir richtig zählen: elf Titel und eine Anthologie) auch nach dem Krieg in Neuausgaben bei uns herausgekommen sind. Dergleichen geschieht kaum bei in jedem Sinn überlebter Literatur. Es könnte aber auch ein Absinken in anspruchslosere Leserkreise, in eine provinzielle Zeitlosigkeit anzeigen. Einen großen Unsicherheitskoeffizienten für die Beurteilung bringt des weiteren die Sprachdifferenz mit sich: Was kann überhaupt von uns an dichterischer Substanz festgestellt werden bei Übertragungen zuerst aus Bengali ins Englische, danach ins Deutsche, zumal es sich bei Tagores Werk in der Hauptmasse um »Dichtung« im prononcierten Sinn, also um Lyrik, lyrisierende Erzählung, lyrisches Drama handelt?

Mit solchen Vorfragen läßt man indessen außer acht, daß Tagore in jedem Fall eine geschichtliche Person bleibt, auch wenn sein Dichtertum uns heute nicht mehr in allen Stücken überzeugen sollte. Eine der drei, vier Hauptsäulen, auf denen der Staatsbau des modernen Indien ruht, trägt seinen Namen. Mag er auch nie eine ernsthafte Alternative der »Versöhnlichkeit«, des »Liberalismus« zu Gandhis sittlich-politischem Rigorismus gewesen sein, wie dies die Opportunisten der zwanziger und dreißiger Jahre der Welt weismachen wollten, eine nicht wegzudenkende Stifterfigur des modernen Indien bleibt er in jedem Falle. Tagores Hauptverdienst dürfte in diesem politischen Zusammenhang darin bestehen, Indien zu einem erneuerten geistigen Selbstbewußtsein verholfen zu haben. Für das Abschütteln des Kolonialismus und der durch ihn erweckten Ressentiments haben solche Unwägbarkeiten wesentliche Bedeutung. Ein überragendes literarisches Talent am Beginn der neuen Epoche war für Indien selbst von höchstem Wert, um Modernität und Tradition miteinander zu verbinden und einen guten Anschluß an sein großes religiös-philosophisches Altertum herzustellen.

Tagore stammte aus einer begüterten Brahmanenfamilie, also aus der obersten indischen Kaste – im Gegensatz zu Gandhi, der nur der Kaufmannskaste angehört hat. Sein Stand prädestinierte ihn bereits für den Geist. Geistige Talente verschiedenster Art sollen in seiner Familie fast selbstverständlich gewesen sein. Er hat jedoch demütige Worte für dies glückhafte Schicksal gefunden: »Wenn eine dumme Amsel nicht wüßte, wie sie ihr Futter suchen, ihr Nest bauen und ihren Feinden entgehen soll, sondern sich nur aufs Singen spezialisierte, würden ihre Mitvögel aus eignem Wissen um die Gesetze des Lebens ihr ohne Skrupel anheimstellen, zu verhungern oder umzukommen. Daß ich nicht ähnlich behandelt werde, beweist einen unendlichen Unterschied zwischen tierischem Dasein und menschlicher Zivilisation.« Sein Lebensweg fing in der Tat so an, als sei er nur darauf aus, die ihm gebotenen Privilegien von Glück und Genuß zu sublimieren, nicht aber an den Wurzeln zu brechen. Er konnte die Schule schon mit dreizehn Jahren verlassen. Später hat er auch das juristische Studium in England rasch mit dem der englischen Literatur vertauscht. Darin mag sich ein früher Ästhetizismus aussprechen. Stärker dürfte aber der Druck der eignen dichterischen Begabung gewesen sein. Er war 18 Jahre alt, als er seinen ersten Gedichtband (Sandhya-Sangit) veröffentlichte. Eine wachsende, immer weiter ausgreifende Schaffensfreudigkeit in fast allen literarischen Sparten, bald auch in der Musik und zuletzt sogar noch in der Malerei, hat die nötigen Kompensationen harter Arbeit in sein Leben gebracht. So ist ihm gleichsam vom Rand der Wirklichkeit her allmählich doch ein großes, auf viele Gebiete ausgreifendes Wissen, Hand in Hand mit seinen dichterischen Sprachfähigkeiten, zugewachsen. »Als ich ins Leben eintrat, meinte ich, es sei Freude. Ich lernte es kennen und erfuhr, daß es Pflicht ist. Zuletzt erkannte ich: Pflicht ist Freude.«

Mit einem solchen Weisheitswort betritt man festen geistigen Boden. Kritik horcht auf, wo sie dialektischem Geist begegnet. Sein für uns am leichtesten nachprüfbares Größenmaß hat Tagore daher wahrscheinlich in solchen Nebenwerken hinterlassen, die seine Reflexionen, Aperçus, Aphorismen, Epigramme, Fabeln und Lehrgedichte enthalten (»Verirrte Vögel«, »Leuchtkäfer«, »Der zunehmende Mond«, »Flüchtling«): »Der Schmerz ist in meinem Herzen eingelullt in den Frieden, der dem Frieden des Abends unter schweigenden Bäumen gleicht.« – »Jedes Kind bringt die Botschaft, daß Gott die Lust am Menschen noch nicht verloren hat.« – »Sei still mein Herz, diese großen Bäume sind Gebete.« – »Die Geschichte der Menschheit wartet geduldig auf den Triumph des geschmähten Menschen.« In Sätzen dieser Art verbinden sich Epigrammatik und Lyrik. Es gibt viele davon in Tagores Schriften, auch wenn sie nur selten den scharfen nackten Kristallschliff erreichen, den unsere europäische Tradition vom Aphorismus verlangt.

Ebenfalls relativ leicht kontrollierbar ist Tagores Prosa in Essays, Kritiken, Interpretationen, Reisebriefen. Die Weite seines Geistes und Talents bestätigt sich darin, daß er zu vielerlei Fragen und Anlässen, zu aktuellen Problemen oder zu zeitentrückten in essayistischem Stil ebenso begründet wie eloquent Stellung nehmen konnte. Da gibt es viele immer noch lesenswerte Erörterungen, von denen manche schlagende Formulierung festgehalten zu werden verdient: »Indiens Problem ist das der Welt im kleinen. Es hat eine zu große Ausdehnung und beherbergt zu verschiedene Rassen. So ist es das gerade Gegenteil von Europa, das ein einziges Land ist, in viele Länder zerteilt, und den doppelten Vorteil gehabt hat: die Stärke der Vielheit und die Stärke der Einheit.« Auch seine Aufsätze zu Kunst und Literatur haben frisch gebliebene Partien, wenn schon ihr weitsichtiger konservativer Standpunkt sogar damals, als sie geschrieben wurden, nur bedingt zeitgemäß war. Hier muß daran erinnert werden, daß Tagore sich mit seinem eigenen dichterischen Werk zwar auf Bengali zurückgezogen und dieser Sprache zu reicher literarischer Entfaltung verholfen hat, daß er aber auch ein englischer Schriftsteller war. Seine Vertrautheit mit der englischen Literatur ist intim und reicht bis in moderne Entwicklungen zu Swinburne, Yeats (der ihn umgekehrt zuerst in England eingeführt hat), Pound und Eliot, auch wenn er zum Avantgardismus seine Reserve behält: »Die Literatur, die unsere Zeit hervorbringt, scheint immer die Nase in abseitige Bereiche zu stecken und nach ungewöhnlichen Dingen und Wirkungen zu schnuppern. Ihre Ausdrucksformen sind oft Grimassen wie der Kaktus der Wüste, dessen Verzerrungen der Demut und dessen Dornen des Friedens ermangeln, dessen Haltung eine aggressive Unhöflichkeit ausdrückt, die an den krampfhaften Stolz der Armut erinnert.«

An solchen Sätzen gefällt uns heute über den sachlichen kritischen Gehalt hinaus eine metaphorische Originalität, die doppelseitige Erhellungen mit sich bringt: für das moderne Gedicht, den modernen Roman, aber auch für die als Beleuchtungsquelle benutzte reale Analogie. Man wird den armen Kaktus noch kaum unter so »bengalischem« Licht angesehen haben. Ein Netz, ins Meer dieses dichterischen Werkes geworfen – wir lassen die Tiefe dieses Meeres einmal ununtersucht –, wird zahllose glitzernde Fische des Gedankens und des poetischen Einfalls aus ihm herausziehen, auch wenn zugleich viel Wasser dabei abfließen mag.

Rabindranath Tagore ist aber auch ein sicherer, der Spannung und Pointe im fast amerikanischen Sinn fähiger Kurzgeschichtenerzähler (»Der Kabuliwallah«, »Die hungrigen Steine«, »Der Ausreißer« u. a.). Sie unterscheiden sich vom modernen, dem »harten« Genre nur dadurch, daß sie ein »guter« Mensch ersonnen und geschürzt hat, der gar nicht anders könnte, als ihnen selbst in der Katastrophe einen versöhnlichen Schluß zu geben. Die Moralität und die Religiosität Tagores, die gleichwohl in seinem heimatlichen Umkreis oft als ketzerisch und unorthodox empfunden wurden, sind seinem gesamten Werk bis zu jenen Graden eigen, daß auch die reine Lyrik (so in den Bänden »Der Gärtner«, »Gitanjali«, »Die Gabe des Liebenden«) bei ihm kaum je in die volle Säkularität der modernen Literatur ausmündet. Das Maß der Sprachverselbständigung läßt sich schwer feststellen. Übersetzungen sind da kaum sehr viel mehr als Interlinearversionen. Eine vage, sich ans Allgemeine haltende religiöse Interessiertheit mag solche Grenzen auch heute noch leicht überspringen und nur die »schönen« Inhalte lesen, von denen in diesen Gedichten immer wieder die Rede ist: Gott und die Seele, Freude und Schönheit, Licht und Leben. Der Sprachgestus des Gebets liegt ihnen oft so nahe, daß geistliches und weltliches Lied ununterscheidbar ineinanderfließen:

Laß nur von mir das kleine Etwas übrigbleiben,
womit ich dich mein alles nennen kann.
Laß nur das kleine Etwas meines Willens übrigbleiben,
womit ich dich an jedem Orte fühle
und zu dir komm' in jeder Sache; und jeden Augenblick
dir meine Liebe opfere.
Laß nur das kleine Etwas von mir bleiben,
das dich niemals verdeckt.
Laß nur das kleine Etwas übrigbleiben
von meinen Fesseln,
das mich gebunden hält
an deinen Willen und dein Ziel verfolgt
in meinem Leben –
die Fessel deiner Liebe.

Daß ein wirklicher Dichter hinter solchen Versen vermutet werden darf, läßt sich am ehesten aus der Refrainzeile ahnen, die in ihrer labilen Mitte von Demut und Anspruch des Menschen ein Optimum an Religiosität zusammen mit Humanität umspielt, wie es nur in den besten Zeiten religiöser Lyrik erreicht wird. Wer kreuz und quer in dem vorhandenen übersetzten Werk Tagores liest, also in den heute für uns zugänglichen zwölf Büchern, die der Hyperion-Verlag, Freiburg, herausgebracht hat – in den zwanziger Jahren war kein Geringerer als Kurt Wolff der deutsche Verleger Tagores –, wird sicher oft auf dünne, wasserreiche Partien stoßen. Am dürftigsten erscheinen uns heute die mitstenographierten Gespräche, die Tagore mit der Prominenz seiner Zeit von Einstein bis Romain Rolland oder H. G. Wells geführt hat: Musterbeispiele von Nebeneinanderherreden, verblasene Allgemeinheiten, wie sie heute oft in Podiumsgesprächen produziert werden, doch nicht nur von seiten Tagores, sondern nicht weniger bei seinen illustren Partnern. Dennoch wird man in den (inneren oder äußeren) Bruchstücken, in denen uns dieses schier uferlose literarische Lebenswerk mit unseren Übersetzungen zwangsläufig nur vermittelt werden kann, immer wieder auch Gold finden, Gold des Gedankens, der poetischen Metapher, der sittlichen und religiösen Weisheit – so viel, daß es ausreicht, einem Autor auch nach fünfundzwanzig Jahren noch das Gesicht von Weltliteratur zu wahren.

Im Umkreis des Judentums

Hermann Cohen und die »Religion der Vernunft aus den Quellen des Judentums«

Wer von Berlin auf der Autobahn in Richtung Hof, Bayern, fährt, kreuzt nach etwa einstündiger Fahrt die Elbe bei Coswig und Dessau. Die kleine Industriestadt Coswig macht sich durch ein Quartett gewaltiger Schornsteine kenntlich; dann folgen die Elb-Auen um Dessau. Dieses Coswig in Anhalt, zu unterscheiden vom sächsischen Coswig bei Dresden, ist der Geburtsort des deutsch-jüdischen Philosophen *Hermann Cohen*.

Cohen lebte von 1842 bis 1918, davon vierzig Jahre, von 1873 bis 1913, als Professor der Philosophie in Marburg, ehe er nach seiner Emeritierung für die letzten fünf Jahre seines Lebens nach Berlin übersiedelte und hier nur noch an der Akademie für die Wissenschaft des Judentums lehrend und forschend tätig war. Die Geschichte der Philosophie des neunzehnten Jahrhunderts bewahrt seinen Namen an ehrenvoller Stelle als Haupt des strengeren Neukantianismus der Marburger Schule. Der gesamte Neukantianismus hat jedoch seine namhaften Träger (Cohen und Natorp in Marburg, Windelband und Rickert in Heidelberg) kaum überlebt. Noch zu ihren Lebzeiten schoben sich, nicht zuletzt in Gestalt ihrer begabtesten Schüler (Max Scheler, Nicolai Hartmann, Ernst Cassirer), neue philosophische Richtungen nach vorn – Phänomenologie, Ontologie, Existenzphilosophie, Positivismus –, Richtungen, die teilweise kaum noch engere Beziehungen zu Kant, geschweige denn zum Neukantianismus unterhielten. So haben sich Schweigen und Vergessen bald auch über einen so mächtigen, von Weltruhm umglänzten Denker wie Cohen gesenkt. Der Name Cohens wurde in den dreißiger Jahren und auch nach dem zweiten Weltkrieg nur noch selten um seiner selbst willen genannt. Er klang auf, wenn Schüler, die ihrerseits zu Ruhm gekommen waren – Ortega y Gasset, Boris Pasternak –, sich ihrer Jugend in Marburg zu Füßen Cohens erinnerten.

Sehr unwahrscheinlich, daß sich an diesen Verhältnissen

in der Zukunft viel ändern wird. Auch das Große muß sterben, darf man vielleicht Schillers Wort variieren. Mit seinem philosophischen Lebenswerk, das den ganzen Umkreis Kantischer Problematik im Denkbewußtsein des vorigen Jahrhunderts wiederherstellte, zudem durch einen breit angelegten Rückgriff auf Platon sowie durch eine Fortentwicklung mathematischer Prinzipien, insbesondere des Infinitesimalprinzips – »Mathematik ist das methodische Symbol der Wissenschaft«, hat Cohen einmal gesagt –, mit diesem großen Werk also ist Cohen zu Philosophie-Geschichte geworden, und es wird damit wohl sein Bewenden haben. »Der größte Sohn der jüdischen Aufklärungsepoche im Westen«, wie er mit Recht genannt wurde, erfuhr jedoch im hohen Alter nach Abschluß seines wissenschaftlichen Werkes und an einem Ort des Rückzugs von seiner lebenslangen Wirkungsstätte noch eine Umkehr, eine Spätberufung, einen »Existenzknick«, der über den Neukantianer hinaus einen philosophisch-theologischen Hohenpriester des Judentums in ihm erweckte. Dieser späte Cohen und *Die Religion der Vernunft aus den Quellen des Judentums,* wie der Titel seines religions-philosophischen Nachlaßwerkes lautet (Joseph Melzer Verlag, Köln 1959), ist nun aber nicht mehr wie Cohens Neukantianismus nur ein wichtiges Kapitel aus dem Denken des 19., sondern eines aus dem des 20. Jahrhunderts. An solcher Aktualität hat die allgemeine Zeitgeschichte ihren traurigen Anteil. Cohen hat zwar nicht das mindeste von dem geahnt (oder, als er 1918 starb, auch nur ahnen können), was wenige Jahrzehnte später dem Judentum, an erster Stelle dem deutschen Judentum, das für ihn »das Kulturband für die Juden aller Länder war«, widerfahren ist. Es gibt aber kaum Ereignisse von so hoher Tragik, die nicht im Reich des Denkens in Gestalt erst später deutbarer Zeichen vorweggenommen würden. Cohens merkwürdige, seinerzeit manchem Beurteiler rätselhaft erschienene »Wendung« zur Religion, die Heimkehr eines der größten Rationalisten und Idealisten, eines der strengsten Kantianer und Platoniker in die Stiftshütte seiner Väter ist allein schon ein Akt von providentieller Bedeutung. »Mehr Rasse als Philosophie«, hatte Kuno Fischer schon an dem Marburger Gegenspieler herumgemäkelt. Das Judentum Cohens und in ihm das seiner und unserer Zeit hat sich in Wahrheit aber erst im reifsten Selbstbewußtsein des Greises formuliert und seiner Umwelt gegenüber deutlich abgegrenzt, ehe es dann auf der Ebene des realen Lebens so fürchterlich ausgegrenzt wurde.

Auch nach Cohen sind noch andere jüdische Denker mit ähnlichen Intentionen – Martin Buber und Franz Rosenzweig wären an erster Stelle zu nennen – hervorgetreten. Sie hielten sich jedoch viel kürzer in der Philosophie auf und fanden viel rascher einen gesicherten Boden ihres Bekenntnisses, obschon sie ebenfalls noch tief im Bereich deutscher Sprache und Kultur wurzeln. Die Amalgamierung des eine Generation älteren Cohen mit den Elementen seiner geistigen und sozialen Umwelt reichte diesen jüngeren Sprechern jüdisch-religiösen Geistes gegenüber weit tiefer in die Substanz. So läßt sich bei ihm die schwierige Operation einer Befreiung seines Wesenskernes von den Umlagerungen der kulturellen Umwelt und ihren geschichtlichen Wurzelgründen wahrnehmen. Cohens religiöses Denken spricht sich hierbei noch vorwiegend in denselben Begriffen und Methoden aus, denen seine wissenschaftliche und philosophische Denkarbeit verpflichtet gewesen war. Diese hinderliche Verbindung hat Martin Buber in seinen Bemerkungen über Cohen – zu finden in dem kleinen Werk *Gottesfinsternis* – zum Ansatzpunkt einer Kritik gemacht, die bei aller relativen Berechtigung die Voraussetzungen von Cohens Denkweise kaum genügend berücksichtigt. Wir werden darauf noch zurückkommen. An dieser Stelle darf aber schon gesagt werden, daß Cohens Spätwerk *Die Religion der Vernunft*, das von ihm selbst nicht mehr vollendet werden konnte, aus den vorhandenen Konzepten aber durch den Editor Bruno Strauss ohne fühlbare stilistische Brüche abgeschlossen wurde, auf längere Sicht doch die bedeutsamste Leistung modernen jüdischen Denkens bleiben wird, soweit dieses sich auf Selbsterhellung, im besonderen auf die Befestigung jüdischer Religion im Umkreis alles anderen religiösen Denkens der Menschheit bezieht.

Hermann Cohen war ein spezifisch »deutscher« Jude. Ihm fehlen alle, von Buber später so wirksam gemachten Einflüsse aus dem Ostjudentum und dessen Chassidismus. Dennoch wurzelt er tief und fest in der zentralen Tradition jüdischen Glaubens und jüdischer Frömmigkeit, die durch Bibel, Mischna und Talmud bestimmt wird. Er hat sein Judentum zuerst und zuletzt im Elternhaus gelernt und eingesogen. Sein sehr gebildeter Vater, dem nicht ohne tiefe Berechtigung das Nachlaßwerk gewidmet ist, hat die besonders strenge Erziehungspflicht in der jüdischen Religion auf seiten der Eltern mit großer Gewissenhaftigkeit und Wärme wahrgenommen, ohne deshalb die Verbindungen des Sohnes zur geistigen und sozialen Umwelt gettohaft einzuschränken. So ist Cohen das Beispiel einer gelungenen Synthese von Assimilation und Traditionalismus geworden. Später dominierte dann weniger die äußere als eine tiefgehende geistige Assimilation. Sie hat aber bei ihm nie dazu geführt, daß er die Beschäftigung mit der hebräischen Sprache und mit den Dokumenten der jüdischen Lehrtradition sowie mit den wegweisenden Denkern des Judentums von Maimonides bis Moses Mendelssohn vernachlässigt oder gar desavouiert hätte. Jener obenerwähnte Knick im Alter muß daher mehr als eine Akzentverlagerung, ein Umbesetzen der herrschenden geistigen Impulse verstanden werden. Cohen hat nicht in einem einfachen Bruch mit seiner Vergangenheit etwas angebetet, das er vorher verleugnet hätte oder umgekehrt. Er war der überaus lehrreiche Fall eines großen Denkers, der die Wege von Aufklärung und Vernunftemanzipation, die so leicht für jede Religion und daher auch für die jüdische lebensgefährlich werden, nach oben bis an ihr Ende durchlief. An diesem natürlichen Ende wurde jedoch sein ursprünglicher, verschüttet gewesener Glaube unter dem Vernunftkleid wieder lebendig und bewirkte in seinem Geiste mit den Mitteln methodischen Denkens eine besondere Festigung der traditionellen religiösen Fundamente. Die persönlichen, kaum noch rationalisierbaren Voraussetzungen dieses erstaunlichen Vorganges sind bei ihm aber nicht in irgendwelchen »existentiellen« Krisenerlebnissen, die später in vielen Fällen der Beweggrund religiöser Erweckung wurden, auch nicht einmal im Alter als solchem, sondern wohl nur in den besonderen Strukturen seines Geistes und Charakters zu suchen. Man wird es nicht anders ausdrücken können, als daß diese Voraussetzungen schon einfach in der Größe seines Geistes und noch mehr in der seines Charakters gegeben waren. Er hat diesen vagen und schwierigen Begriff der Größe in plastischer Weise realisiert, so wie es den Späteren auch im Judentum kaum mehr ähnlich überzeugend gelungen ist und gelingen konnte. Cohen erscheint als ein jüdisch variiertes Beispiel für Churchills bekannte Äußerung über das 19. Jahrhundert als ein »Jahrhundert der großen Männer und der kleinen Probleme«. Die Schüler Cohens in Marburg haben vor ihrem Meister gezittert, sie haben ihn aber auch schwärmerisch verehrt. Noch in Pasternaks späten Erinnerungen im *Geleitbrief* klingt etwas von solchen Persönlichkeitswirkungen nach. Der Stil seines Daseins wie der seines Denkens war von einem heute beinahe archaisch wirkenden unerbittlichen Idealismus geprägt. Cohens Denken ist ein durch und durch moralisches Denken, auch wo es keine speziellen moralischen Themen hat. »Wissenschaftliche Philosophie ist Idealismus«, heißt es noch im nachidealistischen Spätwerk, und an anderer Stelle mehr ins Praktische gewendet: »Moralisieren ist eine unerläßliche Pflicht, von deren Ausübung die sittliche Lebendigkeit abhängt.« Aus alledem versteht man einerseits rückblickend Cohens tiefe Affinität zu Kant und Platon, die ja im Kern auch eher moralisch als gnoseologisch bestimmte Philosophen waren. Andererseits laufen alle Ströme des Judentums in Geschichte und Schrifttradition in demselben beherrschenden Impuls zusammen. Der moderne Psychologismus und Sensualismus haben demgegenüber nicht den mindesten Anteil an seinem klassischen Charakter und Denken gehabt. Sie fallen auch im Stil seiner Werke aus, die kein Zugeständnis an Sinnlichkeit oder Grazie machen, dafür aber in ihren Höhepunkten monumentale Wucht erreichen.

Wir mußten in der Zwischenzeit unter viel Blut und Tränen erfahren, wie unlöslich die Verflechtungen von Humanität und Glaube und im engen Zusammenhang damit die von Judentum und Christentum sind. Aus einem für das 19. Jahrhundert noch weithin gültigen Antagonismus, ja aus kaum bezweifelter Präpotenz des Christentums dem Judentum, des Neuen dem Alten Testament gegenüber, ist uns unter der Einwirkung gemeinsamer Tragödien eine vorher nie dagewesene Bruderschaft beider Religionen oder Konfessionen erwachsen. Dieser Geist der Solidarität hat nicht zu einer geistlosen Verwischung wesenhafter Unterschiede geführt, er hat aber den Ton und Stil der Beziehungen, die Form der Kontroversen gewandelt. Im Gegensatz etwa zu Bubers diesbezüglichen Arbeiten oder auch schon zu Rosenzweigs *Stern der Erlösung* hat nun Cohens Spätwerk eine solche Stufe der »Auseinandersetzung« (besser sollte es heißen der »Zusammensetzung«) beider Glaubensformen noch nicht erreicht, ja kaum angestrebt. Es lebt vielmehr gerade vom entgegengesetzten Pathos einer ebenso scharfen wie subtilen Differenzierung des jüdischen vom christlichen Monotheismus und darüber hinaus des Monotheismus überhaupt vom Pantheismus und Polytheismus, d. h. von jeglicher Mythologie alter oder moderner Gestalt. Unglaube, Nihilismus, Atheismus, die vorherrschenden negativ-religiösen Phänomene der Gegenwart und absehbaren Zukunft, fallen dagegen ziemlich aus dem Rahmen von Cohens Denkhorizont. Sie dürften für ihn nur in-essentiell, faule Existenz, Zersetzungsprodukte der menschlichen Sozietät und des anti-idealistischen Geistes gewesen sein, auch wenn er in anderem Zusammenhang die »Seligkeit« und das »ewige Leben«, also die obersten Güter der Religion nächst Gott selbst, nicht an einen Gottesglauben, geschweige denn an den seinen gebunden wissen wollte – hierin im besonderen gegen einen christlichen Anspruch dieser Art polemisierend. Der eigentliche Impuls seines in großer Architektonik entworfenen und ausgeführten Gedankenganges zielt jedoch dahin, dem Judentum wieder seine alte heilsgeschichtliche Stelle am Herzen des einzigen Gottes, aus der es vom Christentum verdrängt scheint, durch einen titanischen Anstrengungsakt philosophisch-theologischer Argumentation und Besinnung zu sichern.

Man wird einräumen müssen, daß ihm dies nach Menschenmaß und -möglichkeit gelungen ist. Eine christliche Theologie – ernsthafte Auseinandersetzungen fehlen bislang – müßte sehr früh aufstehen, um von diesem Gegner nicht matt gesetzt zu werden. Religionen sind indessen zum Glück nicht identisch mit ihren Theologien, geschweige mit den größeren oder geringeren Anstrengungen von deren Repräsentanten. Vor allem ist die christliche Religion weit mehr als alles, was ihre Deuter, Verteidiger und Bekenner tun, leisten, denken und argumentieren könnten. Sie ist im Grunde in die unerreichbare Person Christi selbst versiegelt, die u. a. auch allein die Würde und die Kraft gehabt hat, den Alten Bund zu einem »Alten« zu deklassieren. Zugleich sind Religionen immer auch bestimmte lebendige Traditionen von Menschengruppen, deren Wirklichkeitsfülle allein in ihnen selbst beruht, unabhängig davon, wie glücklich oder unglücklich irgendwelche Gedankenkämpfe an ihren Grenzen verlaufen mögen. Eben dies gilt mehr noch als für das in seiner Mission stark nach außen gewendete Christentum für das Judentum. Wer nicht als Jude geboren, aufgewachsen und religiös erzogen ist, wird daher kaum in die inneren Wesensgeheimnisse des Judentums eindringen können. Cohen, der von allen diesen Zusammenhängen ein tiefes und genaues Wissen hatte, spricht denn auch trotz seiner nach außen gerichteten Polemiken zuerst und zuletzt zu seinen eigenen Glaubensgenossen, denen er, wie kaum ein anderer, das gute religiöse und intellektuelle Gewissen zu stärken vermag; unter der einen von ihm getroffenen Voraussetzung: »Auch im nationalen Sinn ist allein das religiöse Judentum *das* Judentum.« (Es sei an dieser Stelle angemerkt, daß Cohen dem Zionismus keine höhere Bedeutung beimaß – er hat die geschichtlichen Entwicklungen, die diesen zum Sieg geführt und zugleich legitimiert haben, nicht mehr erlebt.)

Das alles bedeutet nun nicht, daß dieses große Werk, dieser weit ausgreifende »innere Monolog« des Judentums für den Christen, wie für jeden in solchen Umkreisen nachdenkenden Geist, nicht von hohem Interesse wäre. Gäbe es nicht Christus, sondern nur das Christentum, könnte es sogar gefährlich sein, sich der Ausstrahlung dieses *reinen* Monotheismus, wie ihn Cohen allein für das Judentum reklamiert, auszusetzen, während bei genügender eigener Sicherung immerhin eine starke geistig-geistliche Heil- und Reinigungskraft auch für andersartige Glaubensformen von ihm ausgehen kann.

Religion der Vernunft? Cohen ist sich bewußt, daß er dem Judentum diese philosophische Bezeichnung nicht geben könnte, wenn er die Frage der Religion von der Fülle ihrer Erscheinungsformen, also von der Geschichte her stellen würde. »Induktion scheitert vor diesem Problem.« Ein bestimmter durchgereifter Begriff des Judentums ist immer schon vorausgesetzt, wenn man ihn in dieser Weise aus den Dokumenten und der Tradition ablesen und entwickeln will. So steht am Anfang der Untersuchung eine Entscheidung für das Vernunftelement in der Religion gegenüber allen anderen aus der Sinnlichkeit, der Seele, dem Gemüt, den sozialen Verhältnissen oder den geschichtlichen Zufällen kommenden Elementen. Dazu war ein Wissenschaft und Philosophie, also den engeren Rationalismus übersteigender Vernunftbegriff nötig. Es ist interessant, in diesem Zusammenhange den Neukantianer Cohen auf Wegen zu finden, die später von der Existenzphilosophie, zumal von Jaspers, aber auch von protestantischer Theologie, besonders von Paul Tillich, ausgebaut wurden: Wege zu einem um die Dimension der Existenztiefe erweiterten Vernunftbegriff.

Solche Vernunft nun gerade im Judentum an der »Urquelle« wiederfinden zu wollen, scheint beim ersten Anhören kaum gerechtfertigt, da das antike Judentum keinerlei produktiven Anteil an der engeren Vernunftentwicklung in Philosophie und Wissenschaft genommen hat und mit diesem Begriff überhaupt kaum Wesens trieb. Cohen sucht diese Schwierigkeit, mit der er als treuer Platoniker und Kantianer tief gerungen hat, durch den Begriff des Gesetzes zu überwinden. »Vernunft ist das Organ der Gesetze.« Gesetzlichkeit ist das Band, das den Menschen an die Vernunft bindet. Eine Überleitung zur Ethik ergibt sich an dieser Stelle verhältnismäßig leicht, damit aber auch die Beziehung von einem allgemein gefaßten Vernunftbegriff zu den zentralen religiösen Impulsen des Judentums, das in der Entdeckung der sittlichen Gesetze, in der des Du und des Mitmenschen, viel weiter als die gesamte heidnische Antike gegangen ist.

Martin Buber hat, wie wir vorhin schon andeuteten, im Zusammenhang Cohens mit Recht darauf hingewiesen, daß die Philosophie keine echten Möglichkeiten habe, eine Brücke vom Ich zum Du, sei es zu dem des Mitmenschen, sei es zu dem Gottes herzustellen. Sie bleibt dem Zwang der Objektivierung und Generalisierung, der mit dem Begriffsvermögen selbst schon gesetzt ist, unterworfen. Auch ein so mächtiger Denker wie Cohen konnte diesen Zwang nicht einfach überspielen, obwohl er das Ich, das Du und den Mitmenschen auf originale Weise »aus den Quellen des Judentums« für seine Ethik wie für seine Religion wiederentdeckt hat. Ja, mehr noch, in den herzbewegenden Schlußkapiteln des Werkes, wo er u. a. vom Gebet und seiner zentralen Stellung im jüdischen Gottesdienst spricht, weit hinausgehend über Kants »Religion innerhalb der Grenzen der bloßen Vernunft«, bei der das Gebet als subjektive »Belebung des Gemüts« religiös so gut wie unter den Tisch fällt, in diesen wichtigen Abschnitten, in denen sich Religion erst wirklich von Religions*philosophie* scheidet, steht Cohen schon mitten in dem, was Buber die »dialogische Konkretion« nennen würde. Der objektivierte »Gott der Philosophen«, dieses Begriffsgespenst der Abstraktion, ist im Vorfeld zurückgeblieben. Nicht abzuweisen bleibt aber doch, was Buber einwendet, daß das Du und der Mitmensch ebenso wie Gott selbst bei Cohen ihrem begrifflichen Ausdruck nach immer noch im Kleide reiner »Ideen« einhergehen. Es wird daher immer einer angemessenen Übersetzung in die eigentlich religiöse Sprache bedürfen, wenn man den vollen Gehalt von Cohens Erörterungen herauslösen will. Darin liegt fast eine tragische Ironie bei einem Denker, dessen Begriffskraft mit besonderer Leidenschaft darauf dringt, das von ihm Gemeinte auch mit äußerster Präzision auszusprechen. Es ist ein sprechendes Beispiel dafür, wie schwer auch für einen großen Geist die Schranken seiner Generation und seiner Zeit zu überschreiten sind.

Bleibt hier also ein ungeklärter Rest, so behält die philosophische Ableitung des Monotheismus bei Cohen gleichwohl ihren besonderen Wert. Die »Einzigkeit Gottes«, dieses urjüdische Prädikat, ist kaum jemals mit solcher dialektischen Konsequenz deduziert worden. Was Cohen hierzu sagt, verdient immer wieder bedacht zu werden. So seien wenigstens einige Stationen dieser schwierigen Deduktionen hier angedeutet: Ausgangspunkt ist die Grundüberzeugung jedes philosophischen Idealismus, daß die Sinne nur *Daseiendes* zu registrieren vermögen, während *Sein* allein von der Vernunft bezeugt wird. Diese platonische Einsicht schafft erst die nötige Distanz zu aller falschen Unmittelbarkeit, sei es der weltlich-natürlichen, sei es der religiösen. Gott gegenüber, als dem einzigen Sein, haben Erfahrungsmodi zu schweigen. Diese Einzigartigkeit Gottes und des Seins, die mehr ist als bloße Einheit, spricht sich darin aus, daß er allein die hinlängliche Ursache für die Entstehung des Werdens ist. Darum ist »Schöpfung« eine Konsequenz der Einzigkeit Gottes. Wäre der Einzige Gott nicht Schöpfer, so wären Sein und Werden dasselbe, und die Natur wäre selber Gott. Was der Pantheismus anstrebt, ist also einerseits eine Tautologie, andererseits ein Widerspruch in sich selber. Religiös angesehen bedeutet Pantheimus nur einen Tribut des Unglaubens an den Glauben. Es kann somit auch keine Offenbarung in der Welt und Natur geben. »Gott offenbart sich nicht *in*, sondern *an* etwas.« Offenbarung geschieht allein im Verhältnis Gottes zum Menschen als dem Vernunftträger. Die Schöpfung der Vernunft als Korrelation von Gott und Mensch ist sozusagen die Uroffenbarung, noch vor und in der konkreten geschichtlichen Offenbarung am Sinai. »Du begnadest den Menschen mit Erkenntnis«, lautet die erste Bitte des jüdischen Achtzehngebetes, und sie spricht damit der Vernunft, als dem Organ der Erkenntnis, eine fundamentale Bedeutung auch in der Religion zu. Nun läßt sich jedoch vieles »erkennen«. Erkennen allein kann also noch nicht genügen, sich der Einzigkeit Gottes zu versichern. Dazu bedarf es viel mehr noch einer neuen, erkenntniserweiternden, aber nicht -widersprechenden Tat des Bewußtseins. Hier liegt die Schwelle, wo der Philosoph zurückbleiben, der formale Rationalismus abdanken muß, und »Religion« beginnt, nämlich im liebenden *Bekenntnis* zu Gott. Auch Pantheismus und Polytheismus geben zwar vor, Liebe und Bekenntnis für ihre Götter und Gottesvorstellungen zu hegen. Sie lieben aber per definitionem die Vielheit (der erste in Gestalt einer Vereinheitlichung) und können nicht den einzigen Gott wirklich lieben und bekennen, da dessen Begriff schon seine Ausschließlichkeit in sich faßt. Hier liegt der tiefste Grund dafür, daß es für den *reinen* Monotheismus keine Toleranz geben kann. Die ominöse »Ausrottung des Götzendienstes« durch Israel war daher auch kein kapriziöser, nationaler oder gar egoistischer Haß des Judentums auf seine heidnische Umwelt. Sie folgt unabweislich aus dem Geist des Monotheismus selbst und ist heute so gültig wie ehedem, mit der geringfügigen Einschränkung, daß Polytheismus in unmittelbarer Gestalt als naive Vergöttlichung von Naturerscheinungen eine harmlose Vorstufe gegenüber dem »Bilderdienst«, der Vergöttlichung durch das menschliche Idol bleibt. Dieser Bilderdienst ist und bleibt die ständige Erzversuchung des Menschen und damit der Todfeind des reinen Monotheismus. Solchem Feinde gegenüber hat das Judentum – und wie Cohen sagt: es allein – die bleibende Aufgabe und Funktion, die Anbetung und das Bekenntnis des einzigen Gottes rein zu erhalten.

Mit großer Vorsicht, ja mit Zartheit spielt Cohen solche Erörterungen auch in seine Polemik gegen das Christentum hinüber. Sie werden dort für ihn mehr noch als an der Gestalt und Person Christi selbst, dessen »Gottgleichheit« für den Juden wohl immer außer ernstlicher Diskussion steht, an der trinitarischen Hypostase des Heiligen Geistes akut. Im Judentum sei der Heilige Geist keine dritte göttliche Person, überhaupt keine Person. Als Erweis dafür macht Cohen u. a. darauf aufmerksam, daß in der Schrift der Heilige Geist viel öfter vom Menschen als von Gott selbst ausgesagt werde. Er definiert ihn als den stets erneuerten Geist der Verbindung von Gott und Mensch, dessen »heiliger« Charakter dem Menschen erst am Problem der Sünde, seiner persönlichen Sünde zur Entdeckung kommt.

Was Cohen in diesem Zusammenhange sagt, läuft weithin mit christlichen Vorstellungen parallel. Unterschiede kehren sich erst über der Frage der Sündenvergebung heraus, wo der jüdische Synergismus zwar die Vergebung allein von Gott kommen läßt, die Voraussetzungen dafür in Buße und Heiligung aber so weitgehend im Menschen selber realisiert, daß Gott beinahe vergeben *muß*. Solch Optimismus steht mit den christlichen Auffassungen von Schuld und Erbsünde in Widerspruch. Es folgt aus ihm, daß dem jüdischen Bewußtsein auch der Gedanke einer stellvertretenden Entsühnung fremd bleiben wird. Ein so konsequenzenscharfer Denker wie Cohen mußte im nächsten Schritt daher auch die Eschatologie, also jede Vorstellung eines Endgerichtes verwerfen und rückläufig sogar vor scharfen Eingriffen in die biblischen Urkunden an entscheidender Stelle nicht zurückschrecken: »Die Sage vom Sündenfall stammt aus Persien ...« Stärke und Schwäche beider Bekenntnisse, des jüdischen und des christlichen, kommen wohl nirgends deutlicher als in diesen letzten Entscheidungen zutage. Wo das Christentum in der Erkenntnis tiefer und umfassender ist, tendiert das Judentum stärker zur Tat; wo das eine das Jenseits dem Diesseits zuschlägt, spiegelt sich beim andern der Einzige Gott im einzigen irdischen Leben; wozu anzumerken wäre, daß es auch bei Cohen jenes ganz »reine« Judentum nicht gibt, sowenig wie beim Christen ein reines Vertrauen in die Gnade Christi. Eine weitere Schwierigkeit eigener Art bereitet solcher »Religion der Vernunft« der Opferritus, der schwerlich aus den »Quellen des Judentums« zu eliminieren war. Cohen läßt keinen Zweifel darüber, daß er hier ein Element der Bindung an und der Herkunft von paganen Praktiken und Vorstellungen im Judentum sieht. Er betont immer wieder die Opposition der Propheten gegen das Opfer und stellt sich gegen die Priesterpartei eindeutig auf seiten des Prophetismus. Beim späten Ezechiel wird die Frage dann aber besonders schwierig, da dieser trotz seines Prophetismus die Opfer ausdrücklich anerkennt und wiederherstellt. Cohen möchte hierin einen weisen Kompromiß mit der historischen Tradition sehen, der notwendig gewesen sei, um nicht den Zusammenhang mit den Wirklichkeiten des jüdischen Lebens zu verlieren. Die »historische« Vernunft muß also die reine Vernunft vor der Gefahr ihres Weltverlustes retten. Einen folgerichtigen Schritt hier weiterzugehen und erst mit Christi Opfertat das wahre Ende allen Opferdienstes anzusetzen, war Cohen durch seine Position versagt. Im Gegenteil, er glaubt aus den zumal im Katholizismus beibehaltenen Opfervorstellungen der christlichen Religion dieser ungelöste Verflechtungen mit dem Heidentum vorhalten zu können. Diese Argumentation ist eine der schwächsten im Rahmen seines Gedankenganges. Im übrigen liest Cohen aber aus den Propheten, die er mit besonderer Liebe und Genauigkeit an den Urtexten interpretiert, eine sehr überzeugende stufenförmige Entwicklung der monotheistischen »Idee« heraus, die dann im Messianismus und im »Reich Gottes auf Erden« gipfelt. Die entschiedene Diesseitigkeit dieses Messianismus, die Cohen ebenso wie das gesamte Judentum vertritt, scheint ein urjüdischer Impuls zu sein und einen weiteren wichtigen Differenzpunkt zum Christentum auszumachen. Andererseits zieht sich von hier aus eine deutliche Linie zu den jüdisch inspirierten Soziallehren atheistischer Variante hinüber, insbesondere zum Marxismus und innerhalb dessen Horizont u. a. zum »Prinzip

Hoffnung« Ernst Blochs. »Die Propheten grübeln nicht gegen den Tod«, sagt Cohen, »aber sie agitieren gegen die Armut ... die Armut ist das wahrhafte Rätsel des Menschenlebens, weil seine Lösung Wahrhaftigkeit fordert, nicht der Tod.« So problematisch uns solche Sätze zumal in der heutigen sozialen Welt anmuten, ihre formale, den wechselnden Sozialordnungen angepaßte Geltung brächte eine heilsame Ernüchterung des spekulativen Triebes mit sich, die ohne Frage den Geist auf großartige Weise vereinheitlicht und den Charakter stählt. Der Mensch wird von Cohen und damit vom Geist des Judentums religiös wieder mit besonderer Leidenschaft auf die Erde, in die Konkretion der sittlichen Aufgabe gestellt und der Metaphysik, dem Reich griechischer Gnosis entfremdet, die im Christentum überall dort ein wesentliches Gefahrenmoment bildet, wo christlicher Glaube bewußt oder unbewußt in christliche Gnosis übergeht. Die unveräußerlichen Ideen religiöser Gnosis, also »das ewige Leben«, die »Herrschaft des Gottesreiches«, die »Auferstehung der Toten« werden in späteren Partien des Werkes von Cohen dann aber doch wieder aufgegriffen und im Verhältnis zu den christlichen Verheißungen dieser Art nur um weniges verkürzt.

Bei einer solchen Summa religiöser Motive und Probleme, wie sie in diesem Werk zusammengetragen wurde, läßt sich nur sporadisch dem jeweiligen Betrachter wichtig Gewordenes herausgreifen. Ein ungenannter Theologe protestantischer Herkunft soll über das Nachlaßwerk Cohens gesagt haben: »Jeder sollte dies Buch lesen, ja verschlingen; etwas Schöneres und Tieferes ist noch nie über Demut und Treue gesagt worden.« (Frau Cohen hat das Urteil in ihrem Vorwort zitiert.) Mit dem »Verschlingen« eines solchen Kolosses dürfte es seine Not haben, beherzigenswert ist jedoch der besondere Hinweis auf die religiöse Tugendlehre als einen Höhepunkt zum Abschluß des Werkes. Hier läßt der Autor seine Religion der Vernunft »praktisch« werden. Hier hat er einen Katalog heiligender Eigenschaften aufgestellt, der von der

Wahrhaftigkeit über die Gerechtigkeit zur Tapferkeit, Demut, Treue und schließlich zum Frieden reicht. Diese großen moralischen Werte bespricht und beschwört Cohen so packend, daß sich indirekt in der persönlichen Anteilnahme noch einmal die Größe seines Charakters, die persönliche Annäherung an den Gott seines Glaubens, den Einzigen und Lebendigen, wie in einem Daseinstestament ausspricht. Man glaubt ihm, was er hier postuliert: »Israeliten sind Königskinder... der Jude ist kein Mann der Trauer... Jüdisches Bewußtsein fürchtet den Tod nicht.« Und zuletzt, mit den Worten des Psalms: »Wie gut ist unser Teil, wie lieblich unser Los, wie schön unsere Erbschaft.« Im weiteren Zusammenhang fällt dann auch das aus solchem Munde besonders anrührende Wort, daß in Christi Passion Israels Geschichte dargestellt sei. Cohen hat diese Bekenntnisse zu einer Zeit abgelegt, als die Stunde des Feindes und der Finsternis noch nicht gekommen war. Gleichwohl sind sie mit einer inneren Bürgschaft gesprochen und formuliert, als ob es mitten darin geschehen sei.

Man kann als ziemlich gewiß voraussetzen, daß dieses Nachlaßwerk, dem hier mit Bedacht eine besondere Bedeutsamkeit für das Denken unseres, des 20. Jahrhunderts zugeschrieben wird, kaum sehr viel Beachtung im Umkreis lediglich philosophischer Interessenten, denen der Neukantianer Cohen vielleicht noch ein Begriff ist, finden wird. Was zu wünschen wäre, ist aber auch gar nicht, daß das Werk den Namen Cohens in die philosophische Diskussion der Zeit zurückbringt, als vielmehr, daß sich seiner nunmehr die Theologie und das allgemeine religiöse Interesse annähmen, damit diese gewaltige Denkarbeit nicht doch nur in einem geistigen Getto des Judentums eingeschlossen bleibt. Auch wenn das Werk ausdrücklich von »Religion aus den Quellen des Judentums« handelt, wird man nie vergessen dürfen, daß alle unsere Religion, die diesen Namen wirklich verdient, nur aus solchen und gar keinen anderen Quellen stammt.

Exkurs über Simone Weil

Am 23. August 1953 hat sich der Todestag Simone Weils zum zehnten Male gejährt. Man kann auch bei uns, seitdem eine deutsche Gesamtausgabe ihrer Werke im Kösel-Verlag München herausgekommen ist, eine zunehmende Kenntnis und Vertrautheit mit dem Namen, den Gedanken und auch mit den wichtigsten Lebensdaten dieser französischen Denkerin und Schriftstellerin feststellen. Simone Weils Nachlaß war die bedeutsamste Nachkriegsüberraschung der französischen Literatur. »Hier ist mehr als Sartre, Camus, vielleicht auch mehr als Bernanos, Gide, Claudel, Valéry«, könnte man ein biblisches Wort auf ihren Fall abwandeln. Hier ist eine säkulare Begabung und ein großes, weithin leuchtendes Schicksal. Die französische Kritik, insbesondere die des katholischen Frankreichs scheint inzwischen freilich die Formeln gefunden zu haben, das Ereignis wieder abzuschwächen; sein Ärgernis zu entschärfen und die alten Denkbahnen freizubekommen. Eben das ist aber ein Grund, das Gespräch über die Ideen Simone Weils in einem andern Geistes- und Sprachbereich aufzunehmen und zunächst einmal die Impulse, die von dieser Frau ausgegangen sind, an alle, die sie bisher noch nicht erreichten, heranzubringen.

Der Hauptstrom der französischen Literatur hat ja, ähnlich wie die Flußsysteme unseres Nachbarlandes, allezeit eine uns abgewendete Richtung genommen. Immer wieder gab es jedoch einige Ausnahmefälle französischer Denker oder Dichter, denen es gelang, auch in deutschem Boden und Klima dauerhafte Wurzeln zu schlagen. Diese kleine Reihe, die von Pascal und Montaigne über Moliere zu Stendhal, Flaubert, Baudelaire reicht, scheint heute durch keinen andern französischen Schriftsteller eher als durch Simone Weil fortgesetzt zu werden. Wenn nicht vieles täuscht, darf man den Werken dieser Denkerin auch bei uns eine große Zukunft voraussagen. Genie, menschliche oder geistige Größe allein erklären die Verpflanzbarkeit eines Schriftstellers noch nicht. Man hat damit nur die unentbehrlichen, nicht die hinreichenden Voraussetzungen dieses immer recht geheimnisvollen Prozesses angegeben. Tiefere und dunklere Wesensverwandtschaften müssen hinzukommen, die sich kaum auf einen allgemeinen Nenner bringen lassen.

In Simone Weil, der Tochter eines jüdischen Pariser Arztes, steckt vieles, was sie uns über alle geistigen, völkischen und politischen Grenzen hinweg, aber auch gegen jede bewußte Absicht ihres eigenen Dichtens und Trachtens auf mannigfache Weise nahebringt. Wir können es noch genauer ausdrücken, daß die »albigensische Häretikerin« Simone Weil dem Denken Martin Luthers, überhaupt dem deutschen Protestantismus in manchen tiefliegenden Zügen überraschend verwandt ist. Solche Verwandtschaft drängt sich zwar zunächst keineswegs auf. Simone Weil ist ein ganz anderer literarischer Typ als alle alten und neuen Reformatoren. Sie hatte überdies ein kaum mit einer andern Gestalt der Geistesgeschichte oder Literatur vergleichbares Schicksal. Vielleicht ist es bisher noch niemals vorgekommen, daß ein philosophisch-dialektisches Ingenium ersten Ranges, wie es ihr eigen war, in weiblicher Gestalt aufgetreten ist. Simone Weil gehört in die Linie Pascals, Kierkegaards, Nietzsches, jener scharf pointierenden, unsystematischen Denker, die in ihrem philosophischen Denken zugleich ein tragisches Schicksal ausleben und sich ständig zur Bürgschaft entsprechender Haltungen oder Aktionen aufgerufen fühlen. Hinzu kommt bei ihr ein tiefer mystischer Impuls, der auf unser bestes Stück Mittelalter, die hochsinnigen Spekulationen des Meisters Ekkart, hinweist. So wie dieser Mystiker stand Simone Weil in ihrer letzten Lebenszeit in einer scharfen, wenn auch gedanklich sehr fruchtbaren Spannung zur katholischen Kirche, die sich nach vorübergehender Annäherung an die Kirche in den Spätphasen ihres Denkens zu einer entschiedenen Abkehr von jedem religiösen Kollektiv und auch von bestimmten Grundzügen des traditionellen christlichen Denkens steigerte. Sie hat auch darin, ohne es zu wissen oder zu wollen, manche protestantischen Prinzipien im Rahmen des französischen Gegenwartsdenkens zur Geltung gebracht und für sie einen ungewöhnlich tiefsinnigen und »modernen« Ausdruck gefunden.

Alle diese Fragen werden uns künftig noch viel beschäftigen, wenn jener Zeitpunkt erst eingetreten ist, der im Falle Kierkegaard rund fünfzig Jahre dauerte, daß Simone Weil in ihrer ganzen Bedeutung entdeckt ist, wozu ja allemal auch ein glücklicher geschichtlicher Augenblick gehört. So kann man zunächst nur die Aufmerksamkeit möglichst vieler wacher Beobachter auf den hier vorliegenden »interessanten Fall« zu lenken suchen. Der Erfolg der ersten beiden deutschen Bände der Gesamtausgabe Simone Weils überwältigte zwar noch nicht durch hohe Auflagenziffern, wie sie Sartre, Gide, auch Bernanos bei uns erreicht haben, es läßt sich aber ein wachsendes Interesse für ihre Schriften erkennen. Im Zusammenhang von Besprechungen und Prospekten ihrer Bücher ist auch das Wichtigste aus ihrem Leben bei uns bekannt geworden und hat eine die Schriften ergänzende Wirkung getan. Simone Weil ist ja nicht nur ein literarisches Ereignis, sondern ein menschlich-sittliches Beispiel. Sie hat in dieser Doppelbedeutung ein wenig Ähnlichkeit mit solchen ihr sonst in keiner Weise verwandten Geistern wie Tolstoi, Gandhi, Albert Schweitzer oder dem Japaner Kagawa. All ihr Pathos zielt auf eine Entsprechung von Sein und Denken wie bei jenen Männern, nur daß im Falle Simone Weils keine Ausstrahlungen ins praktische oder politische Leben, sondern statt dessen eine persönliche Glorie, eine zugleich heroische und auch ein wenig donquichottische Selbstkreuzigung dabei herauskamen. Es ist ihr in ihrem kurzen, stürmischen Leben nur gelungen, ein Zeichen und Beispiel aufzurichten, aber nichts in der Wirklichkeit selbst zu verändern. Wenn das Kind im Ersten Weltkrieg sich die Zuckerstücke abspart, um sie den Soldaten an die Front zu schicken; wenn die junge Lehrerin anonym in die Renault-Werke eintritt, um das Los der ärmsten Pariser Arbeiterinnen zu teilen; wenn sie etwas später im Spanischen Bürgerkrieg sich als Helferin ohne Waffe an die katalanische Front meldet und verunglückt, ohne viel habe helfen zu können; ja, wenn sie schließlich im Zweiten Weltkrieg zugrunde geht, weil sie trotz ihres von Tuberkulose geschwächten Körperzustandes nicht mehr als die damalige französische Normalverbraucherration an Lebensmitteln zu sich nehmen will, so sind dies ergreifende Symbole ihres adeligen Charakters, aber keine unmittelbar wirkenden Aktionen. Es kommt bei diesen und ähnlichen Opferhandlungen, wenn man aufs Äußere sieht, »nichts heraus«. Andererseits waren solche Taten und Gesinnungen jedoch notwendige Supplemente ihres Denkens, das ohne diese nicht zu seiner vollen Kraft und Intensität gekommen wäre und auch nicht voll verstanden werden kann. Was sie tat, mit sich selbst experimentierte und litt, gehört ebenso zu ihr wie das, was sie gedacht und zu scharfen, oft paradoxen Formulierungen gebracht hat.

Simone Weil hat uns nicht vielerlei, sondern viel, nicht irgendwelche Erkenntnisse von dem oder jenem Weltgegenstand, sondern ein paar Grundorientierungen mitzuteilen, wie man sie in solcher Deutlichkeit und Schlüssigkeit heute kaum wieder zu hören bekommt. Der Dominikanerpater Perrin, ihr umsichtiger Freund und Gesprächspartner, der sie gegen manche massiven Angriffe gerade von christlicher Seite in Frankreich immer wieder verteidigt, hat in seiner auch deutsch erschienenen Studie »Simone Weil, wie wir sie kannten« auf die für uns wichtigsten Erkenntnisse Simone Weils hingewiesen. Er hat an erster Stelle mit Recht die »Aufmerksamkeit« genannt, Simone Weils liebste ethische Kategorie, ein wahrer Schlüsselbegriff ihres Denkens, der dessen mystische ebenso wie philosophische Seite angeht. Aufmerksamkeit, wie sie sie versteht, zielt dahin, uns von der eigentlich »teuflischen« Versuchung unseres Geistes, der unablässig in uns wogenden Zerstreutheit und Einbildungskraft, fortzuziehen. Aufmerksamkeit ist der konzentrierende Akt in uns, er sammelt uns auf unsern innersten Ichpunkt. Aufmerksamkeit zielt auf das mystische Fünklein, die dimensionslose ewige Gegenwart unseres Selbst und legt das Einfallstor für Gott in uns frei. Der zweite Band ihrer Werke »Das Unglück und die Gottesliebe« macht in einem längeren Aufsatz, den manche als ihr Meisterwerk bezeichnen, diese Funktion der

Aufmerksamkeit nach der geistigen, sittlichen und religiösen Seite hin deutlich. Auf solcher Grundlage baut sie ein Gerüst weniger Grundbegriffe auf, mit denen sie die Welt ordnet. Simone Weil faßt die Existenz so illusionslos auf, wie sie ist, nicht wie wir sie uns vorstellen oder gern haben möchten. Daher kommt sie sehr rasch auf das »Unglück« als wichtigsten Befund unseres Daseins, indem sie für Leid, Schmerz, Sinnlosigkeit absichtlich diesen neutralsten Begriff wählt. Wenn unser Denken und Trachten von Natur aus dahin zielt, »Unglück« abzuwenden oder umzudeuten, sei es durch praktische Maßnahmen, sei es in idealistischer Überhöhung, sei es in religiösem Illusionismus, so spricht Simone Weil das Unglück gleichsam heilig, indem sie in ihm die einzige Möglichkeit ausfindig macht, der Dunkelheit unseres Daseins ein transzendentes Licht abzugewinnen, ganz ähnlich, wie Luther es ausdrückte, daß wir den Abgrund selber als den liebenden Vater ansprechen, im *Deus absconditus* den Vater Jesu Christi anerkennen sollen. Der Gottverlassenheitsausruf Jesu am Kreuz ist daher für Simone Weil »das Zeichen für die wahre Göttlichkeit des Christentums«. Gott selbst dokumentiert am Kreuz seine Identität mit dem menschlichen Schicksal, mit dem »Unglück«.

Von diesem mystischen Mittelpunkt her überprüft Simone Weil nun in einer immer wieder erneuerten Anspannung, bei der sie wechselweise Kopf und Charakter, Dialektik und Martyrium einsetzt, unsere geistige, soziale und politische Situation. Sie läßt sich von keinem Nihilisten und Atheisten an Radikalität in der Wirklichkeitssicht überbieten. Sie wertet deren Position jedoch, ohne sich unmittelbar auf sie einzulassen, total um durch ihre vollendete Leidensbereitschaft, durch die Tendenz, sich alleweil in die »schreckliche Hand Gottes« hineinfallen zu lassen. So erweist sie, daß der Hauptunterschied von Glaube und Unglaube nicht in irgendwelchen Meinungen über Gott, in Vordergrundserlebnissen der Religion oder der Verzweiflung, nicht in Bewußtseinszuständen besteht, sondern darin, ob man den Namen Gottes überhaupt noch kennt, oder ihn nicht mehr kennt, nicht mehr nennt und bei der Welt allein stehenbleibt. Deshalb werden »Seelen getötet, wenn sie ins Unglück gestürzt werden, ohne auf Gott vorbereitet zu sein«, vorbereitet nämlich durch jene »implizite Gottesliebe«, die Simone Weil in der Liebe zum Nächsten, der Liebe zur Schönheit der Welt und der Liebe zu den religiösen Gebräuchen am Werke sieht. Das schwierige, im Grunde gegensätzliche Verhältnis von Glaube zu Religion, das die moderne protestantische Theologie, aber auch überkonfessionelle Geister wie Ernst Michel, Franz Rosenzweig, Eugen Rosenstock, Martin Buber, Friedrich Gogarten so stark beschäftigt, hat im Denken Simone Weils vielleicht seine schärfste Durchleuchtung gefunden.

Das alles sind schwierige, von Paradoxien gepflasterte Gedankengänge, die man sich nur am Werk selbst zu eigen machen kann. Nur sehr selten hat Simone Weil sich mehr stoffbestimmten oder in fragwürdigerem Sinn spekulativen Themen zugewandt, wie beispielsweise in ihrem Aufsatz über die Ilias oder in dem Essay über »Die drei Söhne Noahs und die Geschichte der Mittelmeerkultur«. Solche Essays sind mit ihrer Ideenfülle für Simone Weils Denken ungewöhnlich. Der strenge, karge Zug dieses Denkens, seine bewußte »Farblosigkeit« kommen in den »blühenden« Spekulationen jener Aufsätze nicht heraus, ob beide schon sehr für die Schönheit ihrer Sprache, den Reichtum ihrer sonst nur zu gern verleugneten Phantasie sprechen. In einigen Nebenzügen ist besonders die Studie über die drei Söhne Noahs aber doch wieder sehr kennzeichnend vor allem für Simone Weils »Vorurteil« gegen sich selbst und die eigene Herkunft. Wenn sie sich in dieser Studie so scharf gegen die Einbeziehung des Alten Testaments in den christlichen Kanon, überhaupt gegen eine Auserwähltheit des jüdischen Volkes wendet und die Vorbereitung der christlichen Heilsgeschichte überall in der Mittelmeerwelt, nur nicht bei Israel am Werke sieht, so steckt auch hierhinter eine verborgene Selbstkreuzigung und überdies eine tragische Ironie gerade zu einer Zeit, da Israel unter der schwersten Heimsuchung seiner neueren Geschichte stand. Simone Weil muß, wie man aus solchen Selbstwidersprüchen erkennt, mit sehr viel »Witz« und »Aufmerksamkeit« gelesen und verstanden werden. Ihr Extremismus und ihre Paradoxien fordern ein eigenes produktives Verstehen, wenn ihre Gedanken sich nicht als gefährlich und verwirrend erweisen sollen. Das braucht nicht dahin zu führen, daß man ihnen alle Schärfe, alles Provokatorische nimmt und den Fall so rasch wie möglich neutralisiert, indem man ihn als eine Wiederverkörperung marcionitischer, albigensischer oder auch reformatorisch-protestantischer Häresie klassifiziert. Ein Genie dieser seltenen Art ist immer noch mehr, immer noch etwas anderes als die Summe seiner Wahrheiten und Irrtümer. Es bleibt eine ordnende und erhellende Kraft, die auch dann fortwirkt, wenn man ihm alle seine Widersprüche und Irrtümer aufgewiesen hat. Der Pater Perrin hat von Simone Weil gesagt, daß ihre Seele von unvergleichlich höherer Art als ihr Genie gewesen sei. Das wird sicherlich zutreffen. Dennoch wird der Leser bei Simone Weil zuerst allemal durch das Phänomen des Genialen überrascht, vielleicht überwältigt werden. Man fühlt am Beispiel ihrer Schriften wieder einmal deutlich, was es mit dieser Erscheinung auf sich hat. Andererseits bewahrt uns Simone Weils Leben aber davor, jenen Geisteswert zu vergötzen, in ihm etwas Absolutes zu sehen. Simone Weil hat selbst nicht »groß« von sich gedacht, weil sie überhaupt nicht von sich und an sich gedacht hat: »Es ist nicht meine Angelegenheit, an mich zu denken. Meine Angelegenheit ist es, an Gott zu denken. Es ist Gottes Sache, an mich zu denken.« Auch dieses schwierige Zeitproblem, die Spannung zwischen Persönlichkeitsideal und Glaube, der Gegensatz von Genie und Gott, hat in ihr eine überlegene Lösung gefunden, welche die Wahrheitsmomente nach beiden Richtungen ausschöpft.

Franz Rosenzweigs »Stern der Erlösung«

Wer obenhin fragt, was denn die Aufgabe der Philosophie sei, erhält in der Regel die Antwort: sie gebe uns über das Wesen der Dinge und den Sinn unseres Lebens Auskunft. Diese plausible Bestimmung setzt aber voraus, daß es ein solches Wesen aller Dinge, eine begrifflich faßbare Einheit des Wirklichen überhaupt gibt. Philosophisches Denken ist somit immer ein abstraktes Einheitsdenken, was es im einzelnen auch aussagen möge. Dem widerspricht indessen die Wirklichkeit selbst. Sie hat uns in langen und teilweise sehr bitteren Erfahrungen gelehrt, daß sich in solchen philosophischen Einheitsbegriffen lediglich die innere Einheit des Denkens selbst widerspiegelt, daß aber darüber hinaus alles Denken nur ein Bestandteil einer »meta-logischen« Wirklichkeit ist. Macht man sich diese fundamentale Umorientierung zu eigen, der man durch die geschichtliche Entwicklung des Philosophierens kaum ausweichen kann, so hat dies einige ernste Folgen für die Stellung der Philosophie im Ganzen unseres Daseins.

Philosophie war schon einmal, rund tausend Jahre lang, eine »Magd«. Sie scheint auf bestem Wege, wieder in eine dienende Rolle zurückzukehren. Diese kann ihr aber vielleicht zu besser gesicherten Ehren verhelfen als jede zuletzt doch erfolglose Empörung gegen die Grundverhältnisse des Daseins. Sogar die Philosophen selbst sagen öfter, daß die Zeit der »philosophischen Systeme« und der »großen« Philosophien vorüber sei. Etwas Ähnliches spürt man im geistigen Klima der Zeit. Philosophie ist nicht mehr ein Interessengebiet erster Ordnung, eine Faszination für die Besten einer Zeit. Man lernt und betreibt sie zwar intensiv weiter. Man investiert aber keinen äußersten Ehrgeiz mehr in sie. Und man setzt vor allem keine letzten Hoffnungen mehr auf ihre Ergebnisse. Die »wirkliche Welt«, das »geheimnisvolle Selbst«, der »lebendige Gott« sind uns wichtiger geworden als Philosophie und damit an deren Stelle die Naturwissenschaften, die Tiefenpsychologie und die Theologie.

Immerhin bleibt es eine Aufgabe philosophischer Besinnung, sich diesen »Abschied von der bisherigen Philosophie« (um einen Ausdruck Alfred Webers zu variieren) in seinen Gründen und Folgen durchsichtig zu machen. Oswald Spengler hatte seinerzeit mit Emphase seine Kulturmorphologie als »letzte faustische Philosophie« deklariert. Es war aber etwas zu wenig Philosophie darin, als daß diesem Anspruch nicht widersprochen werden mußte. Spengler hatte einen stilleren, wenig zu Ruhm und Nimbus gekommenen Zeitgenossen, dessen Hauptwerk vielleicht mit mehr Berechtigung eine abendländische Abschiedsphilosophie genannt werden kann, wenn man damit weder ein Deklassieren anderer Philosophen noch gar das Abwürgen junger philosophischer Triebe, sondern lediglich den gelungenen Ausdruck für den Übergang der Philosophie von ihrer alten autonomen in eine neue gebundene Rolle verbinden will. Wir meinen *Franz Rosenzweigs* im Jahre 1921 zuerst erschienenes, bis heute kaum zureichend verarbeitetes Hauptwerk *»Der Stern der Erlösung«*. Franz Rosenzweig, der am 10. Dezember 1929 in seinem 43. Lebensjahre an amyotrophischer Lateralsklerose eines elenden Todes starb, muß bei aller seiner Einzelbedeutung als Exponent einer Gruppe verstanden werden. So hat er zusammen mit Martin Buber die seit Luther sicherlich bedeutendste Übersetzung des Alten Testaments ins Deutsche geschaffen. Als jüngerer Mann und besonders während seiner Soldatenzeit im ersten Weltkrieg stand er in engstem brieflichem Kontakt mit dem genialischen Soziologen, Historiker und Philosophen Eugen Rosenstock-Huessy, der ihn mit einer auch für den heutigen Leser noch faszinierend geistreichen Argumentation zum Christen »bekehren« wollte. Rosenstock erreichte bei seinem Freunde aber nur, daß dieser sich aus einer liberalen Jugendwelt und den Einflüssen des Hegelschen Idealismus herausarbeitete, um einen sehr eigenen Weg zurück zu einem hochbewußten, nichtsdestoweniger orthodox strengen Glaubensjudentum zu finden.

Es müssen aber auch noch Hans Ehrenberg, Viktor von Weizsäcker, Ernst Michel, Josef Wittig, Florenz Christian

Rang und einige andere Männer genannt werden, wenn man die mit Franz Rosenzweig in kameradschaftlichen, teilweise freundschaftlichen Beziehungen des Denkens und des Lebens stehende Forschergruppe vollzählig umreißen will. Ein amerikanischer Publizist hat gesagt, daß ihr die übrige Welt auf den Gebieten der Soziologie, Philosophie, Theologie und Anthropologie zur Zeit nichts Vergleichbares an die Seite zu stellen hat. Rosenzweig selbst war gewiß nicht der wirkungsreichste, aber wohl der stärkste und genialste Kopf dieses lockeren Kreises. Er hat nur ein einziges größeres Werk (eben den genannten »Stern der Erlösung«) hinterlassen, das er selbst gelegentlich als »System der Philosophie« bezeichnete, das aber besser als eine Synthese von »System« und »Summa«, von philosophischer und theologischer Systematik zu charakterisieren wäre.

Wir sagten eingangs, daß die Philosophie heute halb willig, halb zwangsläufig von ihrer alten Herrschaftsstellung zur Rolle einer ancilla zurückstrebe. Hegels System war das letzte, das einen solchen Titel verdiente; in Schopenhauer und Nietzsche erhielt sich lediglich noch der persönlich »eigensinnig« festgehaltene Anspruch. Kierkegaard war bereits beides, Philosoph und Theologe, »um vom Aphorismus frei zu werden, müssen Theologen philosophieren. Umgekehrt verlangt die Ehrlichkeit des Theologen nach der Philosophie«, sagt Rosenzweig und bringt in seinem Werk diese Verschmelzungstendenz, unter Wahrung aller philosophiebedingten Spezialerfahrungen des Denkens, mit methodischer Strenge zu einem Ausdruck, wie er an Glanz und Gehalt seither wohl noch nicht wieder erreicht, geschweige denn übertroffen wurde.

Rosenzweig war noch ein Dialektiker großen Stils, neben dem, daß er ein bedeutender Schriftsteller und einer der geistreichsten und klügsten Männer seiner Generation gewesen ist; vielleicht die am meisten kierkegaardsche Natur, die seit Kierkegaard selbst bei uns geboren wurde. Er hat nicht improvisiert, sondern wirklich gebaut im Bewußtsein dessen, daß auch die gedanklichen, nicht nur die steinernen Architekturen vom »Sakralbau« her erneuert werden, daß also »systematische Theologie« aufgeboten werden muß, um so etwas wie Systemphilosophie wiederherzustellen. Das bedeutet natürlich, daß man bewußt mit Voraussetzungen philosophiert oder, anders herum ausgedrückt, daß man den verführerischen Schein der Voraussetzungslosigkeit bei der »reinen« Philosophie in seinem wahnhaften Charakter durchschaut und überwunden hat.

So setzt Rosenzweig gleich im ersten Kapitel seines triptychonartigen Werkes gegen das Einheitsdenken der tradierten Philosophie eine Dreiheit von Urelementen, die nicht mehr begrifflich aufeinander oder eine Grundidee zurückgeführt werden können: Gott, Welt und Mensch. Und er bezeichnet sie als die »immerwährende Vorwelt«. Diese »großen Drei« sind also etwas qualitativ anderes als alles, was die Philosophen »die« Welt, das All, die Gesamtheit oder Alleinheit nennen und unter ihre letzten Kategorien zu bringen suchen. Sie stehen nebeneinander. Sie sind durch keine Begriffsbrücken verbunden. Sie werden auch durch keine Oberbegriffe zusammengehalten, insbesondere nicht durch den des Seins. Ihre Beziehung »ereignet« sich nur in einem Prozeß, auf den die theologischen Grundbegriffe Schöpfung, Offenbarung und Erlösung angewendet werden müssen.

Der Anfang dieser Philosophie liegt also nicht im Sein oder im Nichts oder in beider Verschmelzung, dem Begriff des Anfangs selbst (wie in der Hegelschen »Logik«), sondern in der konkreten Wirklichkeit Gottes, die zugleich das philosophische Erz-Pathos des Wissens und Wissenwollens im Hegelschen Doppelsinne aufhebt. »Von Gott wissen wir nichts, aber dieses Nichtwissen ist Nichtwissen von *Gott*«, sagt Rosenzweig mit einer nur scheinbaren, in Wirklichkeit die neue Grundumstellung genau bezeichnenden Paradoxie.

Aber auch das zweite Element, die »Welt« kann nicht im Sinne eines transzendentalen Idealismus weiter aufgelöst und in eine Subjekt-Objektrelation verwandelt werden. Auch hier versagt die logische Bemächtigungskraft des Denkens vor einem übergroßen Gegenstand. Und sie versagt schließlich auch vor dem dritten Element jener »immerwährenden Vorwelt«, dem Menschen; und zwar nicht vor seiner empirischen Persönlichkeit, vor Leib, Seele und Geist, sondern nur vor dem unreduzierbaren Urphänomen des »Selbst«, wie Rosenzweig es bezeichnet. Dieses Selbst ist kein »Teil der Welt«. Es ist eine Schöpfung sui generis wie die Welt außer ihm eine ist. Es läßt sich auch nicht in die Welt auflösen. Es kann keinen »sächlichen« Tod sterben, sondern zeigt gerade in der Angst und dem Grauen des Menschen vor dem Tode, daß es in zweierlei »Welten« beheimatet ist, von denen die zweite eben nicht mehr die von uns meistens so benannte, von der Philosophie zum All ausgedehnte »Welt« ist.

Solche Gedankengänge und Fundamentalbesinnungen sind es, die das Rosenzweigsche Werk aktuell und bedeutsam für die gegenwärtige Denklage erscheinen lassen. Wer das Abenteuer des Denkens unternimmt, hat nach Rosenzweig von dieser Trias Gott, Welt, Mensch statt von einem autonomen philosophischen Prinzip seinen Ausgangspunkt zu nehmen. Und er tut gut, sich im Verlaufe des Abenteuers von ihr nicht abtreiben zu lassen, so schwierig dies auch gegen den in uns allen Fleisch und Blut gewordenen Druck einer mehrhundertjährigen Gewöhnung des philosophischen Denkens sein mag. Es gibt keine echten Oberbegriffe, sondern nur Chimären jenseits dieser Dreiheit. Das *Dasein* rangiert vor dem *Sein*, wie Rosenzweig es mit einer antihegelschen und antiplatonischen Spitze ausdrückt. Die für uns in jedem Falle letzte und unübersteigbare Wirklichkeit ist »trinitarisch«, nicht im Sinne des christlichen Gottesbegriffs, sondern in ihrem Elementarbestand. Gott, Welt und Mensch sind aller unserer Physik, Logik und Ethik vorgegebene meta-physische, meta-logische und meta-ethische Wirklichkeiten.

Die Methode, mit der Rosenzweig in seinem Werk eine solche dreigestufte Grundlagenbesinnung des Denkens durchführt, hat im ersten, metaphysischen, also auf »Gott« bezogenen Teile eine mathematische Struktur. Im zweiten metalogischen, also auf »Welt« bezogenen Teil wandelt sich die

Methode ins Grammatische, um im dritten, metaethischen, also auf den »Menschen« und das »Selbst« bezogenen Abschnitt liturgischen Charakter anzunehmen. Das alles ist sehr schwierig, kann auch auf den ersten Blick wunderlich erscheinen, erhellt und erhärtet sich aber aus dem Zusammenhange des Ganzen, ähnlich wie sich die Hegelsche Dialektik nur vom Ganzen her verstehen läßt.

Den Boden der Philosophie haben wir hier nur scheinbar mit dem einer biblischen Exegese vertauscht. Grammatik wird bei Rosenzweig, der darin eine Karl Kraus ähnliche Tendenz verfolgt, zur »Urgrammatik«, zu einem Werkzeug tiefgreifender philosophischer Absichten und Ziele. Mit einem heutigen, seinerzeit bei Ausarbeitung des Werkes noch nicht gebräuchlich gewesenen Ausdruck könnte man diese Philosophie als religiösen Existentialismus bezeichnen. Rosenzweig geht mit Kierkegaard vom einzelnen aus und noch spezieller vom innersten Kern des Einzelseins, vom Tode. Hier, schon im Anfang scheiden sich für ihn die Wege der idealistischen Philosophie aller Varianten, die den Tod zum Nichts machen wollen, und einer Schöpfungs-Offenbarungs- und Erlösungsphilosophie, deren sternförmigen Grundriß er in seinem Werk entwirft und mit dem stofflichen Reichtum großer philosophischer Systematik zu einem Tempelgebäude aufführt. Man muß für Rosenzweigs System das Bild des Tempels gebrauchen, so wie man für die mittelalterlichen Summen das des Domes benutzte. Das Werk heißt mit Bedacht »Stern der Erlösung«; der sechsstrahlige »Davidsstern«, wie er sich aus den beiden Trinitäten: Gott, Welt, Mensch einerseits – Schöpfung, Offenbarung, Erlösung andererseits in seiner Symbolik versteht. Es handelt sich bei ihm im »Allerheiligsten« natürlich um eine »jüdische« Offenbarungs- und Erlösungsphilosophie, die jedoch mit der christlichen Dogmatik einen langen Hauptweg bis zu den letzten Differenzen des jeweiligen Sanctissimum zusammengeht. Während dieses Weges wird von Rosenzweig bei der Auseinandersetzung mit dem Altertum, seinem »mythischen Gott«, seiner »plastischen Welt« und seinem »tragischen Menschen«, später bei der mit den Geisteswelten des Ostens und besonders des Islam, der zwar »Offenbarung«, aber nicht »Weissagung« habe, eine auch für die christliche Philosophie und Theologie ungemein wertvolle Arbeit der Glaubensverteidigung geleistet. Rosenzweig hat ja selbst lange geschwankt, ob sein Weg unter dem Einfluß seines Freundes Rosenstock zum Christentum oder zum Judentum führen müsse. Aus diesem Schwanken ist dann eine Interpretation des christlich-jüdischen Glaubensverhältnisses erwachsen, wie sie so tiefsinnig und perspektivenreich in der bisherigen Literatur von beiden Seiten wohl noch niemals erarbeitet wurde, freilich auch erst in der gegenwärtigen »ökumenischen« Weltlage möglich werden konnte.

Es kann gewiß nicht erwartet werden, daß der in einem gewaltigen Gedanken- und Glaubensringen vom liberalen wiederum zum orthodoxen Juden gewordene Rosenzweig die letzten Glaubensweihen des Christentums, insbesondere die christliche Herrenbeziehung, »versteht« und mitvollzieht. Andererseits ist gerade durch sein unablässiges, in bisher nicht erreichte, ja vielleicht nicht einmal gesichtete Tiefen geführtes christlich-jüdisches Religionsgespräch eine dritte Möglichkeit des wechselseitigen Verhältnisses neben den beiden bisherigen eröffnet worden: diejenige nämlich, daß die letzte Glaubenswahrheit sich nicht zu »relativieren« braucht, wenn sie sich existentiell »gliedert«. Ein solches Wahrheitsverständnis liegt besonders dem katholischen Denken insofern relativ nahe, als es auf der Umkehrung unseres üblichen modernen Wahrheitsbegriffes basiert. »Die Wahrheit bewährt nicht die Wirklichkeit, sondern die Wirklichkeit bewahrt die Wahrheit«, sagt Rosenzweig; oder anders ausgedrückt, wir finden uns in der Wahrheit und nehmen als Glieder teil an ihr, nicht aber findet sich die Wahrheit in uns, wie es das unbegriffene Axiom einer autonomen Philosophie ist. Von einem solchen Wahrheits- und Wirklichkeitsbegriff her versteht Rosenzweig dann den Alten Bund als den in der fleischlichen Nachfolge Abrahams mit der Beschneidung besiegelten Konnex des jüdischen Volkes, der durch alle Zeiten reicht. Das »Wort« bedeutet für den Juden sozusagen nur die »gemeinsame Fahne«, während es für den Christen, wie Rosenzweig meint, erst die Gemeinschaft stiftet. Im Christentum sei die Erlösung stärker in Offenbarung und Schöpfung zurückgeschlagen als im Judentum, da Christus schon die Erlösung *ist,* nicht wir. »Geschaffen wird der Mensch ohne seinen Willen, offenbaren tut sich Gott ohne sein Verdienst, aber erlösen will er ihn nicht ohne ihn.« So faßt Rosenzweig mit einem letzten Symbol die Wirklichkeit des Juden als »das Feuer oder das ewige Leben« auf, während er die des Christen, den er nur als christianisierten Heiden verstehen kann, unter die Chiffre der »Strahlen oder des ewigen Weges« fassen möchte. Der Christ wird als einzelner zum Glauben gerufen, er wird bekehrt, während der Jude in die Blutskontinuität des Gottesvolkes hineingeboren wird. Rosenzweig ist sich bei alledem bewußt, daß er mit diesen Charakteristiken einem Perspektivismus, wenn auch keineswegs einer Relativierung der alleinen Glaubenswahrheit Tribut zahlen muß. Es wäre auf diese Kennzeichnungen viel zu entgegnen, wenn man dazu auch etwas früher aufstehen müßte, als die traditionelle christliche Glaubensapologetik es mit ihren allzu schematischen Kategorien über das Verhältnis von Synagoge und Kirche meistens noch tut.

Fragen dieser Art sind jedoch nur ein kleiner, freilich sehr innerer, herznaher Teil des mächtigen, summenartigen Gedankenbaus dieser jüdischen Offenbarungs- und Existenzphilosophie, die heute noch so wie ein unerschlossenes Uranbergwerk vor uns liegt. Es gibt unter vielem andern auch glänzende Exegesen in den Nischen dieses Tempels, Exegesen der Kernpassagen des Alten Testamentes, wie Genesis 1, Hoheslied, 115. Psalm. Man erhält erstaunliche Einblicke in die Gottesdienstordnungen und das Jahr der Synagoge, wie sie sonst einem Christen kaum irgendwo so tiefsinnig und doch weltnah geboten werden. Rosenzweig war ein großer Dialektiker und Exeget, er war aber auch ein Mystiker hohen Ranges, der – obwohl dem Einsamkeitsweg der Mystik im tiefsten abhold – an vielen Stellen die stärksten Anklänge an den Sprachton und den Gedankenduktus der hochmittelalterlichen Mystik erreicht, ohne damit jedoch im Vorfeld unoriginaler Ahmungen zu verbleiben. Man muß es in diesem Zusammenhange einmal sagen, daß derselbe Denker, der im Grunde in der deutschen Sprache und im deutschen Volksbereich nur ein Gast gewesen ist, mit einer kaum zufälligen oder absichtslosen Strenge sich einer denkbar keuschen und reinen Behandlung der deutschen Sprache für sein Werk befleißigt hat. Obwohl dieses Werk in den spekulativsten und schwierigsten Bezirken des Gedankens lebt und west, ist es in einem so fremdwort- und jargonfreien Deutsch geschrieben, daß daneben unsere klassische Philosophie von Kant bis Hegel wie eine Mischsprache aus Deutsch, Griechisch und Latein anmutet.

Jeder Hinweis kann nur ein mehr oder weniger willkürliches Inhaltsfragment bieten. Wir haben zuletzt einen Akzent auf das Verhältnis von Stern und Kreuz zu legen versucht, weil ein Gespräch mit Rosenzweig zu diesem Thema, das sein Freund Eugen Rosenstock-Huessy mit ihm während des ersten Weltkrieges in dem schon genannten wichtigen Briefwechsel in Gang gebracht hatte, als der eigentliche Produktions- und Besinnungsanreiz für die spätere Ausgestaltung dieser »systematischen« Offenbarungs- und Existenzphilosophie angesehen werden kann.

Die Chassidische Botschaft nach Martin Buber

»Die chassidische Lehre ist die Vollendung des Judentums. Und das ist ihre Botschaft an jedermann: Du mußt selber anfangen. Das Sein wird dir sinnlos bleiben, wenn du nicht selber, liebend-tätig, in es eingehst und den Sinn in ihm erschließest; alles will geheiligt, d. h. in seinem Sinn erschlossen und verwirklicht werden durch dich. Um deines Anfangens willen hat Gott die Welt erschaffen. Er hat sie aus sich entfernt, damit du sie ihm nahebringst. Begegne ihr mit dei-

*nem ganzen Wesen, und du begegnest ihm. Das ist seine Gnade, daß er deine Gabe an die Welt selber entgegennimmt. Willst du glauben lernen, liebe!«**

Wer einen solchen Satz, ohne näher auf ihn und die Person dessen, der ihn geschrieben hat, vorbereitet zu sein, aufnimmt, ihn literaturwissenschaftlich, psychologisch und philosophisch gleichsam zu testen versucht, wird vielleicht zuerst an Traktatliteratur und Popularphilosophie, an Mystik oder an eine nicht mehr ganz zeitgemäße Weise von Bibelexegese denken. Der Eingangshinweis auf das Judentum und seine »Vollendung« in einer bestimmten, aber ungeläufig mit hebräischem Ausdruck »chassidisch« bezeichneten »Lehre« macht die Sache nicht viel konkreter. Aus sich selbst strahlt der Satz wiederum kaum jene äußerste Würde und Ursprünglichkeit aus, daß er uns ohne jeden Kommentar mit einem großen, ungewöhnlichen Sinn aufleuchten würde. Es sind einige recht verbrauchte Begriffe in ihm verwendet, die sich eher einem originalen Sprach- und Denkausdruck entgegenstellen: Lehre, Vollendung, Botschaft, anfangen, Sinn, Gnade, glauben, lieben usw. Der Mehrzahl nach handelt es sich bei ihnen freilich um religiöse Kategorien, die die Eigenschaft haben, aus so gutem Gold gemünzt zu sein, daß sie sich wesentlich langsamer als die Wörter der Umgangs-, Wissenschafts- oder auch Dichtungssprache abnutzen, daß sie zwar unsäglich strapaziert werden – Luther hat das Vaterunser den größten Märtyrer genannt –, andererseits immer wieder zusätzlich zu dem Brot, von dem allein der Mensch nicht lebt, geheimnisvolle Nahrung für die Menschenseele hergeben. Indessen: der Bezug zur Quelle alles religiösen Wortes, dieser noch so verdünnte Bezug, der sonst dem Reden und Schreiben von Predigern, Exegeten, Katecheten und Theologen einen überpersönlichen Rest von Kraft und Wirkung auch dann sichert, wenn eine eigene Sprachkraft kaum vor-

* Martin Buber: »An der Wende, Reden über das Judentum«. *Hegner, Köln, 1952. S. 80 f.*

handen ist, dieser Bezug scheint im Falle unseres Satzes nur noch wenig gewahrt zu sein. Man hört zwar biblische Begriffe, aber nur undeutlich in dem ihnen eigenen Zusammenhang. Eine persönliche Umarbeitung scheint stattgefunden zu haben, deren Ausmaß schwer zu überblicken ist. Es ist von einer »Lehre« die Rede, die offenbar nicht mehr im Alten oder Neuen Testament zu finden ist. Wo stünde dort auch eine Aufforderung dieser direkten und zugleich doch abstrakten Art wie die: »Du mußt selber anfangen«? Ferner: das Sein, der Sinn, das Wesen! Sind dies nicht die letzten Kategorien der Philosophie, deren Abstraktion der Bibelsprache nicht nur fremd, sogar feindlich gesinnt ist? Alles in allem: der Satz stellt sich bei etwas näherem Hinblicken als ein gar nicht leicht zu diagnostizierendes Denk- und Sprachgebilde heraus, das sich trotz des auf Sinndichte konzentrierten Gehaltes einer Einzelbetrachtung wieder entziehen möchte. Wir wollen ihn aber nicht wieder loslassen, sondern ihn etwas länger, gleichsam mit der Augenbinde, die alles abschirmt, was wir von seinem Autor wissen mögen, auf seine Sinnstrukturen und -akzente abtasten.

Es ist offensichtlich, daß es sich um eine bedeutsame, Autorität für sich in Anspruch nehmende Aussage über das Wesen des Judentums handelt. Schwer vorzustellen, daß jemand, der nicht selbst nahen, seine Legitimation außer Frage stellenden Zusammenhang mit diesem Judentum hat, eine Aussage so beinahe apodiktischer Art machen würde. Gleichwohl scheint eine Spur von Unsicherheit, von reiner, auf der Person des Aussagenden stehender Behauptung in die These gemischt. Es schwingt etwas mit von einer internen Auseinandersetzung und Polemik. Der Satz gibt zum mindesten keine allgemein bekannte Wahrheit wieder. Er enthält eine persönliche, aber von Autorität gesättigte Erkenntnis, den Ertrag langer Überlegungen und Forschungen. Andererseits steht er auf eine definitive, jede weitere Diskussion beendende Weise da. Es folgt auf ihn zwar die ausführliche Erläuterung dessen, was in seinem Subjekt beinhaltet ist; das

Prädikatsnomen und damit der behauptende Teil der Aussage wird aber keiner weiteren Erörtertung unterzogen. Von den »Juden« geht es gleich zu »jedermann«, von der »Lehre« zur »Botschaft« über. Diese Botschaft teilt aber nicht im Sinne des bei dem Begriff hier zweifellos mitschwingenden »Evangeliums« eine einfache Nachricht, sondern den ganzen Inhalt der mit hebräischem Namen verschlüsselten Lehre mit.

Das ist ihre Botschaft an jedermann: »Du mußt selber anfangen.« – Verharren wir einen Augenblick, da wir ja alle jedermann sind, Juden, Heiden oder Christen, bei diesem einen imperativischen Satz, der vom Autor immerhin für stark und deutlich genug geachtet wird, die Fülle seiner, richtiger der von ihm vermittelten chassidischen Botschaft in sich zu fassen. Es steht ein Punkt hinter dem Satz. Bei der fühlbaren rhythmischen Gliederung, die der Gesamtaussage gegeben wurde, kann man mit einiger Sicherheit schließen, daß dieser Punkt, obwohl eine Minderung gegenüber dem eigentlich geforderten Ausrufzeichen (ein unbeliebtes, sterbendes Satzzeichen heute!) mit Absicht und Bewußtsein an seine Stelle gesetzt wurde: »Du mußt selber anfangen.« –

Können wir einem solchen Wort den mit ihm gemeinten Sinn entnehmen? Können wir ihm überhaupt, wenn wir sonst in keiner Weise auf seinen Inhalt vorbereitet wurden, eine nennenswerte Sinnträchtigkeit an Leib und Auge ablesen? Die Fragen werden vielleicht nicht ohne individuelle Rücksichten zu beantworten sein. Es wäre möglich, daß dies Wort uns in einer Situation der Ratlosigkeit, Weglosigkeit, eines aktiven Zweifels antrifft, eines Zweifels an uns, am Menschen, an der Gesellschaft, der Welt, der Geschichte, an Gott. In solchem Falle wären vielleicht Kräfte und auch eine gewisse Bereitschaft, sie einzusetzen, in uns da, aber eben das nicht, was das Wort vom Anfangen voraussetzt: eine uns überzeugende Ansatzmöglichkeit, ein objektiv gegebener Anfang für Denken und Tun. Könnte es da nicht geschehen, daß uns eine Aufforderung »du mußt selber anfangen« zum Widerwort reizt: wo denn, womit denn, an welcher Stelle denn? Daß wir also zwar einiges vermögen, nur eben gerade nicht wirklich anzufangen wissen, daß wir Energie bereithalten, zum Leben, zum Sterben, zum Bauen, zum Zerstören, aber keineswegs richtig orientiert sind, wo sich mit ihr etwas Notwendiges, etwas fraglos Gültiges und Richtiges beginnen ließe.

Dennoch wird uns nichts weiter gesagt als »anzufangen«, in irgendeinem gleichsam mystischen Vertrauen, daß wir schon wissen werden, wo wir anzufangen haben, daß die Frage des wo und womit, des genaueren Orts, der bestimmteren Zeit und Art dieses Beginnens eine sekundäre, sich von allein lösende Frage ist. Die Rationalität scheint mit einem solchen Imperativ verlassen, obwohl sie zuerst auf fast zu gemeinplätzige Weise da war. Fangt an, sagt man Arbeitern, die vorher unterrichtet wurden, was ihre Aufgabe ist. Fangt an, taktiert man Sängern und Musikanten zu, die ebenfalls vorher über ihr Spiel sich mit dem, der ihnen das Startzeichen gibt, abgesprochen haben. Kann man dem Menschen als solchem in jeder beliebigen Lage mit Hoffnung auf ein sinnvolles Tun zurufen: Fang an!? Man kann es vielleicht nicht mit Hoffnung auf ein Verständnis dieser Aufforderung tun über eine konkrete Situation hinaus, die uns schon selbst gleichsam ins Ohr schreit, dies oder jenes anzufangen. In einem allgemeinen Sinn würde man kaum auf ein Verständnis des Satzes zählen können, wenn nicht außer dem nackten Imperativ noch das Wörtchen »selber« dastände. Du mußt selber anfangen; dies kann nur meinen, daß jene Fragen nach Präliminarien, nach einer Auskunft über das, was oder womit wir anzufangen haben, unwesentlich sind. Es stellt sich, wenn wir den Satz in dieser Weise hören, mit einem Male heraus, daß sein Ton vielleicht gar nicht auf dem Anfangen, sondern auf diesem gewiß auch ins Dunkle gesprochenen »Selber« liegt. Nicht jemand anderes, eine Person, eine Sache, Lage, Kraft, sondern ich und du, wir sollen selber anfangen, also nicht nur die Ausführung eines Beginnens, die schließlich auch erzwungen werden könnte, sondern bereits den vor allem Tun stehenden Rat und Plan in eigne Regie nehmen und nicht mit ihm säumen.

Stehen wir damit aber nicht im Quellpunkt dessen, was wir unsere Freiheit nennen? Ist damit nicht doch mit einem Griff ein unabsehbarer Horizont eröffnet, der zugleich einen ausdehnungslosen Mittelpunkt hat? »Du mußt selber anfangen«, heißt dies dann nicht: höre nicht immer irgendwohin, wo jemand dir etwas sagt oder befiehlt, frage nicht immer um dich herum oder in dich hinein, wo eine Auskunft über dich und dein Tun zu erfahren sein könnte, schneide alle diese Luftbrücken ab, geh auf dich selbst zurück, indem du anfängst, indem dieses Auf-dich-selbst-Zurückgehen schon der Anfang deines Anfangens ist.

Das mag nicht leicht sein. Es mag auch sein, daß ich trotz alles Gesagten auch jetzt noch »nicht weiß«, was mit diesem Selbst und diesem Anfangen gemeint sei und von mir verlangt wird. Aber vielleicht ist dieses genaue Wissen und Verstehen gar keine notwendige Voraussetzung, den Inhalt einer solchen Aufforderung zu befolgen? Zum mindesten scheint es wichtiger und richtiger, ich fange an, womit auch immer, ich setze einen Beginn und mich selbst mit diesem Beginn, als daß ich weiter über den Sinn dieser Aufforderung grüble, ohne mit »irgend etwas« anzufangen.

Nun steht der Satz freilich doch auf einem heimlichen Vertrauen, das höher ist als alle seine Logik und Vernunft. Er hat, wenn man so will, in der Tat einen mystischen Hintergrund, der aber gar nicht in irgendwelche ferne, fremde Gegenden der Welt oder der Seele verweist, sondern mich als greifbare, sinnfällige Wirklichkeit umschließt. Den Hintergrund nämlich, daß in mir viele »Geister« bereit sind, die mich eine Aufforderung, anzufangen, verstehen, d. h. jetzt und hier vollziehen lassen. Da liegt meine unfertige Arbeit, die ich nicht weitermachen möchte, da ruft mich der Wecker zum Aufstehen, da mahnt mich die Schwachheit des Nachbarn zur Hilfestellung, der Druck meines Magens zur Nahrungsaufnahme. »Du mußt selber anfangen.« Meine ganze Welt um mich und in mir ist mit solchen potentiellen Anfängen durchsetzt, die ich ohne eine solche Erhellung, daß es sich um Anfänge »für mich« handeln könnte, vielleicht nur im räumlichen Nebeneinander oder auch überhaupt nicht wahrgenommen hätte. Daß es auf Anfang und anfangen in entscheidender Weise ankommt, daß alles, was auch immer ich darunter verstehe, richtig verstanden ist, wenn nur das Anfangen eine große, wendende Sache in meinem Leben wird, daß ich mich überall im Anfang fühlen, ja wissen darf, ob es mir auch oft so erscheint, als sei nicht nur mein Leben, sondern auch alle seine Aussicht und Möglichkeit längst über ein Anfangsstadium hinaus und tausendfach durchgespielt, dieses könnte dann der erste Satz der »chassidischen Botschaft« bedeuten, und er wäre in diesem Fall vielleicht immer noch kein ohne Erklärung aus sich selbst leuchtender Satz, würde mich aber zu schärferem Hinhören veranlassen, wie er denn nun von seinem Verkünder weiter ausgelegt wird.

»Das Sein wird dir sinnlos bleiben, wenn du nicht selber, liebend-tätig, in es eingehst und den Sinn in ihm erschließest; alles will geheiligt, d. h. in seinem Sinn erschlossen und verwirklicht werden durch dich.« – Dies Satzgefüge klingt nun nach vielerlei anderm als danach, daß es uns die Botschaft vom Anfangen wesentlich erweitern oder verdeutlichen könnte. Anfang war immerhin ein großes Wort, das auch an entscheidenden Stellen des biblischen Urtextes, zu dem dieser späte Kontext dem Klima nach gewiß in Beziehungen steht, vorkommt. Auch die Welt hat einmal angefangen. Gott hat sie anfangen lassen, und der Weg seines Anfangens setzte auch ein Wort, einen Imperativ. »Das Sein« jedoch, diesen Begriff gibt es nur in seinen unsichtbar gemachten, flektierten Formen – im Hebräischen sogar nicht einmal in diesen – im Umkreis jener primären Urkunden. Seine Herausstellung als substantivierter Infinitiv wird überhaupt vergeblich im Zuge lebendigen Sprechens und Denkens gesucht. Dazu bedarf es vielmehr jenes Abstraktionsvorganges, bei dem der Sprung vom konkreten in den allgemeinen Geist, in die Philosophie vollzogen wird.

Es »stört« deshalb ein wenig, diesem alten blassen Bekannten der Philosophie, dem »Sein«, im Zusammenhange eines doch offenbar auf Ermahnung und Lebenshilfe, auf Lehre und Botschaft, aber nicht auf Wissenschaft zielenden Textes zu begegnen. Andererseits verrät der Text an solchen Begriffen, wenn er es nicht schon als ganzer tat, daß sein Verfasser mehr als nur ein Exeget, Katechet, Paränetiker oder auch Theologe sein will, daß er entschlossen ist, sich auch auf dem Feld der Abstraktion, der Philosophie umzutun und mit dem zu behaupten, was er seinem Leser zu melden hat.

»Das Sein wird dir sinnlos bleiben . . .« Wenn man in diesen Satz hineinhört, scheint es kaum Zufall oder beliebige, auswechselbare Formulierung, wenn nach dem persönlichen Tonfall des voraufgegangenen Satzes gleichwohl nicht dasteht: »Das Leben wird dir sinnlos bleiben.« Die abstrakteste Kategorie, das Sein, scheint mit Absicht gewählt, auch wenn damit ein Schritt abseits vom bisherigen Weg getan werden mußte, indem wir von der Ethik recht unvermittelt zu Ontologie und Erkenntnislehre gelangen. Nicht nur unser Leben, unser Handeln, Fühlen, Denken, Seele und Leib, sondern schlechthin »das Sein« wird »sinnlos« bleiben. Der Begriff sinnlos braucht freilich noch nicht zu heißen, daß überhaupt jeder Sinn vom Autor des Satzes annulliert würde, falls man ihm seine Bedingungen nicht zugesteht. Wir haben uns, wiederum recht unmerklich, aber doch deutlich mit der Kategorie des Sinnes fast so rasch, wie wir vorher in der Ontologie waren, aus ihr herausbewegt. Diese nämlich fragt nach einem (mit polemischer Wendung gegen Heidegger gesprochenen) Wort des bedeutendsten neueren Ontologen, Nicolai Hartmann, nicht nach dem »Sinn von Sein«, sondern nur nach dem Sein und von dort her vielleicht auch nach dem »Sein von Sinn«.

Also: das Sein wird dir, nicht irgend jemandem, nicht einer abstrakten Person, einem beliebigen Lebewesen, einem Gott, sondern dir und mir, der angesprochenen Einzelperson mit ihrem unwissenden und begrenzten, vielleicht von Wahn oder Bosheit verfärbten Einzelgeist, »sinnlos« bleiben, wenn du nicht selbst »liebend-tätig« in es eingehst und den Sinn in ihm erschließest. Geht es also nun doch um die volkstümliche Sinnfrage nach Mensch und Leben, Ding und Welt, und ist diese Sinnfrage damit nicht hoffnungslos an meine Individualität ausgeliefert? Ist jeder Sinn dann nicht etwas, das gemacht wird, das von einer sinnstiftenden Kraft in mir zu betätigen ist? Wir wissen alle, daß solche Auffassungen heute eine ziemlich große Anhängerschaft aufbringen würden. Derselbe vorhin zitierte Hartmann hat es in seinem letzten Werk, »Ästhetik«, so formuliert, daß gerade so viel Sinn in der Welt sei, wie ihn der Mensch zu stiften vermag, daß also die Welt an sich im genauen Sinn des Wortes »sinnlos«, d. h. zwar keineswegs widersinnig – wie Anarchisten und Nihilisten sagen –, aber eben doch ohne eigenen Sinn sei und nur eine heimliche Bereitschaft habe, von der sinnstiftenden Geisteskraft des Menschen Sinn anzunehmen. Eine an sich unbegrenzte Dunkelheit der Welt läßt sich nach dieser Auffassung gerade so weit erhellen, wie das Licht unseres Geistes in sie eindringt.

Liegt die Formulierung unseres Satzes auf einer solchen Linie? Wir müssen dazu noch einmal auf den Wortlaut sehen: Es heißt nicht »das Sein wird sinnlos bleiben«, so bleiben, wie es von sich aus ist, sondern »das Sein wird dir sinnlos bleiben«. Durch den Bezug auf die angeredete Person wird eine eindeutige Aussage über einen in der Welt an sich vorhandenen oder nicht vorhandenen Sinn vermieden. Es wird uns aber doch nahegelegt, daß es einen solchen Sinn geben könne, daß er nur mir und meinen Auffassungsmöglichkeiten verschlossen bleibt, wenn ich nicht selber »liebendtätig« in das Sein eingehe und den Sinn in ihm erschließe.

Doch lassen wir die wichtige Frage, ob unsere Aussage dahin verstanden werden soll, daß ein über den Menschengeist und seine sinnstiftende Kraft hinausgehender Sinn in den Dingen sei, oder ob jede Sinngebung der Welt immer nur Menschenarbeit ist, vorerst auf sich beruhen. Es läuft an dieser Stelle auf dasselbe hinaus. Bei beiden Ausdeutungen wäre gewiß, daß wir, daß du und ich für uns und unsere Welt ohne Sinn bleiben, wenn wir es unterlassen, ihn liebend-tätig im Sein zu erschließen. Unsere Hauptaufmerksamkeit muß sich demnach auf die beiden, gleichsam kopulierten Begriffe liebend-tätig richten. Sie sind neu im bisherigen Zusammenhang. Sie setzen Inhalte, die auch als Obertöne, wenn wir nichts überhört haben, noch nicht mitschwangen. Gleichwohl scheint in ihnen nun endlich wieder eine Beziehung aufzudämmern zu dem, was wir zuerst überlegt haben, zu der alles in sich befassenden Hauptformel der chassidischen Botschaft: Du mußt selber anfangen. Anfangen und tätig sein sind bei laxem Sprachgebrauch fast Synonyme derart, daß Anfang immer eine Tätigkeit ist, wenn auch nicht jede Tätigkeit ein Anfang zu sein braucht. Wenn wir jetzt einmal ein paar Zwischenketten des Gedankens überspringen, so regt sich nach diesem Hinweis vielleicht eine ungeduldige Frage an den Verfasser, warum er so viele Umstände mache, mit »anfangen«, mit »Sein«, mit »Sinn« usw., wenn das, was die chassidische Botschaft verkündet, einfach als Aufforderung zu tätiger Liebe mitgeteilt werden konnte? Darauf scheint es doch nun hinauszulaufen, daß mit dem »selber anfangen« Liebestätigkeit und nichts anderes gemeint ist. Wenn wir so schließen, wollen wir zugleich zum Ausdruck bringen, daß damit zwar gewiß nicht des Tuns, aber doch des Hinhörens auf jene Botschaft ein rasches Ende gesetzt werden könnte. Sie wäre uns nämlich dann keine neue, sondern eine recht alte Botschaft, die bereits im johanneischen Evangelium zu gültiger Aussage gekommen ist. Wir könnten zur Erläuterung auch noch an die schon von Lessing verwendete Legende erinnern, wie der alte Johannes gegen Ende seines Lebens nichts anderes mehr gepredigt habe als das kurze Sprüchlein »Kinderchen, liebt euch«, und wie er damit die Hörbegierde seiner Gemeinde auf eine harte Probe stellte, da eine solche Aufforderung den Geist offenbar ungenügend beschäftigt, auch wenn er sich darüber im klaren ist, daß ihre Erfüllung eine unendliche Aufgabe bedeutet. Hat unser Autor vielleicht aus Gründen, die in solche Richtung zeigen, gezögert, seine chassidische Botschaft mit diesem einfachen Imperativ zu formulieren? Ist alles das, was er vorher philosophierte und ontologisierte, nur ein neues Kleid über dem, was wir seit zwei Jahrtausenden christliche Liebe, Agape, nennen?

Wenn wir uns den Satz noch einmal gut ansehen, würde ein solcher Schluß kaum gerechtfertigt sein. Die christliche Liebe hat es, wie jeder weiß, mit dem Mitmenschen zu tun. Hier aber ist als Partner liebend-tätiger Zuwendung das Sein angesprochen, also ein viel weiterer Umkreis, als ihn der Mensch, ja sogar als ihn das Leben, die Tiere, die Pflanzen abstecken. Ich bin von der chassidischen Botschaft zur Liebe zu allem Dasein aufgerufen, freilich kaum zu einer »gefühlten«, erotischen Liebe, die irgend etwas vom Dasein der Welt in Gedanken oder Empfindungen liebend umfängt, sondern zu einer Tätigkeit, die nebenher den Modus des Liebens hat, zu einer Tätigkeit, die auf eine bisher noch geheimnisvolle Weise den Sinn des Seins erschließen soll. Es sind zweifellos große und kühne Sprünge, die dem Gedanken da zugemutet werden. Wiederum ist auch etwas Mystik im Spiel, wenn wir dies ohne Erklärung aus andern Zusammenhängen, allein vom Text her verstehen sollen. Dennoch wird der Gutwillige ahnen, wennschon nicht klar entnehmen, daß es sich hier kaum um eine vage Begriffsverbindung von Tätigkeit und Liebe, um etwas Verschwommenes, Jenseitiges, Phantastisches, Schwärmerisches handelt. Durch den scharfen Akzent der Tätigkeit dürfte ein Tun gemeint sein, das zwar von Liebe, auch von Gefühl entzündet wird, sich jedoch nicht scheut, in Arbeit an und mit dem Sein auszuarten.

Indessen läßt sich bisher immer noch nicht mit völliger Bestimmtheit sagen, was nun getan, was liebend begonnen werden soll. Auch der Nachsatz hilft uns nicht viel weiter: *»Alles will geheiligt, d. h. in seinem Sinn erschlossen und verwirklicht werden durch dich.«* – Wir können ihm unterderhand entnehmen, was der Verfasser unter dem neu eingeführten, wiederum religiös tingierten Begriff »heiligen« versteht. Heiligen heißt für ihn also »in seinem Sinn erschließen« und »durch liebende Tätigkeit zur Verwirklichung bringen«. Man wird nicht sagen können, daß eine solche Definition sich mit den tradierten Inhalten desselben Begriffs etwa in den christlichen Kirchen oder auch im allgemeinen Sprachgebrauch deckt. Was wir hören, erregt aber ein bestimmtes Interesse: Die Kraft des Heiligens kommt also aus dem Menschen, aus seiner Liebe, aus seiner Tätigkeit, seinem Anfangen, seiner Sinnerschließung? Die religiöse Tönung des Gesamttextes schlägt den Verdacht nieder, der Begriff des Heiligens habe hier eine gänzlich abgesunkene Verwendung gefunden, die kaum noch etwas mit dem wesenhaft Heiligen, dem Numinosen, der Sphäre der Götter, zu tun hat. Es scheint etwas anderes, eine Umkehrung der Stromrichtung, gemeint zu sein. Unsere geläufigen Vorstellungen gehen dahin, daß die Stromspannung vom Himmlischen zum Irdischen, vom Heiligen zum Menschlichen absinkt. Gott ist der allein Heilige, und alles Menschenwesen ist unheilig, heißt es in den Aussagen des Alten Testamentes, die doch zweifellos für das Wesen und die »Vollendung des Judentums« maßgebend waren und sind. Was will also unser Text, wenn er so kraß gegen die üblichen Auffassungen angeht? Will er diesen Auffassungen frontal widersprechen? Will er vielleicht ähnlich, wie Nietzsche das wollte, »die Erde heiligen«, nachdem Gott »gestorben ist«? Will er die Energien des Menschen, die bisher in die Transzendenz abflossen, zurückstauen, um allein noch einem »Sinn der Erde« zu dienen?

Man könnte auf etwas Ähnliches kommen angesichts dessen, wie der Satz für sich allein dasteht. Es folgt aber sofort die Einführung jenes entscheidenden Gedankens, der solche Vermutungen gegenstandslos macht: *»Um deines Anfangens willen hat Gott die Welt erschaffen.«* Damit ist Genesis 1 beschworen und die Gesamtheit der Folgen. Gott hat die Welt geschaffen. Es scheidet also alles aus, was sie in ein Absolutum, ein An sich, eine eigne, immanente Ewigkeit verwandeln würde. Sie ist in die totale Abhängigkeit einer andern Macht gebracht. Diese Macht wird aber nicht dunkel umredet als geahnte Transzendenz, als Umgreifendes, Heiliges, sondern mit dem ungeniert aus der biblischen Tradition entnommenen Ausdruck Gott bezeichnet. Dieser Gott ist immer ein einiger, persönlicher Gott. Er ist immer etwas ganz anderes als Götter und Mächte, auch wenn er in unserm Fall durch die Inversion des Satzes ein wenig verdeckt wird, nicht in direkter Anrede wie beim Gebet, sondern als unbetontes Subjekt einer Aussage über sein Tun und seine Zwecke erscheint. Alle bisherigen Inhalte der »chassidischen« Botschaft könnten zu seltsamen, kapriziösen Auffassungen von Welt, Gott und Mensch abtreiben. Damit aber, daß gesagt wird: Gott hat die Welt erschaffen, ist eine Situation fixiert, die sich mit allen ihren Folgen aus dem Gedankenzusammenhang kaum wieder hinausmanipulieren läßt.

Dennoch wollen wir als erstes einen möglichen Einwand formulieren: Hat es nicht doch seine Bedenklichkeit, jenen Satz aus Genesis 1, richtiger gesagt eine Variante von ihm, an einen so speziellen Zweck zu knüpfen? Es heißt: »Um deines Anfangens willen« hat Gott die Welt erschaffen. Darf man das ernst nehmen, und wie ernst, wie wörtlich darf man es verstehen? Ist wirklich das Äußerste gemeint, daß Gott nicht nur um des Menschen an sich willen, sondern bloß, um ihm die Chance seiner Freiheit zu geben, die Welt, das Universum mit seinem ganzen Inhalt geschaffen habe? Die biblische Aussage selbst geht nicht so weit. Sie läßt die Welt um der Welt willen geschaffen werden. Auch die Erschaffung der Pflanzen und Tiere geschieht zunächst um ihrer selbst willen. Gott setzt nur gleichsam mit einem tiefen Atemzug für die Erschaffung des Menschen noch einmal an und will sie als etwas Zentrales, Einzigartiges verstanden wissen, ohne daß sie als der alleinige Grund der Schöpfung ausgelegt werden müßte. Kann das menschliche Anfangen wirklich den Sinn der ganzen Schöpfung tragen?

Wir wollen diese Gegenfrage an den Text stehenlassen und statt dessen noch einmal den hinter seiner extremen Ausdrucksweise wirklich gemeinten, vielleicht weniger extremen Sinn zu erforschen suchen. Das Anfangenkönnen, die unablässige Bewegung der Freiheit des Menschen muß wohl für einen Denker etwas sehr Großes, vielleicht sogar etwas Letztes sein, wenn er sie so tief in die Fundamente der Welt und des göttlichen Tuns einläßt. Wenn Freiheit und Anfangen geschehen sollen, muß es ein Objekt geben, an dem sie sich betätigen können, auch wenn kaum ebenso einleuchtend ist, daß dieses Objekt die Dimensionen unserer Welt haben müßte. Was haben schließlich die Sterne mit dem menschlichen Anfangen zu tun? Oder sollten sie vielleicht doch etwas mit ihm zu tun haben, wo es gewiß weniger fraglich ist, daß Erde, Sonne, Meer, Land, Pflanze und Tier zwar nicht unbedingt so, wie sie da sind, aber doch als abstrakte Bedingungen dem menschlichen Dasein vorgegeben sein müssen, wenn dieser etwas in der Welt »anfangen« soll.

Vielleicht führt uns der nächste Satz des Textes etwas weiter durch die hier sich auftuenden Dickichte des Gedankens: *»Er hat sie aus sich entfernt, damit du sie ihm nahebringst.«* Gott hat die Welt erschaffen, wie es zuerst hieß, indem er sie, wie es jetzt heißt, »aus sich entfernte«. Die neue Ausdrucksweise hat für das an biblische Aussagen gewohnte Ohr einen verdächtigen Oberton. Entfernen, aus sich entfernen, klingt das nicht von einer Richtung her, wo der mit schweren geistesgeschichtlichen Gewichten belastete lateinische Ausdruck emanieren beheimatet ist? Wenn die Welt eine »Emanation« Gottes wäre, so würde damit die klassische Gegenthese zu Genesis 1 gesetzt sein. Sie liefe stracks auf eine gnostisch-pantheistische Aufhebung des Schöpfungsgedankens, auf die Vermischung der beiden unvermischbaren Größen Welt und Gott zu einer zeugerischen, gleichsam bluts- und wesensverwandten Einheit hinaus. Können wir annehmen, daß – vielleicht in unklaren Anklängen – etwas Derartiges mit der Redeweise vom »aus sich entfernen« gemeint ist? Oder ist es nicht vielmehr so zu verstehen, daß der Ausdruck entfernen sich hier nur aus der Sprachdialektik eines Satzes ergeben hat, der im Nachsatz kurz darauf von Nahebringen redet? Ist nicht überhaupt der Nachsatz, »damit du sie ihm nahebringst«, der Skopus dieser Rede? Dürfen wir vielleicht sogar schließen, daß dieses Nahebringen eine kommentierende Aussage für das ist, was mit dem Anfangen des Menschen, mit seiner Freiheit gemeint war?

Die Freiheit, das echte Anfangen brächten dann die Welt Gott nahe, dieselbe Welt, die nicht mehr – wie als ungeschaffene – ein Teil von Gottes Gedanken ist, die er vielmehr aus sich entfernt hat, in der aber eine verborgene Tendenz wohnt, sich mit diesem Status nicht abzufinden. Der Ort, an dem die gegebenen, unglücklich-unruhigen Verhältnisse der Welt allein geändert, ins Richtige gebracht werden können, wäre demnach das menschliche »liebende Tun«, das Anfangen, die Freiheit. Da dieses Tun für die Welt von entscheidender Wichtigkeit ist, da sie so, wie sie ist, nicht sein und bleiben kann, rückte in der Tat das menschliche Tun und Beginnen an einen Hebelpunkt der Welt, und man dürfte mit etwas Zuspitzung die Aussage wagen: um dieses Tuns willen sei sie überhaupt erschaffen. Die Übertreibung wäre vielleicht aus Rücksicht auf die menschliche Natur zu verstehen, deren Trägheit das Motiv ihres Tuns mit extremer, aber im Kern nicht unrichtiger Ausdrucksweise eingeschärft werden muß!

Nun folgt jedoch gleich der nächste Satz: *»Begegne ihr mit deinem ganzen Wesen, und du begegnest ihm.«* – Macht dieser Satz alles Tun und Beginnen an und mit der Welt, also mit alledem, was dir und mir, sei es außen, sei es innen, unmittelbar zugänglich ist – Gott ist mir nicht unmittelbar zugänglich, wie dieser Satz es zugleich indirekt aussagt –, doch wieder zu etwas Vorletztem, dessen Sinn über sich hinausweist? Wer der Welt mit seinem »ganzen Wesen« begegnet, begegnet Gott? Sind da nicht doch Welt und Gott wieder im Sinne der gefährlichen pantheistischen Emanationsvorstellung miteinander vermischt? Es ist kaum ganz abzuweisen, daß man solche Folgerungen, zum mindesten aus den für sich stehenden Sätzen, ziehen könnte. Es steht auch kaum in Zweifel, daß etwa in dieser Gegend die tatsächlichen Differenzpunkte angesiedelt sind, die die chassidische Botschaft, neutraler gesagt, die chassidische Sekte des Judentums von dem, was in der jüdischen oder auch in der christlichen Orthodoxie geglaubt und vertreten wird, unterscheiden. Andererseits behauptete der erste Satz unseres Textes, daß eine solche Differenz in Wahrheit nicht bestehe, daß das Judentum, das wahre, historisch vollendete Judentum mit dem Chassidismus identisch sei. So werden wir noch etwas länger in diese Sätze hineinhören müssen, um vielleicht Obertöne zu erhaschen, die einen solchen Einwand als vordergründig entlarven.

Es könnte dem Wortlaut der Aussage nach sich auch so verhalten, daß es Gott selbst ist, der sich in dieser Weise für eine Begegnung mit dem Menschen in die Welt hinein verbirgt. Vielleicht weil er weiß, »was für ein Gemächte wir sind«, daß wir seine unverborgene Wirklichkeit gar nicht ertragen, sondern das Äußerste an Begegnung mit ihm, an Heiligung durch ihn und schließlich auch an Seligkeit von ihm erlangen, wenn wir uns in der gebotenen Weise mit unserm »ganzen Wesen« »liebend tätig« der von ihm uns hierfür zugerichteten Welt in dem uns nachbarlichen Ausschnitt zuwenden?

Was heißt aber unser »ganzes Wesen« bei solchem Tun und Beginnen? Der Ausdruck wird nicht erklärt. Es wird uns selbst überlassen, ihn mit dem umfänglichsten Sinn zu erfüllen. Vielleicht ergeben sich hier wieder Möglichkeiten zu Mißverständnissen, die nur der vermeiden kann, der sich nicht allein an diesen zwar summenartigen, aber möglicherweise doch nicht ganz auf eigenen Beinen stehenden Text zu halten braucht? Man könnte an etwas doch recht Nebelhaftes bei jenem »ganzen Wesen« denken, an irgendeinen Grund des Herzens, wenn man sich jetzt nicht nachdrücklich erinnert, daß vorher von liebendem Tätigsein die Rede war, daß also unser menschliches »Wesen« kaum unabhängig von seiner Aktivität zu verstehen ist. Vielleicht handelt es sich bei diesem Wesen um eine Vereinigung der sonst gern geschiedenen vita contemplativa mit der vita activa, bei der die chassidische Botschaft sogar den Akzent auf die Aktivität setzt? Du gibst dich der Welt in immer erneutem Anfangen an der jeweils dir zugedachten Aufgabe hin, bis zum Äußersten, mit deinem »ganzen Wesen«, bis zur Selbstvergessenheit, und empfängst dann als Gegengabe die Begegnung mit Gott?

Wem es jetzt immer noch unklar ist, ob Gott damit nicht doch in die Welt gezogen wird, so daß man auf ihn schließlich verzichten und den Prozeß liebender Tätigkeit an der Welt allein üben könnte, dem antwortet nunmehr der vorletzte Satz: *»Das ist seine Gnade, daß er deine Gabe an die Welt selber entgegennimmt.«* Hier taucht zum erstenmal der Begriff Gnade und – in seinen Inhalt verhüllt – noch einmal sowohl der Schöpfergott wie der persönliche Gott auf und läßt es uns als einen Akt seiner Liebe verstehen, daß er – im Gegensatz zu uns beim gemeinsamen Prozeß – sich nicht mit seinem »ganzen Wesen« offenbart, sondern die Welt uns zureicht, um unser Tun und unsere Liebe an ihr entgegenzunehmen. Es wird zwar nicht ausdrücklich gesagt, kann aber vielleicht geahnt werden, daß trotz solcher Verborgenheit Gottes hinter der Welt jenem Menschen, der sich ihr liebend zuwendet, doch das für ihn faßliche Maximum an Gottesgegenwart, Gottesnähe, Gottesgnade fühlbar wird.

Man kann auch ohne Gott unablässig tätig sein. Auf solcher Tätigkeit – und wie sehr ist sie die unsere – liegt aber nicht die Gnade Gottes, strahlt sie uns nicht in »geheimer Offenbarung« entgegen. Könnte es da nicht naheliegen, daß einer sagt: Ich muß also erst an Gott glauben, ehe Gott in meinem Leben fühlbar wird; Religion ist schon vorausgesetzt, ehe diese Botschaft zu mir sprechen kann! Der letzte Satz unseres Textes scheint auf solches Mißverstehen zu zielen, freilich mit einer kieselharten Paradoxie: *»Willst du glauben lernen, liebe!«*

Was die Liebe auch sei, ob sie Gott selbst ist, wie die Johannesbriefe sagen, oder ob sie nur ein Dämon ist, wie Platon meinte – das eine scheint uns bei ihr gewiß, daß sie mehr mit dem Handeln und Empfinden als mit Denken, Erkennen, Meinen, Glauben zusammenhängt. Dennoch bindet dieser letzte Satz eine Glaubensverheißung an die – zunächst offenbar glaubenslos verstandene – Liebe. Ama et fac quod vis, sagte Augustin, gab aber damit nur eine äußerst weitgefaßte Maxime unseres Tuns frei, ohne Glaubensaussagen an sie zu knüpfen. Bei Newman heißt es einmal: »Verstöße gegen das Gebot der Liebe werden mit dem Verlust des Glaubens bestraft.« Solcher Glaube (pistis) scheint aber hier nicht gemeint zu sein, kein zu einem trinitarischen Bekennntnis artikulierter Glaube, sondern eine allgemeinere Glaubenserfahrung, die sich am unmißverständlichsten vielleicht nur in den Satz »daß Gott ist« fassen ließe. Zugleich hat sich in diesem Schlußsatz aber auch etwas Wesentliches gewandelt: die Liebe, das Lieben tritt als Imperativ allein auf, ohne ihr früheres »Gemahl«, die Tätigkeit. Fast wie im Korintherbrief heißt es, daß keine Tätigkeit, in der nicht die Liebe einwohnt, uns zu dem führt, was Glaube, Gottesgewißheit genannt wird. Wir sind in einen oberen, gleichsam von Licht so stark erhellten Bereich getreten, daß wir kaum mehr unterscheiden können, wo sich hier der Gedanke, die Botschaft befinden, ob wirklich noch in der »Vollendung des Judentums« oder schon irgendwo in einem Gelände, das aus dem Judentum in jenes unbegrenzte sonnenüberglänzte Meer hinausführt, da »Gott die Liebe ist«. Vielleicht mußte das Judentum diesen Chassidismus aus sich hervorbringen und doch in sich behalten, wenn es sich selbst nicht dem gegenüber verhüllen sollte, der, dem Fleisch wie dem Geist nach, zwar ebenfalls aus ihm hervor-, aber dann über es hinausging und die Liebe in sich Person werden ließ?

Der »Bote des Königs«

Beim Bilde Franz Kafkas

Man darf im Singular vom Bilde Kafkas sprechen. Es gibt zwar von ihm eine kleine Reihe Fotografien aus jüngeren und mittleren Jahren, wie sie in dem wichtigen Buch *Franz Kafka, eine Biographie seiner Jugend* von Klaus Wagenbach (Francke Verlag) zu finden sind. Eigentlich ist aber nur ein Bild weithin bekannt und erscheinungsgültig geworden: das wahrscheinlich als Paßbild aufgenommene En-face-Foto vom Herbst 1923, also ein Jahr vor seinem Tode. Es zeigt Kafka im dunklen Anzug mit weißem Umlegekragen, gestreiftem Schlips, darüber ein kleines Dreieck des Halses und der sehr gerade gehaltene Kopf ohne Bedeckung. Das Antlitz ist hell erleuchtet. Höchstens ein Fünftel liegt im Schatten, was man darum beachten muß, weil das Gesicht im ganzen auf leicht erschreckbare Gemüter einen düsteren, unheimlichen Eindruck zu machen pflegt. Dieser Eindruck ist aber nicht nur der sichtbar werdenden Krankheit zur Last zu legen, er wird hauptsächlich durch die große Sonderbarkeit der dunklen Augen hervorgerufen. Es kommt hinzu, daß die an sich nur geringe Schattenfläche des Bildes sich fast übergangslos aus dem tiefen Dunkel der starken, leicht aufwärtsfliehenden Augenbrauen und dem pelzartigen Haupthaar vermehrt. Dieses Haupthaar, mehr wie Natur als wie Frisur erscheinend, liegt einer schwarzen Sichel gleich über der Stirn und scheint ihr, die sich vielleicht gern in der jeder Menschenstirn »natürlichen« Richtung nach oben entfaltet hätte, solche Möglichkeiten abzuschneiden. Schwarzhaarige Menschen haben keine besondere Affinität zu Dunkel und Dämonie. Die helle Dämonie, die blonde Tücke könnte eher Furcht und Vorsicht geratsam erscheinen lassen. So besteht das in einer zwar oberflächlichen, aber deswegen nicht irrealen Schicht zweifellos Unheimliche in Kafkas Gesicht auch nicht darin, daß man von diesem Antlitz und dem dahinter stehenden Menschen ungute Akte befürchten würde. Es scheint sich eher um etwas indirekt Unheimliches, eine Induktionsangst zu handeln, die den eigenen Untergrund anrührt. Man sucht dem Anblick dieses Bildes aus dem Wege zu gehen, so wie bedrückte, kranke, deformierte Gesichter oder die Gesichter von Gestorbenen ungern angesehen werden. Dieser verständliche Abwehrreflex kann sich aber bei Kafka so irrig zum Ausdruck bringen, daß man sein Gesicht überdies für extrem häßlich erklärt und damit den Fall abzuschließen sucht.

Es bedarf indessen noch keiner besonderen Faszination von ihm, vielmehr müßte schon die schlichte sachliche Betrachtung einräumen, daß Kafkas Gesicht umgekehrt zu solchen Behauptungen im Kanon der Schönheit auf oberen Graden steht. Man muß nur von den irritierenden Elementen darin einmal absehen können, also von den sonderbar tierhaft in die Stirn lastenden Haaren und von den ebenfalls offenbar eine versunkene Urtümlichkeit und Urangst wieder heraufbringenden Augen. Gelingt diese Substraktion, so bleiben ein Kopf und Gesicht übrig, die mit dem gemeiner Auffassung nach »schönsten Menschenkopf neuerer Zeiten«, dem Napoleons des Ersten, ernstlich in Wettbewerb treten können. Die scharfe große Nase hat napoleonisches Maß. Der kräftige Mund verrät in der herrlichen Wellenlinie der Oberlippe über dem energischen, aber ganz unbrutalen Kinn eine zu der napoleonischen Unordnung im Energie- und Leidenschaftshaushalt in wohltuendem Gegensatz stehende Gefaßtheit und Disziplin. Keine Spur von Fettansätzen verwischt die Klarheit der Gesichtslinien. Umgekehrt scheint aber auch noch keine bedenkliche Aushagerung alle Blüte des Fleisches zerstört zu haben. Daß die etwas großen, abstehenden Ohren innerhalb ihres eigenen Schönheitskanons »Mängel« aufweisen, wird wettgemacht durch die in der Horizontalen ausgleichende Funktion, die sie im ganzen des sonst fast überschlanken Kopfes ausüben. Warum nicht von »Fledermausohren« sprechen, wenn man darunter einen großen gesteigerten Sinn des Horchens und Aufmerkens versteht! Die Ohren liegen auf derselben Horizontalen wie die Augen und mildern deren beängstigenden Vorrang etwas, ohne jedoch die Intention gespanntester Aufmerksamkeit zu zerstreuen. Dieses Gesicht scheint nicht nur weiter als andere Menschengesichter zu sehen. Es hört, ja es horcht auch tiefer in eine ungreifbare Ferne, obwohl dies sich nur an der stationär gewordenen physiognomischen Gestalt der Ohrmuscheln, also mittelbar kenntlich macht, nicht aber, wie bei den Augen, in einer unmittelbaren Aktion hervortritt.

Wer sich auf diese oder ähnliche Weise zu etwas Sachlichkeit und Gerechtigkeit diesem ursprünglich »unbehaglichen« Antlitz gegenüber hingearbeitet hat, wird nun einen besseren Blick für die außerordentliche Spannung bekommen, die in den angedeuteten Gegensätzen Gestalt gewann. Die übliche psychische Bewegung des Menschen von unten nach oben, von Tier und Trieb zur Helle des Bewußtseins, die sich physiognomisch in der zunehmenden Vermenschlichung der meisten Gesichter nach der Stirn hin auszudrücken pflegt, scheint hier auf den Kopf gestellt. Gerade Stirn und Haupt scheinen vom »Tier« besetzt, das von oben her auch die Augen, das »Herz« des Menschgesichtes, in seinen Bann gebracht hat, während in den bei den meisten Menschen triebverschmierten mittleren und unteren Gesichtsteilen, also in Nase, Mund, Kinn sich eine äußerst verdichtete Menschlichkeit gesammelt hat. Die von einer Mittelfurche an der Wurzel in langem scharfem Grat herabstoßende Nase strahlt bezwingende Kraft und Intelligenz aus. Kinn und Mund sind in dieselbe Spannung von der Horizontalen her einbezogen und von kruder Triebhaftigkeit oder Verschlafenheit gereinigt. Entsprechend scheinen die Ohrspitzen gleichsam Blitze abzufangen und deren Spannung ebenfalls zu Kinn und Mund, in die »menschlichste« Zone hinunterzuleiten. Vor allem aber zeigt sich, daß aus dem »unheimlichen« Blick der Augen zum mindesten keine ungebändigte, triebhafte »Urangst« flackert. Die Angsttiefe der kreatürlichen Existenz ist vielmehr deutlich in die Zucht von Wille und Intelligenz genommen, ohne daß aber Stirn und Haupt, also die Zone des »Geistes« enger daran beteiligt wären. Geist ist ja allemal »der Herren eigner Geist«. Geist ist »Bildung«, Weltanschauung, Phantasie. Kafkas großer Ernst läuft auf den leibhaften physiognomischen Protest gegen jeden geistigen Überbau hinaus. Daher das Unbürgerliche dieses Gesichts. Daher der »neue Typus«, der sich in ihm ausspricht, und der dann freilich in den Proletdichtern und intellektuellen Proletphysiognomien unserer Zeit eine »modische«, auf halbem Wege der Umkehr steckengebliebene Fortführung gefunden hat. Für dieses Gesicht gilt die anthropologische Wendung vom objektiven, in Begriffe und Vorstellungen fixierten Geist zum lebendigen, dialogischen Partnerschaftsgeist. Es gilt das, was der österreichische Denker Ferdinand Ebner einmal so ausgedrückt hat: »Im Verhältnis des Ich zum Du, in seiner Verwirklichung hat der Mensch sein wahres geistiges Leben, nicht aber darin, worin man es am liebsten sieht: daß er in Poesie und Kunst, Philosophie und mythischen Religionen vom Geiste träumt.« Der Traum und gerade der geistige Traum ist in Kafka völlig darangegeben. Es liefe auf die Umkehrung des wirklichen Sachverhaltes hinaus, mit Thomas Manns gönnerhafter Charakteristik Kafka als »Träumer« zu verstehen, der »seine Dichtungen oft ganz und gar im Charakter des Traumes konzipiert und gestaltet« habe, so daß sie die »alogische und beklommene Narretei der Träume, dieser wunderlichen Schattenspiele des Lebens, zum Lachen genau nachahmen«. Der Dialogpartner, mit dem dieser einzigartige Mensch »wahres geistiges Leben« im Sinne Ebners verwirklicht hat, scheint aber kaum mehr das einzelne konkrete Du des menschlichen Gegenübers, sondern ein unsichtbarer Partner von furchtbarer Majestät zu sein. »Wir sollen Gott *fürchten* und lieben, auf daß wir . . .«, heißt es in Luthers Erklärungen der Zehn Gebote mit stereotyper Eingangswendung. Fürchten ist da als wirkliches Fürchten, als ventiliertes Entsetzen zu verstehen. Ventiliertes Entsetzen spricht auch aus den Augen Kafkas, ein Entsetzen, das keine menschlichen, innerweltlichen Dinge hervorrufen könnte. Man soll Kafka keine bestimmte Metaphysik oder Religiosität unterstellen, ihn nicht posthum zu einem Glauben bekehren. Die übergroße Furcht in diesen Augen hat sich nicht zur Vorstellung eines Vaters gesänftigt. Sie ist ohne artikulierte »Offenbarung« da. Andererseits läßt sie sich aber auch nicht gehen wie die »Heiden« und »Weltmenschen«, sondern wirkt von einem persönlich-überpersönlich befehlenden Partner unfaßlicher Dimensionen her. Der Finger des deus absconditus scheint diesen Menschen berührt, ihm, wie einst dem Propheten Jesaia, mit glühender Kohle die Lippen gereinigt, das Triebhaft-Menschliche weggebrannt und ihn in eine Straffheit des Dienstes genommen zu haben, die alle bloß menschengemachte Disziplin und Willensordnung dagegen armselig und lästerlich macht. So versteht sich das dichte, in die Stirn gezogene Haupthaar eher als eine Decke, die ein von innen Brennender über sein Haupt zu ziehen suchte. Es versteht sich aber auch schlicht als eine tatsächliche Tierbeziehung, eine Gefangenschaftsmaske im obersten menschlichen Seinsbereich, ein Verhüllen und eine Verdunkelung dessen, was so lange dem selbstherrlichen Menschen das wichtigste Interesse gewesen war: das Seßhaftwerden in mittleren Seinsbereichen, in Kultur, Kunst, Geist, Gesellschaft, Religion, während das alles doch vor den wahren Widerfahrnissen des Seins nur aufgeputzte Nichtigkeiten sind. Äußerste Gegensätze sind in diesem Gesicht in verborgener Schönheit zusammengebunden. Das Dumpfe und Tierhafte wird von der Kraft des Willens und der Bewußtheit des Denkens bis auf den Grund durchstrahlt. Eine Auskehr, ja, eine Herausgerissenheit aus allem eigenen Sein und seinen Eitelkeiten in ein »Äußeres«, das alle gewöhnliche Außenwelt unendlich übersteigt, hat stattgefunden. Zugleich aber auch eine Einkehr und Innerlichkeit, die tiefer als alle Seele, samt Unterbewußtsein und Archetypen, hinuntergedrungen ist. In Kafkas Gesicht scheint das Moderne, ja das Künftige mit dem Urältesten gekoppelt, der Mensch der hilflosesten Frühe mit dem der perfektesten Rationalität. Unglaube und Offenbarungslosigkeit verbinden sich mit einer Antizipation des Schauens, die den irdischen Zwischenzustand relativer Seligkeit im Glauben schon wieder hinter sich gelassen hat. Es ist – über Paul Klee und Virginia Woolf hinaus – das transparenteste Antlitz, das die moderne Welt und Menschheit hervorgebracht hat. Sicherlich hat das nahende Lebensende seinen Anteil hieran, er allein kann jedoch nicht bestimmend sein, die Grundanlage muß schon viel früher deutlich durchgeschimmert haben. Werfel hat instinktiv das Richtige getroffen, wenn er in späten Jahren sagte: »Als ich vor einem Vierteljahrhundert das erste Mal Franz Kafka von Angesicht sah, wußte ich sofort, daß er ›ein Bote des Königs‹ ist.«

Sigmund Freud und der Mann Moses

Sigmund Freud hat in seinen letzten Lebensjahren eine Studie »Der Mann Moses und die monotheistische Religion«* verfaßt, die in Band 16 seiner Gesammelten Werke nach einer in Amsterdam schon 1939 erschienenen Einzelausgabe wieder abgedruckt wurde. Thomas Mann hat die Schrift gekannt und für seine kleine, im Krieg geschriebene Moses-Erzählung »Das Gesetz« benutzt. Die verwegenste These Freuds, daß Moses gar kein Jude, sondern ein Ägypter gewesen sei, hat Mann aber doch nur zur Hälfte übernommen. Trotz so überraschender Behauptungen und auch trotz der anderen bedeutsamen Umstände, daß es sich um eine späte Stellungnahme des alten Freud zu Judentum und Religion handelt, ist die kleine Schrift bei uns wenig bekannt geworden. Das lag sicher zuerst an ihrem schwer zugänglichen Publikationsort. Gesammelte Werke sind nun einmal dem Leser entrückte Werke, Werke allein für Studienzwecke. Es kommt aber auch hinzu, daß man die Studie in Fachkreisen der Psychologie, Ethnologie, Religionsgeschichte nicht eben zum wichtigsten Oeuvre Freuds zählte. Wenn sie als Band 131 in der »Bibliothek Suhrkamp« neu herausgekommen ist, mag dies deshalb in erster Linie mithelfen, sie einmal an breitere Kreise heranzubringen. Das Thema Moses ist geeignet, Leser anzuziehen, die sonst kaum ein Buch von Freud interessiert, und das Thema Freud im Aspekt seiner Beziehungen zu Religion und Judentum kann für jemanden wichtig werden, der eine von einem anderen Autor verfaßte Studie über Moses auf sich beruhen ließe.

Die Schrift ist aus drei mit Zwischenräumen entstandenen Abhandlungen »Moses ein Ägypter«, »Wenn Moses ein Ägypter war« und »Moses, sein Volk und die monotheistische Religion« zusammengesetzt. Einige Wiederholungen er-

* Sigmund Freud: »Der Mann Moses und die monotheistische Religion«. *Bibliothek Suhrkamp, 1967*

klären sich aus diesen Neueinsätzen. Freud geht von der bekannten Tatsache aus, daß schon der Name Moses auf ägyptischen Ursprung verweist (Tutmoses, Ramoses, Ahmoses usw.). Ägyptisch sei aber auch die von Moses verkündete Religion, eine Weiterführung der universalistischen Gottesverehrung Echnatons, des revolutionären Pharaos aus dem 13. vorchristlichen Jahrhundert, dessen »Sonnenhymnus« als erstes religionsgeschichtliches Zeugnis eines entschiedenen Monotheismus gilt. Moses habe Echnatons Ein-Gott-Lehre von der letzten ihr anhaftenden sinnlichen Beziehung, der zur Sonne, befreit und ganz in den Stand des reinen Denkens emporgehoben. Wahrscheinlich selber zu Echnatons Kreis gehörig, habe er sich in den Wirren nach dem Tode des Pharaos den unterdrückten Hebräern zugewandt und sie zum »auserwählten Volk« dieser Religion, ja überhaupt zu einem »Volke« gemacht. Der Auszug aus Ägypten sei aber friedlich vor sich gegangen. Erst nach der Vereinigung mit anderen semitischen Stämmen in Midian, dem Gebiet Jethros, des Moses-Schwiegervaters, hätten die Juden den Ägypter Moses »umgebracht« und sich das Sinaigesetz und dessen Gott Jahwe, der nur ein Vulkangott der Wüste gewesen sei, von einem zweiten »sanfteren« Moses aus Midian, der mit der zornigen herrischen Gestalt des Ägypters später zusammengewachsen sei, verkündigen lassen. Zwei Gottesvorstellungen also, zwei Völker, zwei Mosesgestalten. Die rigorosen Änderungen Freuds an den biblischen Geschichten, die weiterhin auch alle »legendären Prunkstücke« der Moseserzählung: die Plagen Ägyptens, den Zug durch das Rote Meer, die Sinaioffenbarung usw. ausscheiden, haben Freud offenbar weniger Sorge hinsichtlich der Aufnahme seiner Mosesdeutungen bei Juden oder Christen gemacht als das, was er diesem seltsamen Mosesbild an psychoanalytischer Deutung besonders in der dritten Abhandlung hinzufügte: »Wenn unsere Arbeit uns zu einem Ergebnis führt, das die Religion auf eine Menschheitsneurose reduziert und ihre großartige Macht in der gleichen Weise aufklärt wie den neurotischen Zwang bei den einzelnen unserer Patienten, so sind wir sicher, den stärk-

sten Unwillen der bei uns herrschenden Mächte auf uns zu ziehen.«
Als Freud 1938 solche Befürchtungen aussprach, hat er an das Schuschnigg-Regime in Österreich gedacht, wo sie vielleicht nicht ganz unbegründet, aber sicher überdeterminiert waren. Nach der englischen Emigration hat Freud dann nicht mehr gezögert, auch den dritten Teil seiner Untersuchung, der ihm am anstößigsten erschien, zu veröffentlichen auf die Gefahr hin, manche der neuen Freunde, die »sich um sein Seelenheil bemühten, ihm die Wege Christi weisen und ihn über die Zukunft Israels aufklären wollten«, ebenfalls vor den Kopf zu stoßen.

Solche Sorgen kann man heute als überlebt ansehen. Nur noch religiös sehr unfreie Leser, ob nun Juden oder Christen, mögen am Aussprechen verwegener oder ärgerlicher Behauptungen über Gestalten der sakralen Tradition Anstoß nehmen; nicht zuletzt dank der Psychoanalyse Freuds hat man gelernt, daß Aussprechen immer gut für Wahrheit und Wirklichkeit ist, ja daß die wirkliche Wahrheit samt ihrem subjektiven Korrelat innerer Sicherheit ein weites Vorfeld des Irrtums, der Teil- und Halbwahrheiten zu ihrer schärferen Profilierung braucht.

Freuds Schrift ist im ganzen wichtiger für ihn selber, seine Denkformen und Denkzwänge, als für das Problem und Phänomen Moses. Im Alter ein »weiser« Mann mit großer persönlicher Demut, spielte Freud dennoch gern mit hintergründiger Kühnheit. Solche Kühnheit ist gerade in der Mosesschrift Wege gegangen, die es dem eigenen Judentum vor allen anderen Objekten seiner Provokation zumuteten, die Kröten der Selbstüberwindung zu schlucken. Gleich eingangs sagt Freud: »Einem Volkstum den Mann abzusprechen, den es als den größten unter seinen Söhnen rühmt, ist nichts, was man gern oder leichthin unternehmen wird, zumal wenn man selbst diesem Volk angehört.« Der Satz schließt sich bis in den Sprachgebrauch hinein dem Jargon des Todfeinds an (Volkstum), er lieferte ihm gleich mit seiner Hauptthese Hilfsmittel der moralischen Demontage des Judentums. Dennoch geschieht dies bei Freud mit leicht somnambuler Gewißheit, daß Rettung oder Rechtfertigung am ehesten in der völligen Preisgabe kommt. »Man wird sich durch kein Beispiel bewegen lassen, die Wahrheit zugunsten vermeintlicher nationaler Interessen zurückzusetzen.« Freud scheint auf eine Art beispielhaften Verhaltens aus zu sein, das allein die Angriffe des damaligen Goliath zu besiegen versprach, sich aber auch dann bewährt, wenn es sich bei dem, was man vertritt, gar nicht um endgültige »Wahrheit« handeln sollte. Der heutige Leser wird nämlich nach der Lektüre der Mosesschrift Freuds, selbst wenn er die in ihr gestreiften Fragen der verschiedenen Fachdisziplinen Ethnologie, Religionsgeschichte, Orientalistik, Psychologie auf sich beruhen läßt, recht nachdrücklich in den Verdacht gedrängt, ob es überhaupt »Wahrheit« sei, die Freud hier im Hinblick auf Moses, seine Geschichte und die Entstehungsgeschichte von Religionen im allgemeinen mitzuteilen hat. Auch Freud selber läßt Skepsis und Vorsicht hinsichtlich der Gültigkeit seiner Annahmen walten. Er ist gewiß kein von Wahrheitspathos Besessener, eher ein Galilei- als ein Giordano-Bruno-Typ. Nur daß er seine Forschungen *überhaupt* anstellen und mitteilen müsse, im ganzen wie auch in ihren vielen schockierenden Einzelheiten, darin ist er unerbittlich.

Die Deutung der reduzierten Mosesgeschichte läuft im zweiten Teil nach dem bekannten psychoanalytischen Schema ab (Frühes Trauma – Abwehr – Latenz – Ausbruch der neurotischen Erkrankung – Wiederkehr des Verdrängten). Wird man sich den »Ägypter« Moses zur Not auch in der alttestamentlichen Forschung noch gefallen lassen, so bringt sich Freud mit der zweiten, für ihn unerläßlichen Annahme, daß Moses ermordet worden sein muß (»ohne sie hätte das Ganze ungeschrieben bleiben müssen«, sagt er selber), nicht nur mit der religiösen Tradition in Konflikt, sondern auch mit den Hauptlinien der historischen Wissenschaften. Er stützt seine Annahme auf die Vermutung eines Außenseiters (Ed. Sellin in dessen Buch »Mose und seine Bedeutung für die israelitisch-jüdische Religionsgeschichte« 1922) und auf eine beiläufige Andeutung Goethes in den Noten zum Diwan. Die psychoanalytische Deutung brauchte jedoch diesen »Vatermord«, um ihr Schema ablaufen lassen zu können. Ähnlich lag es mit dem Ritual der Beschneidung, das Freud mit dem Kastrationskomplex zusammenbringt. Moses hat es ebenfalls aus Ägypten übernommen. »Wenn wir mit der biblischen Tradition so selbstherrlich und willkürlich verfahren, sie zur Bestätigung heranziehen, wo sie uns taugt, und sie unbedenklich verwerfen, wo sie uns widerspricht, so wissen wir sehr wohl, daß wir uns damit ernster methodischer Kritik aussetzen und die Beweiskraft unserer Ausführungen abschwächen. Aber es ist die einzige Art, wie man ein Material behandeln kann, von dem man mit Bestimmtheit weiß, daß seine Zuverlässigkeit durch den Einfluß entstellender Tendenzen schwer geschädigt worden ist. Eine gewisse Rechtfertigung hofft man später zu erwerben, wenn man jenen geheimen Motiven auf die Spur kommt.«

Man wird dieses Argument kaum als ausreichende Rechtfertigung ansehen können, zumal Freud noch einen Schritt weitergeht und die Ergebnisse seiner älteren, 1912 erschienenen Schrift »Totem und Tabu« benutzt, in der er die psychoanalytische Methode zum erstenmal auf Fragen der menschlichen Gruppe, also auf das, was er terminologisch ungenau Massenpsychologie nennt, übertragen hatte. Dort war von einer Urhorde die Rede, die der Urvater beherrscht, der dann von seinen herangewachsenen, lange unterdrückten Söhnen in gemeinsamer Aktion entmachtet, getötet und »aufgegessen« wird, danach aber als Trauma in der Gruppe weiterlebt, um schließlich aus der kollektiven Verdrängung wieder ins Bewußtsein emporzutauchen und die Gruppe mit seinem Gesetz zu formen. Freud sieht in Moses diesen Urvater der Juden, der zwar ein Ägypter gewesen ist, aber erst »die Juden geschaffen« und »ihr Selbstgefühl durch die Versicherung, daß sie Gottes auserwähltes Volk seien, erhoben« habe. Daß die völkerkundliche Forschung heute solche Voraussetzungen psychoanalytischer Deutung nicht mehr stützt, hat

Freud nicht angefochten. »Ich habe zu entgegnen, daß mir diese angeblichen Fortschritte wohlbekannt sind. Aber ich bin weder von den Irrtümern Robertson Smiths (Freuds Hauptgewährsmann neben Darwin) überzeugt worden. Ein Widerspruch ist noch keine Widerlegung, eine Neuerung nicht notwendig ein Fortschritt... Ich hatte das Recht, aus der ethnologischen Literatur herauszugreifen, was ich für die analytische Arbeit brauchte.« Spricht sich in solchen Worten die Begrenzung wissenschaftlicher Prinzipien bei Freud selbst aus, so machen sie doch auch wieder Eindruck durch ihre Souveränität. Im Grunde ist es eben weniger die Sache als eine bestimmte, mit ihm stehende und fallende Theorie, deren Geltung Freud mit ebensoviel Vorsicht wie denn auch mit Entschiedenheit bis an den äußerst möglichen Rand durch sie erschließbarer Wirklichkeiten erproben will. Nicht nur die Fachwissenschaft, ganz einfach die »natürliche« Psychologie würde ihm schon längst ins Wort gefallen sein, wenn da mit Selbstverständlichkeit, als ob es sich um die einfachste Sache der Welt handele, vom »Schaffen« eines ganzen Volkes, vom »Übertragen« einer Religion, vom Applizieren eines besonderen Selbstbewußtseins rätselhaftester Art durch die Jahrtausende hin gesprochen wird.

Das, was zur Erklärung der religiösen und ethischen Gegebenheiten des Judentums viel näherliegt, die Annahme, daß hier eben nicht nur Menschen und auch nicht nur »große« Menschen gewirkt, etwas gemacht und geschaffen haben, sondern eine wie auch immer zu bestimmende transzendente Macht an diesen Vorgängen beteiligt war, schließt Freud für sich als Forscher, aber wohl auch als Denker und Mensch aus. Er hat für solche Möglichkeiten allenfalls eine Art melancholischer Trotzreaktion: »Wie beneidenswert erscheinen uns, den Armen im Glauben, jene Forscher, die von der Existenz eines höchsten Wesens überzeugt sind. Wie umfassend, erschöpfend und endgültig sind die Lehren der Gläubigen im Vergleich mit den mühseligen, armseligen und stückhaften Erklärungsversuchen, die das äußerste sind, was wir zustande bringen.« Wenn an dieser das Herz anrührenden Kennzeichnung eine Bestimmung unrichtig ist, dann wäre es am ehesten die, daß »jene Forscher« (sind es überhaupt noch Forscher, sind es nicht nur gewöhnliche, an bestimmter Stelle aber weniger tatsachenblinde »Menschen«?) etwas »Erschöpfendes« und »Endgültiges« über die Details oder auch nur über die Grundzüge jener in Frage stehenden »heiligen« Geschichten auszusagen hätten. Vielleicht haben sie nur einen etwas unvoreingenommeneren Sinn für die richtigen Verhältnisse von Ursachen und Wirkungen bei so inkommensurablen Geschichtsphänomenen, wie es die Religionen der Menschheit sind, und etwas mehr Vorsicht im Umgang mit den gegebenen literarischen Zeugnissen solcher Geschehnisse. Die »Geschichtlichkeit« der Gestalt Moses, an der auch Freud ja nicht zweifelt, bedeutet ähnlich wie etwa die Geschichtlichkeit Jesu von Nazareth noch nicht, daß es auch möglich sein müsse, sie aus dem Helldunkel, in dem sie sich hält und in allem Wesentlichen zwar deutlich sichtbar, aber eben nie ganz greifbar ist, in die volle Helligkeit heranzuholen. Freud hat das Seine zu Moses, Judentum, Religion mit der ganzen ihm eignen Würde und Unumwundenheit des Wissenschaftlers, des modernen Menschen, eines beteiligten Angehörigen des jüdischen Volks, der doch von solcher Blutsbindung nicht zu blenden war, gesagt; wie kann es anders sein, als daß die Aussage ihn selbst mehr spiegelt als den großen Propheten in der grauen Geschichtstiefe!

Das jüdische Christusbild dieser Zeit

Wenn wir uns heute im Zeichen mannigfacher jüdisch-christlicher Annäherungen über das jüdische Christusbild und die jüdischen Christentumsvorstellungen unserer Zeit orientieren wollen, gibt es sicherlich kein besseres Hilfsmittel als das Fundamentalwerk jüdischer Jesus- und Christentumsforschung, Joseph Klausners zweibändige Arbeit »Jesus von Nazareth« und »Von Jesus zu Paulus«, die in einer erweiterten Neuausgabe in deutscher Sprache erschienen ist*. Wie sieht dieses Bild nach den Forschungen und Überzeugungen Klausners in seinen wesentlichen Zügen aus? Fast wie ein Motto oder eine zusammenfassende Erkenntnis steht über Klausners Werk der Satz des protestantischen Theologen Julius Wellhausen: »Jesus von Nazareth war kein Christ, er war Jude.« Die allzu vordergründige Vermutung mancher älteren antichristlichen Polemik, Jesus die Existenz abzustreiten, wird von dem Nichtchristen Klausner von vornherein abgelehnt. Es stehe außer Frage, daß Jesus von Nazareth existiert habe und daß sein Leben auch im wesentlichen dem Gerüst der evangelischen Berichte, zumal dem Bericht des Markus gemäß verlaufen sei. Der Talmud hielt Jesus immer für einen Juden, er nennt ihn sogar mit Namen (was für Paulus nicht geschieht), wenn sich auch der Zusatz »der Freche« oder die Verschlüsselung »Bilcam« in talmudischen Berichten findet. Die von dem römischen Schriftsteller Celsus verbreitete Legende, daß Jesus der uneheliche Sohn eines römischen Soldaten, Pandera oder ähnlich genannt, gewesen sei, erklärt sich für Klausner einfach aus der frühen antiken Polemik gegen den christlichen Glauben an eine übernatürliche Geburt Jesu; vielleicht gehe der unterstellte Vatersname sogar auf eine Verballhornung des griechischen Ausdrucks hüos tes parthenou zurück. Die erste jüdische Generation habe noch keinen starken Haß auf Jesus gehabt, ebenso wie seine Anhänger vor dem Auftreten des Paulus noch als eine jüdische Sekte angesehen werden können. Jesus stammte aus Galiläa (die Abstammung von David sei »legendär«, wie Klausner überhaupt, auch im Fall des Paulus, längere Ahnentafeln jüdischer Geschlechter in der Zeit Jesu für unwahrscheinlich, ja für erdichtet hält). Jesus müsse seinem Charakter nach ein »naiver schwärmerischer Kleinstädter«, ein »Träumer und Visionär« gewesen sein, der im Zim-

* Joseph Klausner: »Jesus von Nazareth, seine Zeit, sein Leben und seine Lehre«. *3. erweiterte Auflage 1952.* Joseph Klausner: »Von Jesus zu Paulus«. *Übertragung aus dem Hebräischen unter Mitwirkung des Verfassers von Dr. Friedrich Thieberger. 1950 Beide Bände in The Jewish Publishing House Ltd./Jerusalem*

mermannsberuf Tierjoche und Pflugscharen anfertigte. Einschneidend für seine Berufung sei erst die Johannestaufe geworden, die man schon aus dem Grunde als historisch annehmen könne, weil sie als ein Anstoß und Ärgernis sonst kaum von den Evangelien berichtet worden wäre. Die Reihenfolge der auf die Taufe folgenden Versuchungen müsse indessen den jüdischen Vorstellungen gemäß umgestellt werden. Die erste Versuchung sei die der Macht des Königstums gewesen, die zweite die der Thoragelehrsamkeit, in »der Zinne des Tempels« symbolisiert, die dritte erst die des irdischen Reichtums, der Speise. Alle drei zusammen machen Eigenschaften und Fähigkeiten des echten jüdischen Messias aus, aber Jesus verwirft sie alle drei, weswegen er auch sein Messiastum hätte verbergen müssen. Er nennt sich demgegenüber nach Ezechiel, Menschensohn, Ben Adam, und verhüllt und enthüllt zugleich damit seine Messianität, die ein lebensgefährliches Bekenntnis gewesen wäre. Jesu Auftreten habe nur ein Jahr gedauert, und zwar im wesentlichen im engeren galiläischen Gebiet. Seine Rede dürfte prophetisch gewesen sein, aber statt der prophetischen Ausdrucksweise »so spricht der Ewige« habe er sich selbst als Sprecher eingesetzt und sei darin von jüdischen Grundvorstellungen abgewichen. Seine Wunder werden von Klausner im wesentlichen im Stile modernen liberalen und rationalistischen Entmythologisierens durch Suggestionskraft und zufälliges Zusammentreffen günstiger Umstände, wenn nicht einfach als spätere Legenden erklärt. Der jüdische Kritiker »vergißt« in diesen Passagen, daß es auch im Alten Testament der Wunder genug gibt, daß auch »der Größte in Israel«, der natürlich Mose und nicht Jesus heißt, derlei Machterweise geliefert hat. Wichtiger für das Gesamtbild ist jedoch, daß Jesus sich im wesentlichen, nach Auffassung Klausners, ganz im Rahmen des jüdischen Gesetzes bewegt habe. Seine nächsten Jünger, Jakobus und Petrus, die nach seinem Tode gegen Paulus zuerst für die Beibehaltung der jüdischen Speisegesetze, der Beschneidung usw. eintreten, ehe sie den Kompromiß des »Apostelkonzils« eingehen, müssen nach Klausner an Jesus selbst diese Gesetzestreue beobachtet haben, um sich in dieser Weise zu verhalten. Von den Jüngern stammte wahrscheinlich nur Judas aus dem jüdischen Kernlande Judäa. Jesus »hätte ihn nicht unter seine Apostel aufgenommen, wenn er seinen Verrat für möglich gehalten hätte«. Also war er »kein tiefblickender Menschenkenner«. Er war aber auch nicht so sanftmütig und überirdisch, insbesondere nicht so wenig »jüdisch national«, wie ihn die Christen ausgeben. Oft zeige er »Furcht«, z. B. vor Herodes Antipas, aber auch davor, seine Wunderkraft in Gegenwart von Pharisäern zu »versuchen«. Er gehe überhaupt wenig in die Städte selbst, sondern halte sich meistens in den Vorstädten auf. Die Annahme, daß er seinen Jüngern mitgeteilt habe, er werde getötet werden und nach drei Tagen auferstehen, »übersteigt die Grenzen wissenschaftlicher Wahrscheinlichkeit«. Er könne auch kaum den Ausspruch getan haben, daß man sein Kreuz auf sich nehmen solle, weil er ja der jüdischen Gerichtsbarkeit in Galiläa unterstand und diese Todes- oder Leidensart keinen »konkreten Sinn« für ihn gehabt haben könne. Wir zitieren und referieren vorerst weiter ohne Zusatz und Kritik, die uns in den angeführten Beispielen schon mitgegeben erscheinen: Jesus habe auch nicht mit seinem unglücklichen Ende in Jerusalem »gerechnet«. Seine »größte Tat« sei die Tempelaustreibung gewesen, die freilich ihre Unwahrscheinlichkeiten habe, da es in den Tempelvorhöfen damals solchen Handel kaum gegeben habe. Vor der Thora ist Judas gerechtfertigt, da Jesus vor ihr in der Tat ein »falscher Prophet« war. Geld könne keineswegs die Ursache des Verrats gewesen sein. Judas war über »die menschliche Schwäche seines Herrn verzweifelt«, er war ein »judäischer Gelehrter, mit viel Kritik, kühlem Verstand und kaltem Herzen, gewohnt zu kritisieren und genau zu prüfen« (es kommt einem fast wie ein Selbstporträt des Autors vor, wenn man die Passagen über Judas auf S. 48 in Klausners Jesusbuche liest). Alle anderen Jünger seien »ungebildet« gewesen. Immerhin hätten aber gerade die viel gescholtenen Pharisäer Jesus nicht zum Tode verurteilt, da sie »am mildesten strafen«. Auch die Mischna hätte Jesus nicht verurteilt, da er den Gottesnamen ja in der Gerichtsverhandlung nicht ausgesprochen hat. Es sei überhaupt unwahrscheinlich, daß ihn der Hohepriester gefragt habe, ob er »der Sohn Gottes« sei, ebenso wie eine Bespeiung im Hause des Hohenpriesters eine »reine Unmöglichkeit« darstelle. In der schnellen Aburteilung liege dann aber eher eine Milde, »weil sonst der Verurteilte die sieben Pessachtage hätte leiden müssen«. Außerdem hätten politische Unruhen entstehen können, so daß Jesu schneller Tod das Volk in der Tat bei einem eventuellen Aufstand vor der Rache des Pilatus geschützt habe. »König der Juden« war das einzige, was man einem Pilatus von den Funktionen des Messias verständlich machen konnte. Andererseits sei ein Wort »Mein Reich ist nicht von dieser Welt« in Jesu, »eines Juden Mund« unmöglich. Ebenso widerspreche eine bloße Geißelung, wie sie Pilatus beabsichtigt haben soll, den damaligen Gerichtsgewohnheiten, die die Geißelung untrennbar mit der Kreuzigung verbanden. Das Waschen der Hände in Unschuld sei ein spezifisch jüdischer Brauch, während Pilatus nach den Berichten des Josephus und Philo über ihn für eine solche Geste viel zu grausam und judenfeindlich gewesen sei. Die Evangelisten hätten ebenso wie Paulus ihre Berichte mit Fleiß aus der politischen Situation heraus römerfreundlich gefärbt und alles getan, um die Schuld an Jesu Tod den Juden als Volk aufzubürden, während er in Wirklichkeit nur einem fragwürdigen sadduzäischen Gericht zum Opfer gefallen sei.

Warum hat nun Jesus aber auch nach seinem Tode keine Rehabilitierung in seinem eigenen Volk gefunden? Klausner beantwortet diese abgründige Frage mit erstaunlich »sicheren«, aber auch ebenso vordergründigen Argumenten. Zunächst einmal habe er den Juden nichts Neues gebracht. Es gebe kein Wort und keinen Lehrsatz Jesu, der sich nicht schon im Alten Testament oder in Talmud und Mischna finde. Hierfür bringt der Autor in der Tat ein sehr reiches und fesselndes Beispielmaterial, das bis zu spezifischen Gleichnisreden aus Jesu Munde reicht. Im Talmud geht z. B. der Elefant durch ein Nadelöhr. Bilder wie »Splitter und Balken«, oder ethische Beobachtungen wie das Ehebrechen mit den Augen finden sich schon in jüdischen Quellen. Nur das Vaterunser dürfte nach Klausner Jesu eigenste Schöpfung sein. Es ist, wiederum nach Klausner, »schön, volkstümlich und herzlich, kurz und von inniger Frömmigkeit«, hingegen finde sich auch hiervon »jeder einzelne Satz in jüdischen Gebeten und Talmudsprüchen«. Nur sagte Jesus »alles viel markanter als die Halacha und Midraschim«. Daher dann Klausners Gesamturteil, daß er »der reinste jüdische Ethiker« und »geradezu *der* Lehrer der Sittlichkeit« gewesen sei; ein Urteil, das dem Autor in den verschiedensten Kreisen seiner Glaubensgenossen sofort »Proteste und Erbitterung« einbrachte, weswegen er es denn auch zum Schluß wieder nur auf die »Form und Anordnung« von Jesu Ethik beschränkt, die inhaltlich »nichts grundsätzlich Neues gebracht« habe. Mehr noch; der »Extremismus« des Ethischen bei Jesus wurde für Judentum *»und die Menschheit«* ein Nachteil! Er »berücksichtige das Nationale« nicht, und 2000 Jahre Christentum »hätten bewiesen, daß sich das Judentum hierin nicht geirrt habe«. Der Idealtyp des jüdischen Propheten sei demgegenüber Jeremia, der ethisch und politisch zugleich wirkte; und der Idealtyp der Talmudzeit sei Hillel; Jesus aber »besaß nicht den politischen Weitblick noch die Gabe, das Volk mit göttlichen Worten zu trösten«, wie die Propheten es taten.

Ähnliche Grundlinien zeigt danach im zweiten Bande das Porträt des Paulus. Wenn Jesus selbst nach Klausner noch fest im Judentum verblieb und »nicht daran dachte, eine neue Religion oder Kirche« zu gründen, so erfolgte mit dem Diasporajuden Paulus, der die hellenistische Atmosphäre seiner Umwelt eingesogen hat, der Ausbruch aus dem Judentum in die Heidenwelt und die eigentliche Schöpfung des Christentums als einer Synthese von Judentum und Heidentum. An die Stelle des jüdischen Gesetzes seien die Dogmen der christlichen Kirchen getreten sowie der ganze Prozeß der Vergottung Jesu, zu der dieser selbst kaum zureichenden Anlaß als Jude geboten habe. Was aber sei schließlich dieser Entwicklung von jüdischer Seite als wahres Positivum entgegenzusetzen? Einmal die allein durch die Thora gewährleistete Erhaltung des jüdischen Volkes bis zur Stunde, das sich längst ohne diese Einschränkung, wenn es das Christentum angenommen hätte, in der Welt der Völker aufgelöst hätte. Andererseits aber auch die legitim jüdische Idee eines »ethischen Monotheismus«. Nicht gerade expressis verbis, aber doch implizite betrachtet der jüdische Gläubige und auch der jüdische Forscher Klausner daher das ganze inkommensurable Ereignis und Heils-Geschehen des Christentums als eine historische Pseudomorphose, der eine andersartige Idee von Welteinwirkung des jüdischen Glaubens auf die Völker gegenübersteht, die sich zwar noch nicht verwirklicht habe, aber im sittlich-religiösen Fortschrittsdenken des Juden angestrebt werde: ein Reich von dieser Welt, ein Reich der Sittlichkeit und Wahrheit des an Gott gebundenen Gehorsams gegen das Gesetz, mit dem jüdischen Volk als seiner Kernzelle in der Mitte. Jesus aber ebenso wie Paulus dürfe mit Maimonides immerhin eingeräumt werden, daß sie »Wegbereiter zum König Messias« gewesen seien.

Wir sind seit bald zweihundert Jahren Aufklärung, Leben-Jesu-Forschung, Evangelienkritik und Entmythologisierung an die ganze Skala »nüchterner« Kategorien und Sprechweisen über die dem christlichen Glauben heiligen Dinge, Personen, Vorgänge und Schriften wenigstens im Protestantismus so gut gewöhnt, daß dieses jüdische Jesusbild, das wir natürlich nur in einigen seiner markantesten Züge und Färbungen wiedergeben konnten, heute, außerhalb des engeren kirchlichen Bereiches, kaum noch als ungeheuerlich oder gar blasphemisch empfunden werden dürfte. Man wird sogar sagen können, daß es nur gut ist, wenn sich in dieser Weise die in der bisherigen Geschichte des Christentums mehr oder weniger unterdrückte und zensurierte Meinung des jüdischen Volkes von seinem für die Menschengeschichte ja ohne Frage bedeutendsten Sohne einmal im größten Zusammenhange und mit den Mitteln der modernen historischen und textkritischen Forschung unumwunden aussprechen konnte. Das

Wort Jesu selber, daß eine Lästerung des »Sohnes« eine vergebbare Sünde sei, womit er also selber den Menschen zur Ehrlichkeit auch gegen ihn mittelbar auffordert, kann alle solche Forschungen und Thesen weitgehend sogar gegen einen engherzigen Begriff des Glaubens und dessen, was ihm »heilig« sei, was er sich nicht nehmen und nicht schmähen lasse, abdecken. Schlimm genug, wenn christlicher Glaube nicht fest und sicher genug wäre, um solchen Versuch seiner »Desillusionierung« zu ertragen und mit demjenigen, der ihn unternommen hat, weiter in einem Gespräch unter gegenseitiger Achtung und Liebe zu verharren. Nur wird man nicht verkennen dürfen, gerade wenn einem dieses jüdische Jesusbild einmal in solcher Abrundung und Offenheit gezeichnet wird, daß die faktischen Möglichkeiten eines christlichen Antisemitismus, wie sie ja in der Geschichte leider genug Wirklichkeit waren, neuerdings aber nach den fürchterlichen Exzessen des säkulären Antisemitismus der Naziepoche von Christen oft überhaupt nicht mehr als Gefahr bedacht werden, in den abgründigen Differenzen von Judentum und Christentum eben doch eine reale Wurzel haben und wohl auch behalten. Im einzelnen erscheinen die folgenden Haupttendenzen in Klausners Jesus- und Paulusbuche nicht konsequent, vielleicht sogar nicht ganz ehrlich: einerseits das tiefe, fast leidenschaftliche Bestreben, Jesus, aber auch Paulus unbedingt für das Judentum, man kann schon fast sagen für eine jüdische Nationalität zu reklamieren (»Es ist nichts Unjüdisches an ihm«). Andererseits rangieren beide nach Klausner aber wiederum ganz hinten und am Rande des eigentlichen, echten Judentums, und die Ablehnung ihrer Lehren geschah Rechtens sogar bis zum Prozeß hin, dessen Schwierigkeit oder zu hartes Urteil dann wiederum nur einem historisch erledigten Teil des damaligen Judentums, den Sadduzäern, zur Last gelegt werden soll. Hier herrscht überall Zwielicht in Klausners Buch, wie überhaupt die Beurteilung und Charakteristik von Jesus sowohl wie von Paulus eine solche dialektische Spannweite der Attribute von ganz positiven bis zu ganz negativen aufweisen, daß am Ende überhaupt keine echte Charakteristik mehr herauskommt. Abgesehen von der heilsgeschichtlichen Frage, ebenso wie von der internen Glaubensfrage, deren Verständnis im christlichen Sinne dem jüdischen Darsteller billigerweise nicht zugemutet werden kann, versagt jedoch bei Klausner auch der Historikerinstinkt gegenüber den rein weltgeschichtlichen Dimensionen seines Gegenstandes. Er versagt in einer genau entsprechenden Weise, wie vorher jeder »psychologische« Instinkt gegenüber den menschlichen Dimensionen Jesu ebenso wie des Apostels Paulus versagt und wie (in noch einmal analoger Weise) die ästhetische und literarische Urteilskraft bei den Vergleichen von Prophetenrede und Neuem Testament oder Talmud, Midrasch und Neuem Testament versagen. Es kann kaum anders ausgedrückt werden, als daß in diesen Dingen der jüdische Autor den Wald vor Bäumen nicht mehr sieht, daß ihn das Maß für alle geschichtlichen und menschlichen Größenverhältnisse verläßt, wie es schon viele andere Beurteiler und Darsteller der Person Jesu aus säkularem Bereich in ähnlicher Weise verlassen hat und immer wieder verläßt, bis zu den heutigen Romanciers hin, die den »Meister«, seine »letzten Versuchungen« und dergleichen, dazu die vielumrätselte Judastragödie mit den Mitteln epischer Einfühlung zu durchleuchten versuchen. Dennoch kann es gerade dem Christen, vom unmittelbar beteiligten Neutestamentler und Fachtheologen gar nicht zu sprechen, nur dringend empfohlen werden, sich einmal der »Versuchung« zu stellen, die dieses große, im einzelnen mit so viel Akribie und im ganzen keineswegs ohne Liebe und Gerechtigkeit entworfene Bild des Stifters und des ersten Apostels der christlichen Kirche zweifellos mit sich bringt. Es gibt kaum ein zweites Buch, das einen am Ende seiner Lektüre, mit einem Worte Albert Schweitzers zu sprechen, »vom unaussprechlichen Geheimnis« der Person Jesu von Nazareth so sehr überzeugt und in dessen Tiefen zurückwirft wie eine solche, dieses Geheimnis zum bloßen Mirakel reduzierende Darstellung. Das jüdisch-christliche Religionsgespräch, in dem Joseph Klausner eine bedeutsame und sicherlich noch lange weiterwirkende Stimme hat, kann nur ein dialektisches Gespräch sein. Das sieht man aus diesem Werk, und man erfährt an ihm auch eine andere wichtige Erkenntnis, daß die leibliche und irdische Nähe nicht unbedingt in diesem Falle eine Verbesserung der Aspekte auf die Sache mit sich bringen muß.

Qumran und Christentum

Des Schreibens, Redens, Spekulierens und Interpretierens über die inzwischen zu einer Berühmtheit erster Ordnung gewordenen Schriftrollen vom Toten Meer ist jahrelang kein Ende gewesen. Dagegen wäre nichts einzuwenden, wenn ein gewisser Fortschritt in der Kenntnis der Dinge auch beim Laienpublikum oder wenigstens bei denen, die diesem Publikum die Informationen liefern, zu spüren wäre, wenn uns also nicht immer wieder, um der Provokation und Sensation willen, windige Spekulationen als mögliche Schlüsse, bare Falschhciten als Tatsachen verkauft worden wären: »Die Rollen geben Zeugnis von der Existenz eines sogenannten Lehrers der Rechtschaffenheit, der bereits vor Christi Geburt vieles forderte – Armut, Demut, Nächstenliebe –, was später in der christlichen Lehre verbreitet wurde. Auch dieser Lehrer der Rechtschaffenheit, der Riten wie das Abendmahl pflegte, wurde als Auserwählter und Messias Gottes gefeiert. Wesentliche Unterschiede zwischen ihm und Jesus von Nazareth waren allerdings, daß sich der Lehrer der Rechtschaffenheit als Mensch und nicht als Sohn Gottes fühlte und daß er die Ausbreitung seiner Lehre nicht wünschte. Wahrscheinlich ist er auf Befehl des Judenkönigs Alexander Jannaeus gekreuzigt worden. Seine Anhänger sollen ihn beigesetzt und sein Grab in der Überzeugung bewacht haben, daß er einst auferstehen werde.« Wer derlei ohne nähere Sachkenntnis liest – und den zitierten Text dürften viele gelesen haben, da er mit Bildern und anderen »Enthüllungen« in einem weitverbreiteten Nachrichtenmagazin stand –, wird derselben Informationsquelle wahrscheinlich auch abnehmen, daß die Kirchen und die Theologen »eine Abneigung hätten, das Thema fest anzupacken und es in historischen Perspektiven zu sehen«, kurzum, daß das Christentum sich wieder einmal in einer großen Existenzkrise befinde und es vielleicht nur noch eines unwesentlichen archäologischen oder religionsgeschichtlichen »missing link« bedürfe, um die »gemeine« Menschenherkunft Jesu von Nazareth, das heißt die Unwahrheit von Bibel und Dogma, manifest zu machen.

Dies alles bei einem Stand der Dinge, der auch damals schon über derlei Möglichkeiten, subjektive Einfälle zu haben, persönliche Entdeckungen zu machen, kapriziöse Enthüllungen vorzunehmen, hinausgediehen war. Einer christlichen Apologetik, soweit sie heute mit dem Thema befaßt ist, bieten die Schriftrollen vom Toten Meer kaum ernstere Probleme, als sie beispielsweise durch das einfache Miteinander verschiedener Weltreligionen in der Gegenwart aufgegeben sind. Ja, man kann etwas zugespitzt sagen, daß es »größere Sorgen« im Innenraum der christlichen Theologie, zum Beispiel in der richtigen Verarbeitung des Entmythologisierungsimpulses gibt als nach außen hin in der Erkenntnis und Einordnung der Beziehungen des frühen Christentums zur Qumransekte. Das Beispiel der Entmythologisierung sei hier nicht von ungefähr gewählt. Daß der ganze Komplex der Schriftrollen und der von ihnen aufgeworfenen religionsgeschichtlichen Probleme nahe an das Sachgebiet der Bultmannschen Forschungen zur Entwicklungsgeschichte und Formkunde des neutestamentlichen Verkündigungswortes grenzt, versteht sich von selbst. Wer daher nur auf Grund vager Kenntnis irgendwelche negativen Hoffnungen hegte, mit den Schriftrollenfunden die »Entmythologisierung« noch einen Schritt weiter »hinaus aus Glaube und Kirche« stützen oder vorantreiben zu können, dürfte einigermaßen erstaunt sein, daß die schlüssigste, subtilste und in ihrer Methodik einwandfreiste Textvergleichung des essenisch-qumranschen Sektenschrifttums mit den synoptischen Texten des Evangeliums von einem Vertreter der Bultmann-Schule stammt und daß dieser Vergleich seine interessantesten Ergebnisse in der Differenz beider Überlieferungen zeitigte. Das scheinbar und in mancher Hinsicht auch tatsächlich Nahverwandte kehrt in diesem Fall wieder einmal gerade für die unerschrocken darauf zugehende Betrachtung einen unüberbrückbaren Hiatus heraus. Anders und gleichsam populär ausgedrückt: Ein Christentum, das sich am wenigsten in seiner »Vorrangstellung« verteidigt, das die geringste Angst vor seiner Relativierung hat – und es gibt heute keine vorurteilslosere theologische Schule als die des Entmythologisierungsdenkens –, erweist indirekt, ohne jede Emphase und Überredung, die Sondergestalt, wenn man will also die am besten gesicherte »Einmaligkeit« dieses selben Glaubens, auch im Umkreise »sprechender« Verwandtenähnlichkeiten.

Wir nehmen hier Bezug auf das zweibändige Werk des Mainzer Professors für neutestamentliche Theologie, Herbert Braun, »Spätjüdisch-häretischer und frühchristlicher Radikalismus. Jesus von Nazareth und die essenische Qumransekte«, das im Verlag J. C. B. Mohr (Paul Siebeck) Tübingen erschienen ist. Die hebräisch-griechischen Sprachschwierigkeiten dieses Buches, im besonderen seiner überwältigenden Dichte von Einzelbelegen werden es leider ausschließen, daß sich Laieninteressenten an seine Lektüre machen, eine Lektüre, von der sich der Verfasser vorstellt, daß sie »die betreffenden hebräischen Texte aus der Sektenliteratur und die griechischen Essenerreferate, dazu die griechische Synopse aufgeschlagen neben sich hat«. Gleichwohl lassen sich Brauns Ergebnisse im gröbsten Umriß auch in einem Aufsatz wiedergeben, nur daß sie in einem solchen Umkreis schwerlich die Art von Sensation hergeben, die von bestimmten Publikationsorganen gern für dieses Thema gewünscht wird. Zunächst das Gemeinsame von Sektenschrifttum und »Jesustradition« (wie Braun sich farblos-wissenschaftlich ausdrückt): Beide Bewegungen radikalisieren das offizielle damalige Spätjudentum in seiner »rabbinischen« Ausprägung. Sie verschärfen die Gesetzes-(Thora-)Forderungen und intensivieren zugleich den eschatologischen Gesichtspunkt, daß das Endgericht nahe bevorsteht, der Mensch also »nicht mehr viel Zeit hat«. In losem Zusammenhang hiermit steht das ebenfalls beiden Bewegungen gemeinsame kritische Verhältnis zu Besitz und Ehe. Die Sektentradition ist freilich nicht einheitlich, da sie vom ältesten Überlieferungstext, der sogenannten Sektenregel, über einen Habakukkommentar bis zur Damaskusschrift verschiedene Stadien der Sektengeschichte etwa vom zweiten vorchristlichen Jahrhundert bis zum zweiten nachchristlichen durchläuft. Der viel zitierte »Lehrer der Gerechtigkeit« taucht zum Beispiel nur im Habakukkommentar auf, von seiner »Kreuzigung« und »Auferstehung«, auch vom »Abendmahl« findet sich kein Wort in den Schriftrollen, desgleichen nicht von seinem persönlichen Messiastum. All das ist aber für einen Vergleich relativ unwesentlich sowohl in den Ähnlichkeits- wie in den Differenzpunkten. Es kann gar kein Zweifel bestehen, daß die Qumranfunde zusammen mit der schon vor 50 Jahren gefundenen Damaskusschrift und den aus Josephus und Philo gezogenen Essenerreferaten eine religiöse Vorstellungswelt sichtbar machen, die derjenigen des Neuen Testamentes insbesondere in den angegebenen Motiven, aber auch in mancherlei Einzelvorstellungen und Begriffen nahe verwandt ist; noch näher verwandt als die jüdische zeitgenössische Umwelt, wie sie uns nach ihrer religiösen Seite in den Rabbinertexten einsichtig wird, den Vorstellungen und der Gedankenwelt Jesu und seiner Jünger es ohnehin ist. Diese Familienähnlichkeit, die durch die Qumranfunde nicht erst »festgestellt«, sondern nur bestätigt und nach einigen Richtungen näher ausgeführt wird, macht nun aber die gerade an ihr erkannten Unterschiede zum eigentlichen Witz der Sache, zum weit interessanteren Problem eines solchen Vergleichs.

Auch über diese Unterschiede läßt sich in grobem Umriß aus Brauns subtiler Vergleichsarbeit das Wichtigste so referieren, daß es bei einigem gutem Willen fortan allgemeines Erkenntnisgut werden und luftiges Gerede über dieses Thema ablösen kann. Der Unterschied setzt sofort und gleichsam mitten in der größten Ähnlichkeit, beim gemeinsamen Gegensatz von Sekte und Jesustradition zum offiziellen Judentum ein, also bei der Thoraverschärfung. Die Sekte verschärft die ganze Thora, das Kultische zugleich mit dem Moralischen. Jesus und die Urgemeinde dagegen verschärfen nur die moralischen Forderungen wenn möglich noch stärker, um zugleich die rituelle Seite des jüdischen Gesetzes weit unter das vom offiziellen Judentum geforderte Mindestmaß absinken zu lassen. Jesus warnt vor Reichtum und Besitz, er verlangt aber für seine Nachfolge nicht unbedingte Besitzlosigkeit innerhalb einer klösterlichen Gemeinschaft, wie es die Sekte tut. Der Unterschied ist hier besonders kennzeichnend und zugleich reizvoll, indem er die dem Christentum überall eigene Berücksichtigung des Individuellen auch bei schärfsten moralischen Anforderungen sichtbar macht. In der Sekte mußte man allen Besitz abliefern, wurde aber durch den Gemeinschaftsbesitz doch in bescheidenen Grenzen der materiellen Sorge enthoben. Jesus dagegen verurteilt das Besitzen überall, wo es dem Menschen zu einer Sorge wird; er entsichert ihn total, weil er ihn allein auf Gottes Sorge ausrichten will, ohne daß er dies durch eine doch wieder hintenherum sichernde Ablieferungspflicht unterbaut. Ähnlich das christliche Verhältnis zu Weib und Ehe, wo der Radikalismus der Sekte wiederum grundsätzlicher Natur ist, während Jesus zwar auch eine starke Tendenz zur Ehelosigkeit durchblicken läßt, sie aber nur als Impuls der individuellen Situation unterordnet und kein striktes Eheverbot ausspricht. Alle diese tiefsitzenden Differenzen resultieren aus einem grundsätzlich andersartigen Verhältnis des Menschen zu Gott bei beiden Bewegungen. Die Sekte erkennt den Menschen zwar als Sünder, stärker als dies im offiziellen Judentum der Fall ist; sie teilt aber mit dem orthodoxen Judentum die Hierarchien des Sünderseins, ja sie verschärft sie noch. Nur das ordentliche Sektenmitglied kann zuletzt vor Gott im Gericht bestehen, alle anderen Menschen, auch alle im offiziellen Judentum verharrenden Glaubensgenossen gelten als verlorene Kinder der Finsternis. Jesus teilt diese Radikalisierung des Sünderseins gegenüber dem offiziellen Judentum, aber er dehnt sie zugleich auf alle Menschen, auch auf diejenigen aus, die sich durch besondere Heiligungs- und Reinigungspraktiken selbst zu salvieren trachten. Einem radikalen Sündersein aller Menschen steht bei ihm die Kontrapunktik einer ebenso radikalen, allen Menschen geltenden Gnadenzuneigung Gottes gegenüber. Hier ist der Quellpunkt der Universalität des Christentums, zu dem sich die Sektenfrömmigkeit in keinem ihrer Stadien hat aufschwingen können. Hier basiert auch der Unterschied der beiderseitigen Ethik, indem allein das Christentum den Begriff des Nächsten über die offizielle jüdische Auffassung, aber auch weit über die der Sekte hinaus, auf jeden Menschen ausdehnt. Für den gläubigen Juden war nur der Glaubensgenosse ein Nächster, für den Essener sogar nur der Mitessener, während ihm sonst gegen die Menschheit keineswegs »Demut und Nächstenliebe« (um unsern irreführenden Eingangstext zu zitieren), sondern hinter der Maske von Höflichkeit und Demut geradezu Haß geboten war.

Wenn man sich solche zentralen Entsprechungen und Unterschiede einmal in allen ihren Folgen deutlich gemacht hat, werden fortan die viel beredeten Fragen der Christologie, ja sogar die Fragen aus dem Zentrum des christlichen Glaubens von Kreuz und Auferstehung im Rahmen dieses Vergleichsdenkens relativ unwesentlich, da sie ohnehin die historischen, wissenschaftlich legitimierbaren Horizonte der Debatte überschreiten. Die Primärentscheidung für Christentum oder Sekte gabelte sich bereits bei den angedeuteten Differenzpunkten. »Ob das Zentralphänomen der Jesustradition, dies erstaunliche Nebeneinander von ernstester Forderung und doch schrankenloser Annahme (durch Gott) dem Beobachter etwas besagt, das wird allerdings nur von innen her, also höchst voraussetzungsvoll entschieden und demgemäß höchst voraussetzungsvoll auch erst recht erkannt und erfaßt: im Gehorchen, im Scheitern und im Gehaltenwerden. Nur von da aus wird der Beobachter in der Jesustradition Offenbarung erkennen; aber dann hat er bereits aufgehört, nur Beobachter zu sein.« Solche Schlußworte Brauns deuten an, daß keinerlei Mittel und Begriffe der »systematischen« Theologie, nicht einmal die eines literarischen Formvergleichs, der die Überlegenheit des »Gottesworts« vor dem »Menschenwort« der Sektentexte schon »auf Anhieb« deutlich machen, wenn auch nicht wissenschaftlich erweisen könnte, für seine Arbeit eingesetzt wurden. Die evangelische Theologie hat einen ihrer nüchternsten Vertreter ausschikken können, um in einem scheinbar so gefährlichen Prozeß als ihr Anwalt, besser noch bloß als »Sachverständiger« zu fungieren. Da hat es seine Ironie, daß gerade ein solcher der bestmögliche, der Sachlage am meisten gemäße Anwalt gewesen ist.

Zur theologischen Ethik

Geistesaustausch der Generationen

Man wird älter, man wird klüger, *ripeness is all*, sagt Shakespeare. Man wird aber auch starrer neben dem, daß man müder und läßlicher wird. Die patriarchalischen Strukturen der menschlichen Gesellschaft befinden sich überall in der Welt im Abbau, nicht nur, indem die Frauen gleichberechtigt neben die Männer treten, sondern auch indem ältere Menschen nervös rückwärts blicken, was bei jüngeren gedacht und getan wird, und eine Unruhe unter ihnen aufgekommen ist, ob nicht in ihrem Rücken vielleicht schon über sie gelächelt werde. Es ist nichts Besonderes, wenn ein Vater, der selbst nur eine einfache Schule besuchte, seinen Sohn studieren läßt und fortan auf ihn hört, was in der Wissenschaft gültig ist und in der großen Welt sich tut. Unter diesem alten Schema stellt sich das Verhältnis der Generationen heute nicht mehr dar. Die Krise unseres Älterwerdens betrifft Kern und Wesen des Menschen. Goethes optimistischer Spruch, man habe im Alter die Fülle, was man in der Jugend entbehre, scheint fragwürdig geworden, wenn man nicht nur an die Güterfülle, sondern an Weisheit, Lebenserfahrung, Daseinsorientierung denken will. Auch unter den Alten werden diejenigen selten, die ihrer Lebensauffassungen noch ganz sicher sind und es ungereizt ertragen, veraltet oder konservativ genannt zu werden. Hinter einem solchen Wandel, der mit die Ursache dafür sein dürfte, daß es fast gar keine »weisen« Leute mehr unter uns gibt, verbirgt sich eine bedeutsame Erfahrung geschichts-metaphysischer Art. Es ist uns durchsichtig geworden, daß der Mensch kein stabiles Naturwesen wie irgendein Tier ist, daß ihm vielmehr seine Natur, die jeweilige Naivitätslage seines Geistes in Gestalt einer bestimmten geschichtlichen Situation vorgeformt wird. Daher läßt sich die Annahme nicht mehr uneingeschränkt aufrechterhalten, daß Jugend, was Wissen, Lernen, Geist, Erfahrung betrifft, ein schlechthin negativer Zustand sei, der erst allmählich durch den Kontakt mit der Welt der Alten und Erfahrenen aufgefüllt werden müsse.

Die Jungen sind vielmehr in gewisser Weise älter als die Alten. Sie kommen mit einem seltsamen Erfahrungsübergewicht einfach auf Grund ihrer späteren Geburt auf die Welt. Jugend bringt Geist aus transpersonalen Lebenshintergründen mit, wie er auch dem erfahrensten Alten auf den üblichen Wegen nicht zugänglich ist. Woher kommt es denn, daß von jeder neuen Generation viele alte gelöste oder ungelöste Probleme einfach stehengelassen werden und man statt dessen ein ganz neues Denken inauguriert?

Wer unter den Älteren diese Zusammenhänge zu wenig berücksichtigt, wer immer nur nach vorn und niemals rückwärts sieht, wer nicht die Demut aufbringt, den sogenannten Lernvorgang auch einmal umzudrehen und sich bei jungen Semestern auf die Schulbank zu setzen, wird diesen Aufmerksamkeitsverlust damit zahlen müssen, daß ihn der Lebensstrom stehenläßt und langsam ausscheidet. Der Vorgang braucht sich nicht brutal zu vollziehen im Sinne von Falstaffs Wort: »Fort, ihr Schweinebraten, Platz gemacht, junge Leute wollen auch leben.« Es kann sehr ehrfürchtig dabei zugehen und Verdienstkreuze regnen. Die Prozesse selber aber sind unabhängig von ihren Modalitäten. Sie gehören gar nicht so sehr in den Bereich des »Zwischenmenschlichen«, um einen Ausdruck Bubers zu gebrauchen, sondern sind im wesentlichen psychologische, einzelmenschliche Seelen- und Lebensvorgänge, die aber bei den Betroffenen verfrühte Todessehnsucht zu ihrer natürlichen Folge haben.

Es werden dauernd neue Begriffe unter uns gebildet, mit denen sich zwangsläufig auch die Weltvorstellungen, die Ansatzpunkte unseres Denkens wandeln. Es tauchen überall neue Realitäten auf, die man im eigenen Denken und Wissen, auch wenn es weit fortgeschritten ist, nicht vermerkt und berücksichtigt hat. In der Kunst und Dichtung zwingt jedes bedeutende neue Talent zu Umgruppierungen und Umdeutungen der bisherigen Geschichte und Tradition. Man kann sogar mit seinem »sicheren« Wissen, das objektiv und ewiggültig schien, plötzlich »allein auf der Welt« stehen.

Die im Alter umgekehrt proportional zu den Lebenskräften anwachsende Eitelkeit mag sich dann diesen Zustand positiv als Überlegenheit deuten. Man kann sich als einzigen Lebenden empfinden, der von wichtigen Daten der Vergangenheit noch etwas weiß, der noch die richtigen Einsichten in das Wesen dieser oder jener Lebenskomplexe besitzt. Meistens liegen derlei Überlegenheitspositionen aber nicht so hoch wie im Falle des alten Mommsen, der seinen eigenen Tod vorausbedauerte, weil viele wichtige Dinge seines Fachs ihm allein bekannt seien und mit ihm dahingehen würden. In der Regel ist's nur eine Kirchturmspitze, von der aus man um sich blickt und darüber nicht das viel Wesentlichere sieht, wie groß neben der Macht doch auch die Würde der Vergänglichkeit ist.

Friedrich der Große soll auf dem Schlachtfeld einmal jammernde Soldaten angedonnert haben: Kerls, wollt ihr denn ewig leben? Das Wort, aus gleicher Gefahr heraus gesprochen, war weniger zynisch, als es im ersten Augenblick erscheint. Es war eine helfende Kraftübertragung, die Vergänglichkeit anzunehmen und ein gutes Ja zu ihr zu sagen, statt wehleidig alle künftige Zeit mit der eigenen Person beglücken zu wollen. Ins Geistige übersetzt, haben wir oft ähnliche Situationen. Oder genauer ausgedrückt, wir sollten sie rechtzeitig zu meiden suchen, damit man uns eines Tages nicht hart zu verstehen gibt, ob wir denn ewig leben wollten.

Wo steht es geschrieben, daß nicht auch das Schöne sterben muß, daß nur der bare Kehricht von der Bühne der Welt geräumt werde? Wie sollten Resignation und Melancholie eine echte menschliche Erfahrung sein, wenn nicht immer gerade auch Wertvolles und Lebendiges einem zu frühen, mitunter sogar gewaltsamen Tode verfiele? Ihn aufzuhalten oder zurückzudrängen, wäre es sicherlich die klügere Methode, zuerst der Zeit und der eigenen Vergänglichkeit, der geistigen wie der physischen, zu geben, was ihres ist, und ein gutes Aufgeld dazu. Unser eigenes Gefühl und Gewissen sind keineswegs schon eine hinreichende Sicherung dagegen, daß wir mit unserem Denken und Urteilen nicht schon in vieler Hinsicht dem Orkus und der Vergangenheit angehören. Wirklicher Geist birgt immer etwas vom Wunder und der großen Überraschung in sich. Er schafft nicht resignierende Besitzbürger, sondern guten Mut gerade in der Armut. Er hat eine Wesensbeziehung mehr zur Jugend als zum Alter, mehr zum Leben als zum Tode, mehr zur Seligkeit als zur Melancholie. Er beschwert nicht, sondern schafft leichtes Gepäck. Er finassiert und differenziert nicht, sondern bringt große, einleuchtende Vereinfachungen, die dennoch das Gegenteil von Simplizität sind. Er ist überhaupt nicht Besitz des Menschen, auch des genialsten nicht, sondern er weht, von wannen er will. Die Schlußdoxologie des Vaterunsers sagt uns (neben der berühmten, eben zitierten Johannesstelle) hierzu ein gutes Wort, wenn sie die »Kraft« und die »Herrlichkeit«, oder wie wir es in unserer Sprache vielleicht ausdrücken müßten, die Lebenskraft und den Geist allein Gott vorbehält, ihre Inkorporierungen im Menschen also nur als ein Lehen betrachtet.

Es gibt unter den Älteren hier und da jemanden, der ein gutes Bewußtsein dieser Zusammenhänge erarbeitet und in sich wach gehalten hat. Die Todesanzeige des Münsterer Philosophen Heinrich Scholz gab ein Beispiel hierfür, indem dieser ausgezeichnete Mann, der so manches besonnene Wort in die Zeit gesprochen hat, sich den berühmten, auch von uns eingangs zitierten Shakespeare-Vers »Dulden muß der Mensch, sein Scheiden aus der Welt wie seine Ankunft, in Bereitschaft sein ist alles« mit einer leisen Veränderung in zeitgemäßes Deutsch übersetzte und zum Motto über jene Schlußäußerung seines Lebens setzen ließ. Nicht nur »reif sein«, sondern »in Bereitschaft sein«! Da klingt die Abdankung der natürlichen Weisheit und Reife mit an, überhaupt eine Absage an die Stetigkeit, die permanente Gültigkeit irgendwelcher »Naturformen des Geistes«, auf denen allein ja so etwas wie eine Vorherrschaft des Mannes vor der Frau, der Alten vor den Jungen etabliert werden kann. Dem Christen sollte derlei heute von der Zeit gebotenes Umdenken nicht fremd sein. Reife und Alter sind ihm von sich aus keine

Zustände größerer Nähe zu Gott. Daher ist ihm jenes »in Bereitschaft sein« überaus gemäß, wobei man ebenso an die letzte Bereitschaft, die im Gleichnis von den klugen und törichten Jungfrauen angedeutet ist, denken kann, wie aber auch an die bescheidenere, im unmittelbaren Tagesleben von uns geforderte Aufmerksamkeit und Gegenwärtigkeit des Geistes in dieser Welt.

Nun kann dies alles freilich nicht so verstanden werden, als ob es nur auf unseren guten Willen und unsere Wendigkeit ankäme, um in dieser Weise immer bereit und lebendig zu bleiben und nicht dem heimlichen oder offenbaren Absterben überantwortet zu werden. Auch das Neue und Andersartige, durch dessen Kontakt wir in unserer Geisteskraft und Frische aufgeladen werden, birgt ja nie den letzten, vielleicht nicht einmal immer einen tieferen und mächtigeren Gehalt als viele inzwischen überwanderte Positionen des Geistes in der Vergangenheit. Es gibt immer auch viel Rückschritt im Fortschritt, viel Verlust im Gewinn, und es gibt darüber hinaus echte, aus dem gesamten Geschichtsablauf herausgenommene Überzeitlichkeit. Nur darf man sie nicht zu früh zitieren, nicht mit sich selbst und seinem verhärteten Besitz verwechseln.

Der Geistesaustausch der Generationen ist heute in einer tiefen Krise begriffen, die noch schwieriger erscheint als alles das, was man früher Generationsgegensatz oder Generationsfeindschaft nannte. Die »Väter und Söhne« bekämpfen sich heute kaum mehr frontal, wie sie es von der Generation des Hildebrandliedes bis zu derjenigen Turgenjews getan haben. Unsicherheit, nervöses Umblicken, Ratsuche sind mitunter mehr bei der älteren Generation zu finden, während die jüngere derlei negative Zustände hinter forschem Auftreten, frühem Urteilen, souveräner eigener Lebensbestimmung versteckt. In solcher Lage läßt sich der ursprüngliche Abhängigkeitszustand der Jungen von den Alten schwerlich wiederherstellen. Es werden sich aber andererseits auch die Naturverhältnisse nicht kurzerhand umdrehen lassen. Es kann vielmehr nur auf eine erst zu leistende Form gegliederter und gestaffelter Koexistenz, ein Miteinandersein und Miteinanderwirken der Generationen hinauslaufen, wo dann zuletzt wahrscheinlich den wirklich lebendigen und überlegenen Vertretern der älteren Generation eine zwar nicht in sozialen Zuständen fixierte, aber täglich neu erworbene und bewährte Führerschaft verbleiben wird.

Wozu leben wir?

Wozu leben wir? Fragen sind einerseits Bewegungen oder Figuren innerhalb der Sprache und des Gedankens. Dort haben sie einen unabsehbaren Hintergrund. Man fragt ja in einer bestimmten Sprache, die man sich nicht macht, in die man hineingewachsen ist. Man kann nur fragen, was die Sprache ermöglicht und für was sie Worte bereitstellt. Anderseits fragt man aus bestimmten individuellen Zusammenhängen. Ein Kind fragt anders und anderes als ein Greis, der praktische Mensch anders als der spintisierende. Es gibt unendlich viel mehr Fragen als mögliche und sinnvolle Antworten. Manche Frage kann man nur beantworten, indem man um sie herumgeht und ihr erst einmal als Frage einen genaueren Sinn gibt, was dann oft dazu führt, sie gegenstandslos zu machen.

Das alles ist mir durch den Kopf gegangen, als mir diese Frage »Wozu leben wir?« hier gestellt wurde*. So will ich auch bei der Antwort mit mir selbst anfangen: Wozu lebe ich? Wenn ich das ausspreche und gar hinschreibe, kann ich ein Lächeln, vielleicht auch ein Schmunzeln kaum unterdrücken. Wann habe ich mir eigentlich diese Frage zuletzt gestellt? Habe ich sie mir überhaupt jemals gestellt? Aber gewiß doch, ich bin doch nicht, was man einen ins Blaue le-

* *Der Text ist Antwort auf eine Umfrage »junger Menschen« an ältere Schriftsteller. Die Antworten waren in einem Buch gleichen Titels zusammengefaßt (Hg. Hans Peter Richter. Alsatia Verlag, Paris, Colmar, Freiburg i. B. 1968)*

benden Menschen nennt. Ich denke doch viel mehr, als zum Leben nötig wäre. Ich habe mir in jahrzehntelangem moralischem Training eher das Fragen nach vielerlei, was mir inzwischen überflüssig vorkommt, abgewöhnen müssen, statt daß der Fragetrieb stimuliert werden mußte. Was hat Gott getan, ehe er die Welt geschaffen hat? soll Luthers Söhnchen den Vater gefragt haben, dessen Antwort gelautet hat: Er ist in sein Birkenwäldchen gegangen, um Ruten zu schneiden für kleine Jungen, die derartige Fragen stellen. Die Antwort ist mir köstlich erschienen und bis heute geblieben, obschon ein philosophischer Freund, dem ich sie mitteilte, sich entrüstet auf die Seite des Sohnes stellte. Ja, wann habe ich mich jemals und letztens gefragt, wozu ich lebe?! Es vergehen viele Tage, wo sich mein Denken nicht einmal in die Nähe einer solchen Frage bewegt, obwohl ich doch ein lesendes, denkendes und Gedanken produzierendes Leben führe. Zwischendurch kommen aber immer wieder, ich kann es nicht leugnen, Stunden oder auch nur Augenblicke, wo mich der Blick dieser Frage trifft. Es ist ein basiliskischer, ein unheimlicher Blick. Aber ich bin auch kein gar so leicht zu erschrekkender Geist. Sehr rasch vergeht mir das Schwindelgefühl, wenn ich es mir bewußt mache, daß allemal ich es bin, der fragt, daß mich in jeder Frage zuletzt doch mein eigner Geist anblickt, von dem ich inzwischen manche seiner Strukturen und Mechanismen kennengelernt habe. Aber das hilft keinem andern, obschon wir alle als Menschen viel enger miteinander verwandt sind, als wir meistens ahnen, viel mehr aus ein und demselben Stoff gemacht. Was einer tut und denkt, denken im Grunde alle andern auch, und der Abstand zwischen den Genies und den Durchschnittsmenschen ist minimal, wenn man Tiere einerseits, Götter und Engel auf der anderen Seite danebenhalten wollte.

Wozu also lebe ich? Um meinen »Beruf« auszufüllen, von dem ich nicht einmal weiß, ob er überhaupt einer ist (aber das ist mein persönliches Pech)? Zweifellos sprechen mich etliche tägliche Aufgaben innerhalb meines Betätigungsumkreises mit einer solchen Entschiedenheit, Härte und Nötigung an, daß ich mich ihnen nur um den Preis großer Leichtfertigkeit, schlechtesten Gewissens, schmerzlichsten Unglücklichseins entziehen kann. Nennen wir's Pflichten. So erhaben wie für Kant ist dieses Wort heute nicht mehr für uns, aber es behält doch seinen Ernst. Man kann über eine Pflicht nicht allzuglatt hinwegleben. Die Teilantwort auf die Frage, wozu lebe ich: um meine Pflichten zu erfüllen, enthält daher sicherlich einige Berechtigung. Wir brauchen uns auch den Kopf nicht so sehr zu zerbrechen, was es denn alles für Pflichten gibt, wo sie für uns liegen und dergleichen. Die wirklichen Pflichten machen sich ziemlich laut selber bemerkbar und um so mehr, je mehr man versucht, ihre Stimme zu überhören. Wer sehr viel Pflichten hat, wessen Leben in einen großen Spannungskreis von Aufgaben genommen ist, hat deshalb auch kaum Zeit und Lust, noch zu fragen, wozu er lebt. Sein Leben beantwortet ihm solche Fragen von selbst, indem es sie von innen her auflöst durch den Ernst, die Dichte, die Stetigkeit, mit denen es seine Stunden füllt. Dieser Zusammenhang enthält einen Hinweis darauf, daß unsere Frage eine für den nicht voll beschäftigten, nicht richtig in Pflicht genommenen Menschen charakteristische Frage ist, anders ausgedrückt: daß gern von jungen, noch nicht ins Leben tiefer hineingenommenen Menschen einerseits, von alten, aus den Pflichten des Lebens wieder entlassenen Menschen anderseits gefragt wird: Wozu leben wir?

Dennoch würde auch mir die Antwort Pflicht nicht genügen. Fast alles, was ich zu tun habe, könnte auch ein anderer machen. Auch diesen Brief hier, den mehr die Neigung als die Pflicht zu schreiben übernommen hat, kann man gut entbehren, sein Pflichtanteil besteht mehr gegenüber dem Abstraktum Sprache als gegen seinen unmittelbaren Adressaten. Ich muß jetzt in etwas schnellere Gangart kommen.

Der Hinweis auf die Pflichten beantwortet die Frage, wozu wir leben, also nicht erschöpfend und befriedigend, auch wenn er mit ihr nahe zu tun hat und in diesem Zusammenhang nicht außer acht gelassen werden kann. Warten Sie auf mehr Pflichten, schaffen Sie sich selbst welche, indem Sie erfinderisch werden im Aufgabenstellen Ihres Lebens, und seien Sie dann tüchtig, mutig, hartnäckig im Übernehmen wirklicher Pflichten – die Frage nach dem Sinn Ihres Lebens wird sich in den Hintergrund Ihrer Existenz zurückziehen. Sie wird aber nicht verschwinden. Sie wird heraufkommen oder von neuem virulent werden, wenn der Druck der Aufgaben geringer wird, die Spannung des Lebens nachläßt – im Pensions- und Rentenalter, um es einmal salopp auszudrücken. Was dann? Nun, das können Sie abwarten, weil Sie ja »junge Menschen« sind und das, was sich das Leben nennt, noch vor sich haben! So könnte man antworten und die Frage ihrer immanenten Erledigung durch das reifende, wachsende und welkende Leben selber überantworten.

Ich will es nicht tun, und zwar weniger deshalb nicht, weil mir die Frage als Frage so besonders glücklich erscheint, wohl aber, weil so fragende Menschen meines Erachtens richtige Menschen, leidende Menschen, denkende Menschen, unruhige, bewegte Menschen sein dürften. Es ist eine Frage, die jeden gleichsam nobilitiert, der sie fragt, und um so mehr, je leidenschaftlicher so gefragt wird. Die Pflichten und Aufgaben, die der Mensch findet oder die er sich schafft – hier hat das Schicksal, das vorgeburtliche sowohl wie das, das sich in der Welt für jeden einzelnen vollzieht, unendlichen Spielraum – sind nur bessere Palliative, die uns vom Schmerz solchen Fragens befreien, ihn gleichsam ins Leben einschmelzen. Sie behalten etwas Passives, sprechen von außen auf uns ein. Das ist aber nur die eine Hälfte des Menschen. Die andere sprießt und quillt aus ihm selbst. Spontaneität und Liebe sind ihr Ausdruck. Wer für einen Menschen zu sorgen hat, wer einen Menschen oder eine Sache wirklich liebt, wer vielleicht noch etwas anderes, Höheres, zugleich Dunkleres und Helleres liebt: die Menschen, die Welt, das Leben, die Wissenschaft, die Kunst, die Sprache, die Technik, wird einen stärkeren Rückhalt für eine ihn positiv stimmende, den Stachel abschleifende Beantwortung der Frage, wozu er lebt, gewinnen als aus passiven Pflichten. Man gibt sich hinein in umfassendere Zusammenhänge als die des eigenen Lebens, man verliert sich, um sich besser zu gewinnen, man identifiziert sich mit etwas Größerem, als man selber ist, und der Effekt pflegt zu sein, daß man indirekt selbst gewichtiger und größer wird, obwohl zugleich die Einsicht wächst, daß der einzelne gar nicht so furchtbar gezielt und herausgeschnitten fragen sollte, wozu *er* lebt, daß er zum mindesten keine ihn selber direkt in seinem Fragewunsch bestätigende Antwort erwarten kann.

In der Frage, wozu wir leben, steckt, schon rein logisch, der Tod. Es ist ja die Frage danach und in ihr eine leise Ermunterung dazu, warum wir nicht auch tot sein könnten. Man kann daher auch sagen, daß die Frage in einem positiven Sinne beantwortet wird, wenn ich weiß, wofür ich auch sterben könnte, worin ich mich aufzugeben vermöchte. Ich kann heute vielleicht nicht mehr so leicht wie früher für das Vaterland sterben, vielleicht aber noch für meine Familie, für jemanden, den ich sehr liebe, für diese oder jene große Idee oder Aufgabe. Alle diese Möglichkeiten sind sozusagen endgültige, für den einzelnen Menschen definitive Antworten auf die Frage, wozu wir leben. Nur wenn wir noch einen letzten Schritt weitergehen wollten und könnten, wenn uns alles Sichtbare, Denkbare und Greifbare noch etwas mehr zum Gleichnis wird und die Stabilität einbüßt, bleibt für die Frage noch eine bessere Antwort übrig, die den Vorteil hat, daß sie so umfassend, so unzerstörbar, so durchgedrungen durch allen Vordergrund der Dinge ist, um auch dem äußersten Schrecken der Sinnlosigkeit standzuhalten – die Antwort, daß wir leben, um Gott zu lieben und seinen Willen zu tun. Mit Theologie hat diese Antwort kaum etwas zu tun, ihre Voraussetzung ist allein, ob der Mensch überhaupt zu dem, was da als Gott bezeichnet ist, durchgedrungen ist. Man könnte daher auch so antworten: Wozu leben wir? Um Gott zu finden oder von ihm gefunden zu werden! Alles weitere findet sich dann von selbst. Es finden sich unendliche Aufgaben und Pflichten, es finden sich Ideale, Menschen, Wahrheiten, und es bleiben auch im einfachen Fluß von Leben und Dasein, sei es in der Form jugendlicher Inhaltsarmut, sei es in der des Alters und hohen Alters, immer noch genügend Intention und Spannung, um dieses Leben auch ohne eine direkte Antwort, wozu *gerade wir* leben oder noch leben, bis zu seinem gesetzten Ende auszuhalten. So gering das erscheint, so wichtig ist es doch auch als Antwort, denn in der Frage, wenn sie denn wirklich negativ von uns beantwortet würde, stecken das Nichts und der Tod.

Die kleine Wahrhaftigkeit

Wahrhaftig ist nur der Mensch, der nicht lügt,
nicht der, der die Wahrheit sagt.

Fürst Ligne

In den »Wahlverwandtschaften« spricht sich Goethe durch den Mund Mittlers einmal scharf gegen die negative Formulierung der biblischen Gebote aus. Es klingt plausibel, was er vorbringt, um aus zurückweisenden Verboten hinweisende Gebote unseres Verhaltens zu machen. Leider kommt er aber nur bis zum sechsten Gebot, worauf die bekannte Katastrophe in der Erzählung eintritt und den weiteren Lehrvortrag abschneidet. Es wäre interessant gewesen, was Goethe zum achten Gebot gesagt hätte. Vielleicht darf man aber unterstellen, daß er bei diesem Gebot kaum der allzu unsubtilen Versuchung verfallen und statt des Verbotes »falsch Zeugnis zu reden« mit dem positiven Gebot, die Wahrheit zu sagen, gekommen wäre. Nietzsche war es vorbehalten, das achte Gebot in dieser Weise zu einem zarathustrischen Imperativ »Die Wahrheit sagen und gut mit Pfeilen schießen« umzuformen, demselben Nietzsche, dem andererseits jedes Wahrheitsbewußtsein so verdächtig war, daß er die Pilatusfrage »was ist Wahrheit« als tiefstes Wort des Neuen Testamentes ansprechen wollte.

Die Sache hat aber nicht nur auf den Höhen, sondern noch mehr in den Niederungen des Wahrheitsfanatismus ihre unfreiwilligen Ironien. Wir kennen jene unerquicklichen Leute, die das achte Gebot in ihrer Lebenspraxis auf eigene Weise ins Positive wenden und ihren Mitmenschen immerfort »die Wahrheit sagen« müssen. Sie sind es, die uns ungewollt die Weisheit der negativen Fassung des Dekalogs lehren können. Sie schärfen uns den Blick für die tiefe Fragwürdigkeit und Zweideutigkeit unseres landläufigen Wahrheitsbegriffs. Es ist mit ihm kaum etwas anzufangen. Wer jemandem »die Wahrheit sagen« will, will ihn an bestimmte Pflichten oder Einsichten mahnen, die er verabsäumt hat. Sind diese deutlich und allgemeingültig genug, so mag hier der Wahrheitsbegriff noch einen einigermaßen klaren Inhalt besitzen. In sehr vielen anderen Fällen läuft unser Die-Wahrheit-Sagen aber auf nichts Besseres hinaus, als daß wir einen Mitmenschen mit unserer Meinung zu tyrannisieren suchen. Wahrheit und Meinung, um deren Unterscheidung die griechische Philosophie so lange und zuletzt so fruchtlos gerungen hat, lassen sich fast immer nur gradweise voneinander unterscheiden. Man würde den Menschen überfordern, wenn man ihn auf einen allgemeinen Imperativ, »die Wahrheit zu sagen«, festlegen wollte. Gleichwohl sind wir deswegen nicht rettungslos der Unwahrheit anheimgegeben, was sich sofort herausstellt, wenn wir uns die Wahrheitsfrage einmal in der negativen Weise gestellt sein lassen, wenn wir also nicht Wahrheit, sondern Lüge zu ihrem Kriterium machen. Eine solche Wendung würde bedeuten, daß man zwei Arten von Wahrhaftigkeit unterscheidet, die einmal die »große« und die »kleine« Wahrhaftigkeit genannt seien. Wenn die erste dem pathetischen Imperativ nachjagt, jedermann immer wieder die Wahrheit sagen zu wollen, versucht es die zweite mit dem bescheideneren Gesetz, sich nach Kräften der Lüge zu enthalten. Wie wenig beide Gebote in der Lebenspraxis auf dasselbe hinauslaufen, läßt sich am Typ ihrer auffälligsten Vertreter gut verdeutlichen. Man ist noch lange nicht sicher, von jemandem, der seinen Mitmenschen gern »die Wahrheit sagt«, niemals »in Kleinigkeiten« (wie es dann entschuldigend heißt), beschwindelt zu werden. Umgekehrt sind Menschen, die zwar wenig Wahrheiten mitzuteilen haben, denen man vielleicht sogar feste Meinungen abspricht, die aber nicht lügen, wenn ihnen die Wahrheitsfrage, wiederum bis hinunter zu »Kleinigkeiten«, gestellt wird, einigermaßen selten.

Ein Wahrheitswissen ist auch für den Klügsten sehr schwer, wenn nicht unmöglich. Was eine Lüge im jeweiligen konkreten Fall ist, weiß jedoch schon das Kind, ohne sich in die philosophische Dialektik des Wahrheitsbegriffes eingelassen zu haben. Mit dem negativen Ausdruck wird sogleich das weite Feld der Meinungen, also alles dessen, was die Griechen die Doxa nannten und zwischen Wahrheit und Lüge ansiedelten, ausgeschieden. Der Lüge gegenüber sprechen unsere inneren Stimmen mit unmißverständlicher Deutlichkeit. Ich weiß, daß ich lüge, wenn ich mich verleugnen lasse, aber zu Hause bin. Ich weiß, daß ich lüge, wenn ich zwanzig Mark in der Tasche habe, den Borger aber mit dem Bescheid abspeise, selbst keinen Pfennig mehr zu besitzen. Die Lüge zeigt sich allemal in klarem Relief. Sie hat die Plastizität der Danteschen Hölle, während die Wahrheit in der Unendlichkeit und Ungreifbarkeit des Paradieses verschwimmt. Mit der Abwehr der Lüge, und das heißt also mit negativer »kleiner» Wahrhaftigkeit, würden wir uns daher auf einem viel festeren sittlichen Boden bewegen, als wenn wir eine pathetische, über die konkrete Gegenständlichkeit hinausgeführte Wahrheit zur Maßgabe unseres Sprechens und Tuns machen wollten. Um die Dinge ganz klarwerden zu lassen, kommt es in der Tat sehr darauf an, den negativen Begriff der Lüge schon bei der Kindererziehung für ein sittliches Gebot zugrunde zu legen, auch wenn man natürlich sagen kann, daß alles Nicht-Lügen identisch ist mit: die Wahrheit-Sprechen. Man vermeidet dann nur den zweideutigen Begriff Wahrheit, der in der bloßen Meinung ein so verhängnisvolles Double hat.

Kehren wir wieder zur Eingangsfrage zurück, so steigert sich nunmehr noch die Bewunderung für den biblischen »Negativismus«, an dem Goethe auf seine geistreiche Weise Anstoß nahm. Die Zurückhaltung des Dekalogs geht nämlich gerade beim achten Gebot, also beim Wahrheitsgebot, noch einen Schritt weiter. Luther übersetzt: »Du sollst nicht falsches Zeugnis reden wider deinen Nächsten.« Wie einschränkend, wie gemäßigt, wie vorsichtig ist das Gebot formuliert! Warum nicht rundheraus: »Du sollst nicht lügen«? Das Gebot scheint eine außergerichtliche Wahrheitsfrage noch gar nicht einzuschließen, vielleicht nicht einmal zu kennen. Es scheint im Grunde nur die folgenreichste und abscheulichste Gestalt der Lüge, den Meineid, abwehren zu wollen, als ob die Wahrheitsfrage für den Menschen erst relevant würde, wenn es sich um äußerste Situationen handelt, in denen sie zu einer Rechtsfrage, unter Umständen zu einer Frage auf Leben und Tod wird. Wenn das nicht »Existentialismus«, biblischer Existentialismus ist, hat dieser Begriff keinen Inhalt!

Auch Luther hat für die geheimnisvollen Maße solcher elementaren Forderungen, wie sie in den Zehn Geboten ihren Ausdruck gefunden haben, ein sicheres Gefühl besessen, wenn er seine »Erklärung« in die Worte faßt: »Wir sollen Gott fürchten und lieben, daß wir unseren Nächsten nicht fälschlich belügen, verraten, afterreden oder bösen Leumund machen, sondern sollen ihn entschuldigen, Gutes von ihm reden und alles zum Besten kehren.« Auch in dieser Erklärung tritt eine abstrakte Forderung, nicht und niemals zu lügen, noch tief in positive, sittliche Zwecke eingebettet hervor. Auch hier geht es im Grunde mehr um die Folgen von Wahrheit und Lüge als um diese selber. Das Gute, der eigentliche Zweck unseres Denkens, Redens und Tuns, steht noch über dem Selbstzweck eines bloß intellektuellen Wahrheitsbegriffs, sei dieser auch in die besonnene und demütige Form, die Lüge niemals aufkommen zu lassen, gefaßt.

Alle diese Dinge schweben weniger in den Wolken sittlicher Abstraktionen, als es vielleicht im ersten Augenblick den Anschein hat. Am Verhältnis zur Lüge scheiden sich heute die Welten im großen viel klarer und eindeutiger, als wenn man sie mit dem diffusen Begriff der Wahrheit richten und unterscheiden wollte. Ideologien sind Meinungen, die mit einem aggressiven unbedingten Wahrheitsanspruch auftreten. Man befreit sich von ihrer Tyrannei nur dadurch, daß man sich statt auf den Wahrheitsbegriff auf den der Lüge bezieht. Das Schlimme an der kommunistischen wie an der verblichenen faschistischen Ideologie sind nicht so sehr ihre falschen Meinungen, sondern die Tatsache, daß sie kein Verhältnis zur Lüge mehr haben, daß der Begriff der Lüge keinen klaren Sinn mehr für sie behält. Auch im »westlichen« Lager wird Meinungspolitik getrieben, denn Meinungen sind gewaltige Mächte im Leben, Mächte zum Guten wie zum Bösen. Sie können aber nie ganz böse werden, wenn man sich ihres Meinungscharakters bewußt bleibt, was wiederum nicht in Form einer theoretischen, sondern nur in der einer praktischen Anerkennung Wert besitzt. Man darf die klare Lüge niemals in einen Meinungszusammenhang aufnehmen, wenn man nicht auf indirekte Weise einen unbedingten und damit zwangsläufig dämonisch werdenden Wahrheitsanspruch für seine Meinungen erheben will.

»Wir werden vielleicht nicht alles sagen, was wir sagen, wird aber wahr sein«, dieser später leider verworfene Grundsatz der deutschen Heeresberichte bei Ausbruch des ersten Weltkrieges entsprach genau unserer »kleinen« Wahrhaftigkeit. Er entspricht sogar den Weisungen dessen, der von sich sagte, daß er »die Wahrheit« sei.

Ein Satz wie der: »Seid klug wie die Schlangen und ohne Falsch wie die Tauben« kann in unsere Abstraktionssprache übersetzt ja nur heißen, daß niemand, nicht einmal Gott, vom Menschen fordert, alles, was er denkt, tut, plant, sinnt, spricht oder unterläßt, öffentlich zu tun und unaufgefordert zu jedermanns Kenntnis zu bringen. Er fordert nur, daß uns dann, wenn wir in eine konkrete Wahrheitssituation gestellt werden, die Lüge verwiesen ist. Was wir brauchen, sind keine neuen großen Wahrheiten, keine Vermehrung des Meinungsbestandes in der Welt, sondern eine kleine Wahrhaftigkeit, die es nicht bloß mit Eid und Bekenntnis, auch mit Zwecklügen, Notlügen, Verlegenheitslügen, mit den vielen Gestalten der Lüge oft einfach in der Rage des Sprechens genauer und ernster nimmt. Wenn Lessing recht hat mit seinem berühmten Wort, daß uns die reine Wahrheit als Menschen nicht zukommt, daß sie allein die Sache Gottes sei, dann ist es umgekehrt ebenso richtig, daß wir gut tun, die eindeutige Lüge dem Teufel zu überlassen.

Felix culpa

Wenn mich bisweilen – wie sich versteht »auf den Knien« – ein Unmut am großen Goethe überkommen will, angesichts zweideutiger und verführerischer Äußerungen, die er getan hat, dann zitiere ich mir gern ein Goethewort, das »alles wiedergutmacht«, vielleicht eines der erstaunlichsten und im landläufigen Sinne ungoetheschsten Worte, die er gesprochen hat. Es lautet: Das Schuldbewußtsein ist die Königskrone der Menschheit. Noch vor ein paar Jahrzehnten hätte man ein solches Wort aus Goethes Munde für eine Äußerung des janusköpfig, auch rückwärtsgerichteten Goethe gehalten. Wir kommen aber langsam dahinter, daß es sich eher umgekehrt verhält. Wohl an keiner anderen Frage scheidet sich die Menschheit heute wie ehedem in zwei einander ähnlich entfremdete Lager wie am Schuldbegriff. Frage jemanden, was er über Schuld denkt, und du weißt, auf welcher Welthälfte er sich befindet, zu welchem Typus Mensch er gehört. Weder Ost und West, noch Handarbeit und Geistesarbeit, Bürgertum und Proletariat, Schwarz, Weiß, Gelb, Braun der Hautfarbe, nicht einmal Glaube und Unglaube im üblichen Sinne der Worte trennen die Menschen so tief voneinander wie ihr Verhalten zu dem, was Schuld ist.

So würde sich denn auch gegen das zitierte Goethewort sofort in einem beträchtlichen Teil der denkenden und agitierenden Menschheit leidenschaftlicher Protest erheben. Hörte und hört man es doch gerade aus dem Mund der am weitesten vorgespreschten Geister von Nietzsche und Sartre bis

Freud und Gottfried Benn, daß der ganze Komplex des Schuldbewußtseins, also alles, was mit Sünde, Gewissensbissen, Reue, Buße zusammenhängt, ein spätestens mit der Psychoanalyse beendetes menschliches Altertum sei. Renaissancen und Repristinationen auf dem Gebiet der Bewußtseinswirklichkeiten sind totgeborene Unternehmungen. Was einmal durchschaut und erhellt ist, kann nicht wieder abgedunkelt werden. Aus Schuld ist für den seiner selbst bewußten Menschen schlimmstenfalls Irrtum geworden, der als Realität zwar bestehenbleiben, aber durch einen tätigen Ausgleich selber »entschuldet« werden kann. Schuld ist also nicht mehr als seelisch schulden, wenn ein solches Wortspiel einmal erlaubt ist.

Unter den vielen unguten Sprichworten, die in der Welt kursieren, hat solchen Auffassungen keines so vorgearbeitet wie der menschenfreundliche Ausspruch »Alles verstehen heißt alles verzeihen«. Wer kein Unmensch sein möchte, wird es kaum wagen, diesem Sprichwort ernsthaft zu widersprechen. Man hat zu schlechte Erfahrungen mit der Reichweite mitmenschlichen Verstehens gemacht, als daß man sich vorstellen könnte, ein allseitiges, tiefgehendes Verständnis menschlicher Schwächen, Laster und Untaten müßte nicht automatisch auch in Verzeihung, also in Aufhebung der Schuld, übergehen.

Genau an dieser Stelle liegt nun aber die unüberbrückbare Differenz von Schuld und Irrtum. Ich kann jede menschliche Schuld bei mir selbst wie bei anderen in allen ihren erklärenden Zusammenhängen durchschauen und habe damit noch nicht das mindeste zu ihrer Tilgung beigetragen. Man wäre ein schlechter Advokat und vielleicht sogar ein selbstgerechter, unguter Mensch, wenn man nicht auch jeden Mord (um gleich das äußerste Beispiel zu nehmen) mit einigem Licht des Verständnisses erhellen könnte, das uns selbst in die Mitschuld an solchen menschlichen Grenzmöglichkeiten einbezieht. Der Irrtum einer nur »verstehenden« Humanität, die Untiefe aller mit soziologischen, biologischen oder psychologischen Argumenten arbeitenden Entschuldigungsbestrebungen des Menschen, ob sie nun Liberalismus, Sozialismus, Marxismus, Psychoanalyse heißen, setzt beim zweiten Schritt vom Verstehen zu einem automatischen Verzeihen, bei der Identifizierung von Verstehen und Verzeihen ein. Ich kann jede Schuld verstehen, und ich kann sie auch, wenn sie mir angetan wurde, ob nun mit oder ohne genaues Verstehen, durch einen Akt der Liebe entschuldigen. Das erste ist aber etwas anderes als das zweite, und es ist Gefahr für den Menschen im Verzug, wenn er den intellektuellen Akt des Verstehens mit dem moralischen Akt des Verzeihens zusammenfallen läßt. Damit verwandelt sich Schuld in Irrtum, und man raubt dem Schuldner noch mehr als dem Gläubiger seine menschliche Königskrone.

Schuldbewußtsein setzt voraus, daß ich für das, was ich getan oder unterlassen habe, persönlich verantwortlich bin. Ich kann jede meiner Handlungen in allen Motiven so genau überblicken, daß ich von der lückenlosen Determination meines Tuns überzeugt bin. Dennoch sagt mir mein Schuldbewußtsein, daß ich auch für alles Böse oder Schlechte, das ich tun mußte, verantwortlich bleibe. Es ist die paradoxe Situation gleichzeitiger Freiheit und Determination, über die die Philosophen endlos gegrübelt haben, um schließlich das Zusammensein von Freiheit und Bindung, Schuld und Determination mit den Hilfskonstruktionen einer empirischen und einer intelligiblen Welt verständlich zu machen. Unser Schuldbewußtsein wird aber erst im gleichen Maße paradox und unverständlich, wie ich es durch eine Motivanalyse meines Handelns überflüssig zu machen suche. Je klüger wir darangehen, um so gewisser lassen sich lückenlose Zusammenhänge für die unabänderliche Notwendigkeit all unseres Denkens und Tuns aufweisen. Wer seine Vernunft in solcher Weise gegen die Wirklichkeit seiner Empfindungen ansetzt, kann sich daher nicht wundern, wenn ihm schließlich nichts übrigbleibt, als das Absurde anzuerkennen und anzubeten. Wenn ich mich restlos determiniert weiß, bleibt nur noch das nackte und dann in der Tat scheinbar sinnlose Schuldbewußtsein, das mich an meine Freiheit erinnert und einen Raum über allen

Bestimmtheiten ausspart. Ich wäre erst dann ganz determiniert, ich wäre wirklich eine bloße Sache und Funktion in den Weltprozessen, wenn es mir gelänge, auch noch die für meine analysierende Vernunft unverständlich gewordene Sprache des Schuldbewußtseins zum Verstummen zu bringen. Daß ich Schuld empfinde trotz aller »Notwendigkeiten« meines Schuldiggewordenseins, ist das Reservat meiner Menschlichkeit über der Natur, und ich ebne es selber ein, wenn ich mein Schuldbewußtsein in der Erkenntnis aller meiner Nötigungen untergehen ließe.

Nun sitzt dieses Schuldbewußtsein zum Glück etwas tiefer, die Königskrone des Menschen etwas fester auf seinem Haupt, als daß er sie mit ein paar Griffen abnehmen könnte. Die modernen Entschuldner oder Umschuldner experimentieren in der Regel mit moralischen Kleinigkeiten, mit den Erbärmlichkeiten unseres Alltagslebens. Wir haben es in allen Wissenschaften vom Menschen: Anthropologie, Physiologie, Psychologie, Soziologie inzwischen weit genug gebracht, um unsere Bestimmtheiten durch Umwelt und Innenwelt in einer vorher ungeahnten Weise zu durchschauen. Wirkliche Freiheit wächst aber gar nicht gegen, sondern mitten auf dem Boden aller dieser Determinationen des Seelen-, Leibes- und Gesellschaftslebens. Sie besteht einzig darin, daß ich mich, obwohl durch und durch determiniert, dennoch für das, was ich tue, verantwortlich achte und mir diese Verantwortlichkeit nicht rauben lasse.

Nun sieht man den Menschen gewiß überall umgekehrt reagieren. Er hat einen unwiderstehlichen Drang, seine Schuld und Verantwortung von sich zu schieben, und es kann ihm wohl nichts Besseres geschehen, als daß ihn eine umfassende Wissenschaft von aller Verantwortlichkeit und Schuld entlastet. Er ahnt nicht, wie sehr er allein damit sich seines wirklichen Menschseins begibt. Nicht, daß ich schuldig werde, nicht einmal, daß ich mich verbrecherisch aufführe, »entmenscht« mich wirklich, auch wenn wir tausendmal in ungenauer Ausdrucksweise von entmenschenden Verbrechen sprechen. Nur der, der seine Schuld auch nicht anerkennt, bewegt sich im gleichen Maße, wie er es tut, aus der Sphäre des Menschen hinaus.

Schuld zieht das Verlangen nach Sühne mit sich. Es gibt keine echte Schuld, um die man sich billig herumdrücken könnte. Man muß sogar vorsichtig sein mit dem Verzeihen, wenn man einen Menschen nicht in seinem Innersten beschädigen will. Die Abschaffung der Todesstrafe etwa kann auch ein Unrecht gegen den Mörder enthalten, der um eben so viel Mensch geblieben ist, wie er seine Schuld durch ein ihr angemessenes Sühneverlangen anerkennt. Zum Glück gibt es auch abseits von Bildung und Intellektualität überall heute noch Menschen, die einen guten Instinkt für den Rang ihres Schuldbewußtseins behalten haben und es gerade dann keineswegs billig verkaufen möchten, wenn sie vielleicht kaum wissen, wie sie zu ihrer Schuld gekommen sind, in welcher unheimlichen Maschinerie der Motive und Versuchungen sie sich bei unguten Taten oder Unterlassungen befunden haben. Es ist der Mensch selbst, der auch in einem späten Schuldbewußtsein erwachen und sich seines Ranges bewußt werden kann. Das heißt gewiß nicht, einem falschen Skrupulantismus das Wort reden.

Echte Schuld läßt sich nicht machen und einreden. Sie ist auch eine massivere Realität als ein generelles Sündenbewußtsein, das sich vom Gedanken der Erbsünde herleitet und gewiß seinen Anteil am mitmenschlichen Verstehen haben kann. Sie ist eine *felix culpa*, eine glückliche Schuld, wenn wir sie uns nicht in einem einfachen oder auch komplizierten Verstehensprozeß selber verzeihen, sondern sie mit ihrer Anerkennung unmittelbar vor Gott bringen. Erst damit sind Voraussetzungen geschaffen, ein wenig davon zu verstehen, warum Gott selbst unsere Schuld im Gekreuzigten auf sich genommen und uns damit wirklich erlöst und verziehen hat.

Person und Persönlichkeit

Es gab bei uns eine Zeit, und sie ist noch nicht lange her, da es als beliebte Kennzeichnung unserer beiden großen klassischen Dichter galt, in Schiller den »Idealisten«, in Goethe aber einen »Realisten« zu sehen etwa in dem Sinne, wie es das Weimarer Schiller-Goethe-Denkmal anschaulich zu machen sucht, indem es den einen zum Himmel, den anderen über die Erde hin blicken läßt. Wenn wir inzwischen etwas hinzugelernt haben, dann ist es aber wohl dies, daß in Wirklichkeit beide Dichter, Goethe nicht weniger als Schiller, »Idealisten« gewesen sind. Auch Goethe hat bestimmt weit mehr aus dem Imperativ als aus dem Indikativ gelebt, nur daß sein Idealismus sich leichter als derjenige Schillers mit der Wirklichkeit verwechseln läßt. An einigen seiner Grundbegriffe enthüllt sich jedoch die wirkliche Sachlage deutlicher. »Persönlichkeit«, welcher Begriff würde so in die Mitte der Goetheschen Welt hineinführen? Welches Ideal ist aber auch ähnlich tief zum Leitbild eines »richtigen«, vollgültigen Menschentums bei den vornehmlich von Goethe geprägten Generationen des vorigen Jahrhunderts geworden?

Demgegenüber muß nun aber nüchtern erkannt und festgehalten werden, daß der Mensch in Wirklichkeit nicht Persönlichkeit »ist«, daß er dies nur unter bestimmten Umständen werden kann und daß er, wenigstens nach idealistischer Auffassung, darauf hinarbeiten soll, es zu werden. Persönlichkeit ist also durchaus ein sittlich-geistiger Imperativ, auch wenn dieser bei einem Weltmann und Dichter wie Goethe weniger kategorisch klingt als beim schroffer und klarer denkenden Philosophen Kant.

Persönlichkeit ist in engem Zusammenhang mit diesen Tatsachen ferner ein Superlativ, zu dem der Positiv schlicht »Person« heißt. Das 19. Jahrhundert war in der Nachfolge Schillers und Goethes etwa bis zur großen Zäsur des ersten Weltkrieges weit idealistischer, als es seinem mächtigen Ausgreifen in die äußere, räumliche Welt nach erscheinen könnte. Es war ein Jahrhundert der Persönlichkeiten wie kaum eine andere Zeit seit der italienischen Renaissance. Sein Weg ist vom Ideal einer ruhigen Persönlichkeitsbildung bei Goethe über den Persönlichkeits- und Geniekultus der späteren Romantiker schließlich zur Karikatur der Persönlichkeitsidee in den Führeridolatrien der Diktaturstaaten vorangeschritten, während zugleich für die Massen der noch nicht persönlichkeitsreifen oder überhaupt nicht persönlichkeitsfähigen Menschen bei dieser künstlich vergrößerten Distanz zu den Spitzen der Menschheit gar keine Idealität und Personalität mehr übrigblieb. Daß der Mensch zuerst aber nicht Persönlichkeit, sondern Person ist, daß ihm nur diese Qualität seinsmäßig zukommt, ohne daß er sich für sie anstrengen oder überanstrengen müßte, dieser Grundsachverhalt der Menschenkunde und des Menschenverständnisses ist uns über der Jagd nach dem »höchsten Glück der Erdenkinder« ganz aus den Augen gekommen mit der fatalen Folge, daß die meisten Menschen, statt das hochgestochene Ideal der Persönlichkeit auch nur ein wenig zu erreichen, obendrein ihrer Person verlustig gingen, in einen unterpersonalen Status abglitten, wenn nicht sogar zu ihm durch jene dämonischen Super-Persönlichkeiten, denen sie sich unterwarfen, hinabgestoßen wurden.

Alle diese Erfahrungen lassen es an der Zeit sein, sich nicht nur über die Verzerrungen von Genie- und Führerkult, sondern auch über das gesund und begründet erscheinende Ideal der Persönlichkeit etwas kritischere Gedanken zu machen. Das beginnt damit, daß man Persönlichkeit zuerst einmal als »Ideal«, nicht als die gegebene Wirklichkeit des Menschen verstehen lernt, um von dort aus die Aufmerksamkeit schärfer auf die reale Basis dieses gewiß sehr hohen und schönen Ideals zu richten. Diese Basis heißt aber, immer wieder muß es gesagt werden: Person. Person brauchen wir nicht werden zu wollen. Person sind wir damit, daß wir Menschen sind und nicht Tiere oder Pflanzen. Gleichgültig wie reif, wie vollendet, wie begabt, wie alt oder wie jung wir sind, wir sind Person mit demselben Augenblick, wo wir uns als ein Ich erkannt, als Subjekt verstanden und im Du des Gegenübers gespiegelt haben. Person ist das Menschsein schlechthin. Person ist aber auch in einem aristotelischen Sinne die rechte Mitte unserer Existenz zwischen den beiden Extremen der Persönlichkeit und der Versachlichung.

Es liegt ein guter Sinn darin, daß unser Denken nicht den Begriff der Persönlichkeit, sondern nur den der Person auf die Gottheit übertragen hat. Der christliche Glaube spricht von drei Personen, nicht Persönlichkeiten Gottes, und man darf, ohne die Dinge abzubiegen, daraus folgern, daß Persönlichkeit nicht davor gesichert ist, ein an die Stelle Gottes tretendes Ideal zu werden. Es führt fraglos sogar von dem ruhigen Persönlichkeitsideal Goethes ein nicht sehr weiter Umweg zum Übermenschen Nietzsches, der nur noch meint, leben zu können, wenn Gott und die Götter gestorben sind.

Der wesentliche Unterschied von Person und Persönlichkeit läuft immer darauf hinaus, daß in der Persönlichkeit das Ich stärker betont und herausgehoben ist als in der einfachen Person. Zur Persönlichkeit gehört allemal ein übergewöhnliches Maß an Kraft, Weite, Reife oder Macht der Person. Die Persönlichkeit bereichert sich immer auf Kosten der Umwelt und des Nicht-Ichs. Sie gewinnt vor diesen ein klares Übergewicht. Sie macht sich im extremen Fall theoretisch oder praktisch zu jenem »transzendentalen Subjekt«, das die Welt »aus sich entläßt und der Natur ihre Gesetze vorschreibt«; mit dem letzten Ziel, daß auch Gott »keine äußere Substanz mehr ist, sondern bloß ein moralisches Verhältnis in mir« (Kant), daß »nichts Geheimes mehr in Gott ist« (Hegel), ja, daß er am Ende gestorben sei (Nietzsche).

So haben wir zwar die Persönlichkeit gewonnen, Gott aber, oder doch zum mindesten einen lebendigen Gott, vor dem sich die menschliche Person in Demut und Anrede beugt, aus unserem Blickkreis verloren.

Der Weg des Idealismus war ein solcher Weg zur Persönlichkeit, die sich schließlich auf Kosten Gottes zum Übermenschen herangemästet hat, von dem es dann nur noch ein Schritt zum Unmenschen und Untermenschen gewesen ist. Umgekehrt können wir sagen, daß dem Menschen keine wesentliche Beschädigung widerfährt, wenn ihm das Ideal der Persönlichkeit praktisch oder theoretisch gekündigt würde. Jedes normale Berufsleben in einer unter freiem Wettbewerb stehenden Welt gibt wenig Kredit auf Persönlichkeitsansprüche. Gottlos und unsittlich wird es aber erst, wenn es auch die Person mißachtet und den Menschen zur Sache, den Arbeiter zur ökonomischen Arbeitskraft herabdrückt. Sogar mit dem Soldatentum, dem Schulbeispiel aller sentimentalen Affekte gegen Persönlichkeitsbeschränkung, verhält es sich ähnlich, daß es den Wesenskern des Menschen nur in seinen Extremen des preußischen Drills, des Nazimilitarismus verletzt hat, die nicht nur die Persönlichkeit, sondern auch die Person des Menschen mißachteten und ihn zur Sache herabdrückten. Die eigentümliche Ambivalenz des Soldatentums, daß man in ihm sich gleichzeitig herabgewürdigt und erlöst fühlen kann, beruht sicherlich auf dieser Hintergrundsdialektik von Person und Persönlichkeit. Die Alarmglocken zur Rettung der Menschlichkeit würden erst dann mit Recht in Tätigkeit treten, wenn nicht eine autonom und souverän sich gebärdende Persönlichkeit, sondern die Person des Menschen angegriffen wird, wenn es sich darum handelt, aus lebendigen Menschen Bestandteile der mechanischen Wirklichkeit zu machen und damit nicht nur den Menschen, sondern auch seinen Schöpfer zu desavouieren. Wir heißen es gern »einen Namen haben«, wenn wir meinen, daß ein Mensch in dieser oder jener Weise eine Persönlichkeit, eine öffentliche Person geworden ist. In Wirklichkeit ist es aber bereits das entscheidende Kennzeichen der einfachen Person, daß sie einen Namen hat, daß von ihr mit dem Propheten gesagt werden kann: »Ich habe dich bei deinem Namen gerufen.« Mit dem Augenblick, wo der Mensch seinen Namen verliert, wird ihm die Personalität genommen, weswegen die mittelalterliche Kirchensprache mit Recht von der »Masse der Verdammten«, der massa perditionis, redete, niemals jedoch bei der an Zahl nicht weniger großen Menge der Seligen einen solchen, die Person und den Namen einknetenden Ausdruck gebrauchte.

Wir müssen uns vielleicht erst an einen neuen Sprachgebrauch jener beiden Begriffe gewöhnen, sicher ist aber, daß sich die Aufmerksamkeit aller gegenwärtigen und künftigen Verteidigungsmaßnahmen der Menschlichkeit und der Freiheit weniger auf das zweideutige Ideal der Persönlichkeit als auf die klare, entscheidende Wirklichkeitsbasis der Person konzentrieren muß. Wir verlieren nicht gar so viel, oftmals nur unsere Eitelkeit, wenn wir uns als Persönlichkeit »aufgeben«, dafür jedoch die Person um so entschiedener die Mitte und das Wesen des Menschen sein lassen.

Die religiöse Scham

Nicht leicht ist zu bestimmen, was Scham ist. Ein Affekt der Hemmung vor dem Unsittlichen? Wäre sie nicht noch etwas anderes, so könnte es keine religiöse Scham geben, da es gewiß nicht unsittlich sein kann, vor anderen Menschen ein Gebet zu sprechen oder den Namen Gottes zu nennen. Sicher scheint also nur so viel, daß Scham als Gefühl nicht allein die einzelne Seele angeht. Scham setzt einen anderen, einen Betrachter voraus, auch wenn dieser Zweite nur vorgestellt wird. Sie setzt aber auch Distanz zu unseren Handlungen voraus. Adam und Eva schämten sich, als sie nach dem Sündenfall ihre Distanz zu Gott empfanden, die vorher in der Einheit ihres Willens mit dem göttlichen Willen nicht bestanden hatte.

Die religiöse Scham setzt den unreligiösen Menschen voraus. Sie stellt sich immer dann ein, wenn sich die Einzelseele in ihren Beziehungen zu Gott von einem Dritten gesehen fühlt, der solche Beziehungen nicht teilt und ihnen skeptisch gegenübersteht. Die religiöse Scham hat daher im gleichen ungeheuren Maße unter uns zugenommen, wie die Religion ihre gemeinschaftsbestimmende Macht verloren hat. Ungezählte Menschen schämen sich jeder religiösen Äußerung, die von anderen Menschen bemerkt werden könnte. Sie setzen stillschweigend voraus, daß solche Äußerungen von ihrer Umgebung skeptisch angesehen oder einfach für unehrlich gehalten werden.

Diese religiöse Scham ist für den heutigen Protestantismus ein ernsteres Problem als für den Katholizismus, da jenem die Heuchelei, schon ihr bloßer möglicher Vorwurf, eine besonders schwer erträgliche Vorstellung ist. Ein Wort wie das von Paul Claudel: »Lieber noch Heuchelei als Zynismus« konnte nur von einem Katholiken geprägt werden. Der Protestant hat von Haus aus durch das »innerliche« Prinzip seiner Frömmigkeit sowie durch den Vorrang des Wortes vor allem kultischen Leben eine losere Beziehung zur religiösen Gemeinschaft. Er lernt als Kind kaum noch religiöse Gebärden und objektiv sichtbare Handlungen, die beim Katholiken nebenher auch ein ständiges Korrektiv gegen die religiöse Scham bilden. So wird ein richtiger Protestant das Herrenwort, im Kämmerlein zu beten und sich nicht wie die Frömmler und Heuchler an den Straßenecken mit seinen religiösen Handlungen sichtbar zu machen, aus dem Herzen gesprochen empfinden. Er wird aber oft nicht merken, daß jenes Wort kaum in seine wirkliche Lage hineingesprochen ist.

Bei ungezählten Menschen erstickt die religiöse Scham alle zarten Keime, die vielleicht einmal zu einem kräftigeren religiösen Leben führen könnten. Bischof Dibelius hat erzählt, er habe auf seinen vielen Reisen in Hotels und Restaurants kaum noch jemanden gefunden, der gleich ihm die Hände vor dem Essen gefaltet hätte. Unsere Rücksicht auf den Ungläubigen geht so weit, ihm überall leichten Herzens das sichtbare Bekenntnis zu Gott oder gar zu Christus zu opfern. Sogar in den Gottesdienst, und wieder zuerst in den evangelischen, hat sich religiöse Scham wie eine Lähmung hineingefressen. Wer setzt sich, wenn er nicht schwerhörig ist, noch gern auf die ersten Kirchenbänke? Sagenhaft kommt uns eine Zeit vor, die noch gar nicht lange her ist – der amerikanische Erzähler Nathanael Hawthorne hat ihr in seinem Roman »Scarlett Letter« ein großes Denkmal gesetzt –, als um dieselben ersten Bankreihen der religiöse und gesellschaftliche Ehrgeiz stritt. Längst nicht alle Kirchenbesucher bringen es ohne Hemmungen fertig, die gottesdienstlichen Lieder mitzusingen, das Credo und das Vaterunser mitzusprechen.

Im Grunde handelt es sich bei der religiösen Scham um das, was man besser mit dem französischen Ausdruck *gêne* bezeichnet. Man schämt sich nicht so sehr, wie man sich geniert. Gêne kommt von dem altfranzösischen Wort geéne, das auf den hebräischen Ausdruck Gehenna für Hölle, Pein und Folter zurückgeht. In der Tat ist es ein zerrissener und zwiespältiger Zustand der Pein und Folter, ein wahrer Höllenzustand, der sich mit der religiösen Scham im Innern des Menschen ausbreitet. Einerseits will der Gläubige ein freies, offenes Bekenntnis, andererseits kommt es auf eine freie, offene Art nicht durch seine religiösen Verschämungen hindurch.

Hinzu kommen logisch und dogmatisch motivierte Hemmungen, die im zweiten biblischen Gebot ihren Ausdruck finden. Man gerät in einen schier ausweglosen Skrupulantismus, wann es erlaubt und wann es Sünde sei, den Namen des Herrn, seines Gottes, im Munde zu führen. Der ungeheure Verschleiß religiöser Vokabeln, insbesondere des Wortes Gott selber, hat eine Art Umstellung der ersten beiden Gebote zuwege gebracht; das zweite Gebot ist an die Stelle des ersten getreten. Es gibt einen »Atheismus«, der nichts anderes als eine sehr strenge Befolgung des zweiten Gebotes ist. Vielleicht ist er überhaupt die verbreitetste Form der modernen Gottlosigkeit und Gottferne.

Nun werden energische Naturen den Versuch machen, sich die religiöse Scham gewaltsam abzugewöhnen. Thornton Wilders Mister Brush in seinem kleinen Roman »Dem Himmel bin ich auserkoren« gibt ein lehrreiches Beispiel dafür, wie sich ein einzelner in einer indifferenten Umgebung religiös herausfordernd aufführen kann und zuletzt damit nicht nur nicht missionierend wirkt, sondern den eigenen Glauben dazu verliert. Man würde irren, wenn man sich für die Pflicht zum freien, unentwegten Bekenntnis auf den Anfang des Römerbriefes berufen wollte. Das Merkwürdige ist ja, daß mancher Christ sich eines »großen«, bis zum Martyrium getriebenen Bekenntnisses weniger schämen würde als der mannigfachen kleinen Alltagsbekenntnisse innerhalb der Familie, der Bekanntschaft, der gleichgültigen Öffentlichkeit, die es doch so schwer machen, ihnen ein existentielles Gewicht zu geben.

Besonders angefochten dürften in dieser Hinsicht solche Christen sein, die erst »wieder zum Glauben gekommen sind« und wegen ihrer »plötzlichen« Wandlungen meinen, den Argwohn der Heuchelei und Unechtheit auf sich zu ziehen. Das deutet aber nur darauf hin, wie tief unsere Verbindungen mit dem uns tragenden Kollektiv sind, wie schwierig es ist, sich ihrer Wirkungen zu entziehen oder sie gar ignorieren zu wollen. Die religiöse Scham wird vom einzelnen kaum zu wenden sein. Der einzelne hat nicht die Macht, die Strukturen seiner Zeit zu bestimmen. Er kann tapfer dagegen anzuleben versuchen. Wirklich wandeln lassen sich die Verhältnisse aber nur durch Gemeinschaftsbildungen und gesellschaftlichen Wandel, bei denen sich Scham durch die Gleichgestimmtheit des Lebens von selbst verflüchtigt. So läßt sich eine Milderung dieser Krankheit nur innerhalb des religiösen Lebens im Ganzen erhoffen, und es zeigt sich an diesem Phänomen und Problem, daß Religion überhaupt niemals bloß eine Sache des einzelnen sein kann und darf.

Die christlichen Feste

Lichtfest, Schenkfest, Christfest

Der Wind auf leeren Straßen
streckt aus die Flügel sein.
Streicht hin gar scharf ohn Maßen
zur Bethlems Krippen ein.
Friedrich von Spee

Zwei Hochhäuser spalten Holz im Keller. Das eine sagt: »Weißt du, daß morgen Weihnachten ist?« Antwortet das andre: »Ja, aber ich geh' nicht hin« . . . Das linguistische Witzchen trifft genau die Stelle, wo Menschen und Zeiten sich gewandelt haben. Feste kommen nicht mehr zu uns und über uns. Wir müssen zu ihnen hingehen, was voraussetzt, daß wir es auch unterlassen können. Die grenzenlose Passivität allen überlieferten Feiertagen gegenüber hat dazu geführt, daß man sie zwar nicht abschaffen will oder abschaffen läßt – nicht einmal die sinnentleertesten unter ihnen wie Himmelfahrt, Bußtag und einige andere –, jedoch nur noch ihre Freizeit annimmt wie eine geschenkte Ware und als Zins oder Rabatt den Jahresferien zuschlägt. Die Weihnachtstage sind hier der beträchtlichste Posten, gleichsam die Feriendividende des ganzen Jahres: zweieinhalb Tage, dazu oft ein Sonntag, und Silvester mit Neujahr noch dicht hinterher, so daß sich mit bloß geringen Anstrengungen kleine Winterferien daraus machen lassen. Nimmt man die obligaten Gratifikationen hinzu, so kann man auch heute noch Weihnachten als Fest des jährlichen Beschenkens, dazu eines winterlichen Atemholens mit leidlichem Anstand genießen.

Etwas schwieriger wird der zweite Aspekt, die Sache mit den Lichtern, also das, was rund zweihundert Jahre lang den dicken Zauber in erster Linie ins deutsche Weihnachtsfest, danach aber auch in das anderer Länder und Erdteile gebracht hat. Der Gedanke war fruchtbar und in seiner Dialektik nicht ohne guten Sinn: Kälte und tiefste Dunkelheit draußen, innen aber »die durchwärmte, goldendurchlichtete Stube, man erinnere sich, wie die erleuchteten Zimmer dieser verlorenen Häuser von außen anmuten: wie glühende Kristalle, wie Kohle im Herd, wie innerstes Herz. Und ihre Weihnachtslieder erklingen drinnen wie die Gesänge der Männer im feurigen Ofen.« Das alles ist inzwischen Vergangenheit, doch die Älteren unter uns haben den Kontrast, wie ihn Fritz Alexander Kauffmann in die zitierten Worte gefaßt hat, noch gut in Erinnerung. Heute müßte man ihn weit auf dem Land, im Wald, im Gebirge suchen und hätte auch da seine Not. Unser Winter ist viel zu erleuchtet, um noch Weihnachtslicht im alten, bis zur Erfindung von Glühbirne und Neon gültigen Sinn lebendig zu machen. Das hat den Kerzenbaum sogar da, wo er strikt festgehalten und nicht vom erbärmlichen Lämpchenbaum ersetzt ist, seiner Umwelt entkleidet und auf sich selbst gestellt, was immer schon der erste Schritt zum Untergang ist. An diesem Siechtum einer gewiß nicht uralten, doch respektablen Sitte hat sich ironischerweise ein Pfropfreis ihrer selbst beteiligt: die seit etwa zehn Jahren aufgekommene, inzwischen in Villenvororten epidemische Übung, eine Ziertanne des Gartens schon vom ersten Advent an über die Weihnachtstage und Neujahr mit Glühbirnen zu bestecken, um Weihnachtslicht auch nach draußen zu projizieren. Daß die ohnehin reichlich erleuchteten Straßen dergleichen nicht nötig haben, ja daß ein brüllender Lichtchor der Geschäftsreklame es gerade um Weihnachten absurd macht, weil man viel eher nach Dunkelflecken als nach Lichtpunkten Ausschau hält, wird nicht bemerkt und empfunden, wie immer, wenn der Mensch Assoziationsketten statt lebendiger Gegensätze über sein Geistes- und Sinnenleben Herr werden läßt. So kommt es, daß die kerzenerleuchtete Weihnachtsstube in der Regel gar nicht mehr den elementaren Gegensatz von Dunkelheit und Licht ins Gemüt spiegelt, sondern nur noch die Stufung von hellerem, schärferem, künstlicherem Licht draußen und dem warmen, milden, natürlichen Innenlicht des Weihnachtsbaums. Auch dies mag noch hinreichen, ein Zipfelchen Heil und Schönheit im Weihnachtslicht wahrzunehmen.

Lichtfest, Schenkfest, Christfest sind die drei traditionellen Aspekte des Weihnachtsfestes. Wie das »Lichtfest« am Ende einer Epoche tiefer Dunkelheiten frischen Sinn empfing – wer hätte sich nach dem Krieg und sieben Jahren Verdunklung nicht nach Licht gesehnt? –, so erfuhr auch das »Schenkfest« in denselben fünfziger Jahren eine Stunde der Wiederbelebung von Grund her. Die vorangegangenen Auszehrungen an Gütern und Genuß sind ja so unmäßig gewesen, daß es vieler Weihnachten bedurfte, um sie zu stillen. Inzwischen sind jedoch ganze Generationen herangewachsen, die davon nichts wissen, den Hintergrund solcher Erfahrungen entbehren. Wohlstand und Überfluß beherrschen seit Jahren die Szene, und »selbst die Hütte trieft von Segen«, wie es, von damals her übertreibend, in einem Weihnachtslied der Jahrhundertwende verlautet. So ist für das Schenken, das weihnachtliche Schenken, das ein bestimmtes Maß zwischen klein und zu groß einhält, eine früher nicht erfahrene Schwierigkeit aufgekommen. Was sich die Menschen heute wirklich noch wünschen, die älteren wie auch schon die jungen, sogar die Kinder, übersteigt die Möglichkeiten der Schenker: Autos, Häuser, Maschinen, große Reisen usw. Im mittleren Bereich, wo weihnachtliches Schenken von seinem Wesen her angesiedelt ist, fühlt sich der Mensch dieser Tage weitgehend autark, wie auch die Sinnenfreude der Festtage eher mit rascher Übersättigung als mit unstillbarer Genießenslust zu rechnen hat. Das weihnachtliche Schenkfest ist aus solchen Gründen müder geworden, als es je zuvor war. Darin enthüllt sich die Kehrseite von Wohlstand und Güterfülle, die ebenfalls alles Frühere an Produktions- und Distributionsfähigkeit weit hinter sich gelassen haben.

Die Sache enthält jedoch ihr Problem. Es gibt kaum ein Zurück auf diesem Weg, kaum eine gesellschaftliche oder wirtschaftlich-politische oder psychologisch-moralische Alternative. So klingt es zwar recht plausibel und mag auch manchen einzelnen in seinen Entschlüssen bestimmen, wenn gerade für das Weihnachtsfest eine christliche Untergrundbewegung sich hier und da stärker regt, die das Ziel hat, das »sinnlose« Schenken in weltweite Hilfe für Bedürftige umzuwandeln, den »Reklameterror« der Konsumexpansion durch persönliche Abstinenz zu brechen. Der Gedanke liegt auf der Linie jener allgemeineren Weigerung, in Gütererzeugung und Güterkonsum mitzuspielen, wie sie am wirksamsten im nachmarxistischen Denken Herbert Marcuses zum Ausdruck kommt. Er, nämlich der Gedanke, krankt aber an demselben punktuell-invididualen Ansatzpunkt, der auch Marcuses Sozialismus wenig reale Chancen gibt. Man kann nicht auf der einen Seite unterentwickelte Länder und Erdteile, dazu benachteiligte Gesellschaftsklassen in größtem Ausmaß am materiellen Wohlstand beteiligen, aber die dafür unerläßlichen Produktions-Gewinn- und Steuerüberschüsse drosseln wollen. Mit diesem Widerspruch läßt sich weder Politik noch Wirtschaft, noch Entwicklungshilfe vorantreiben, die allesamt nicht so sehr vom Freiheitsspielraum des einzelnen wie von großräumiger gesellschaftlicher Zusammenarbeit abhängig sind. Das weihnachtliche Schenkfest, das sicher auch Nachteile für solche Industriezweige mit sich bringt, die nur bei seiner Gelegenheit, also einmal im Jahr, den entscheidenden Absatz erreichen (Bücher, Schmuck, Lebkuchen, Pelze und manches andere), wird sich so wenig wie unser übriges Leben durch moralische Innen-Einwirkung wesentlich umstrukturieren lassen. Es hat diese rigorosen und puritanischen Erziehungsprozesse trotz der mit ihm verbundenen Auswüchse aber auch nicht verdient. Ein Tag einmal im Jahr, wo Schenken an die Nächsten und die Näheren zur moralischen Pflicht wird, läßt sich nicht ohne Verlust an Mitmenschlichkeit und an Wärme in der Welt entbehren, so daß man ein Weihnachten erfinden müßte, wenn es nicht, Gott sei Dank, immer noch vorhanden wäre.

Wie steht es indessen mit dem innersten, in allem bisher Gesagten kaum angerührten Aspekt des weihnachtlichen *Christfestes*? Die diesen Überlegungen als Leitwort vorangestellten Verse Friedrich von Spees waren vom Dichter nur für die äußeren, jahreszeitlichen Verhältnisse des Christfestes gemeint. Es gibt jedoch ein produktives Zitieren, das einem nur eindimensionalen Wort zusätzliche geistige Oberbedeutungen verleiht. Viele Worte der Bibel, aber auch klassischer Schriftsteller sind in den Jahrhunderten der Überlieferung auf solche Weise mit einem in ihnen vom Autor nicht mitgedachten Geist angereichert worden. Ob es nun heißt: »Herr, bleibe bei uns, denn es will Abend werden, und der Tag hat sich geneiget«, oder ob der Abrahamsknecht, der Rebekka für Isaak gefreit hat, auf die Bitte Labans, noch zu verweilen, antwortet: »Haltet mich nicht auf, Gott hat Gnade zu meiner Reise gegeben.« – Die Worte bieten sich mit ihrer Einfalt in beiden Fällen an, als Gleichnisausdruck (des Alters bzw. des Sterbens) aufgegriffen zu werden. Was haben die vorausgegangenen Betrachtungen zu »Lichtfest« und »Schenkfest« aber anderes getan, als Friedrich von Spee auf höherer Ebene, in der Wetterlage des Zeitgeistes zu bestätigen? »Der Wind auf leeren Straßen streckt aus die Flügel sein, streicht hin gar scharf ohn Maßen zur Bethlems Krippen ein.«

Ein Christfest, gibt es überhaupt noch ein Christgeburtsfest, wo es schon große Not mit Christentum insgesamt in der gegenwärtigen und wahrscheinlich immer mehr in der künftigen Welt hat? Der Weg hinauf und hinab ist ein und derselbe, sagt Heraklit und gibt damit eine Formel, die auch am Schicksal des Christentums ablesbar ist. Wenn das Fest der Geburt Christi in seine kritische Phase eingetreten ist – und daran kann niemand im Ernst noch zweifeln –, so entspricht dies spiegelbildlich seinen geschichtlichen Ursprüngen. Die frühesten Zeugnisse dafür, daß die Geburt Jesu zunächst datumshaft festgesetzt, danach zum christlichen Feiertag erhoben wurde, stammen aus dem 3. Jahrhundert. Origines und andere ältere Kirchenväter hatten sich noch gegen ein solches Geburtsfest gewandt, weil es zu deutliche Traditionen heidnischer Götter aufnahm.

Diesem Kanonisierungsprozeß ging noch einmal rund 200 Jahre früher in den Schriften des Neuen Testaments selbst der Prozeß des Hineinwachsens von Geburtsgeschichte ins ursprünglich davon freie Evangelium voraus. Nur Matthäus und Lukas halten sich ja mit der Geburtsgeschichte Jesu auf.

Markus weiß nichts davon, auch Paulus nicht, und Johannes greift so riesenhaft über Geburt und Genealogie des Menschen Jesus hinaus in seine Logos-Theologie, daß wir über die im Weihnachtsfest gestellte Frage der Christgeburt gleichsam hinweggeflogen sind. Die moderne Theologie folgt weitgehend solchen Spuren und Zeichen. Sie verweist die synoptischen Weihnachtsgeschichten ins Reich der Legende und überläßt sie dadurch dem Verwesungsprozeß, den sie durch Amalgamierung ins traditionelle Weihnachtsfest eingegangen sind. »Es begab sich aber zu der Zeit, daß ein Gebot ausging vom Kaiser Augustus, daß alle Welt sich schätzen lasse . . .«, diese Introduktion des Lukasevangeliums, die oft schon nicht mehr in lutherischer Übersetzung gelesen wird (weil »schätzen« ein unverständlicher Ausdruck geworden sei), ist zwar immer noch in den Weihnachtsgottesdiensten zu hören. Ihr edler, sanfter Klang ist jedoch mit Weihnachtsbaum, Weihnachtsstimmung, Weihnachtslied langsam auf dem Weg, sich zu verflüchtigen. Das Christfest, richtiger das Christentum insgesamt scheint gut beraten, sich auf festere Fundamente zu besinnen, als sie Jungfraugeburt, Stall, Krippe, himmlische Heerscharen, Heilige Drei Könige, Hirten auf dem Felde und schließlich noch Ochs und Esel, die erst mit dem apokryphen Protevangelium des Jakobus im 2. Jahrhundert auftreten, ihm bieten können. So wenigstens dürfte die ernste Rede solcher gehen, die für Christentum und Kirche heute eine Reform an Haupt und Gliedern für nötig halten.

Denken wir jedoch noch einmal zurück: Ein Christgeburtsfest bedeutet doch, daß man sich für einen Menschen (ob Gott, Gottmensch, Menschensohn, Messias oder wie die Hoheitstitel sonst lauten mögen) bereits abstrakt, nicht mehr in der Gegenwart seines Wortes und seiner Wirkung interessiert. Die Jünger und Anhänger, auch die Apostel taten das erst, als jene primären Anstöße längst vorüber waren. Das erste wirkliche Fest der christlichen Gemeinde ist Pfingsten, die Geistausteilung und Geistübertragung, gewesen. Danach kam Ostern als »Fest«, obschon es als unbegriffenes mysteriengesättigtes Ereignis die Keimzelle allen Glaubens gewesen ist. Weihnachten ist bestenfalls die dritte Stufe, begründet, ja erzwungen durch die allmählich in ihrem Ausmaß immer mächtiger, unbegreiflicher werdende Gewalt des Christusereignisses. »Was sagen die Menschen, daß der Menschensohn sei«, fragt schon Jesus selbst noch als Lebender, Lehrender. Die Frage nahm zu an Bedrängung nach Tod, Auferstehung, Ausbreitung des Geistes. Sie erzwang die Rückblende zur Geburt, damit aber auch die Hineinnahme frommer Phantasie in die Botschaft vom Reich und vom Kreuz. Der Marxist Ernst Bloch meint, daß wenigstens die Krippe historisch sein müsse, weil die Legende vergoldet hätte. Der Begründungssatz ist plausibel, gleichwohl läßt sich schwerlich ein Partikel, überhaupt ein historischer Restbestand aus dem Gewebe der neutestamentlichen Geburtslegenden Jesu bei Matthäus wie bei Lukas herausdestillieren; die Krippe nackt und realistisch genommen als Hinweis auf das Kreuz am Ende des in Bethlehem begonnenen Lebens ist zu »schön«, um nicht auch bloß negative Legende zu sein. Vor ernsthafter Analyse läßt sich das alles nicht halten, nicht einmal der Geburtsort Bethlehem.

Umgekehrt wird aber alles gehalten und muß auch alles behalten werden, wenn überhaupt eine Weihnachtsgeschichte im erwachsenen christlichen Geist lebendig bleiben soll. Wir wissen, daß es auch ohne sie geht, ganz gut sogar, daß ein nüchternes, weltzugewandtes, gefühlfreies Tatchristentum ohne sie auskommt, wie auch sonst heute weitgehende Abstriche am klassischen apostolischen Bekenntnis vorgenommen werden und dennoch nicht einfach als unchristlich, widerchristlich, ja nicht einmal als unbedingt antikirchlich apostrophiert werden können.

Bei allen solchen Überlegungen enthalten nun die überlieferten Weihnachtslegenden aber doch einen einzigen härteren Kern, der zwar nicht in die historische Ebene, aber in die des Bekenntnisses und der Dogmatik weist. Weihnachten ist in der Breite seiner Anverwandlungskraft ja nicht nur ein Christfest, sondern auch eins der Mutter Maria, darüber hinaus des Archetyps Mutter und Kind schlechthin. Von dieser Seite sind ihm und seiner Legende unabsehbare Kräfte zugeflossen, wobei es gern zweifelhaft bleiben mag, wieweit sie der Christusbotschaft und ihrer Reinheit bekömmlich gewesen sind. Jener Kern ist nun aber die Frage der Herkunft schlechthin. Die Zeugnisse der Evangelien nach Matthäus und Lukas, von den Apokryphen gar nicht zu sprechen, schließen eine Vaterschaft Josefs, des Mannes der Maria, aus, wie man auch immer ihre positiven Hinweise auf Gott selbst beurteilen mag. Ist diese Prämisse gültig, bleibt nur die Alternative, daß der »Vater« Jesu entweder nach »oben« oder nach »unten« gesucht werden muß, unterhalb oder oberhalb der damals ja mit archaischer moralischer Strenge zu verstehenden Ehebindung Marias. Für die frühchristliche Reflexion über die Herkunft dieses einzigartigen Menschen gab es deshalb nur den »Ausweg«, Gott selbst zum Vater dieses Menschen zu machen, wenn nicht ein »Fehltritt« zugestanden werden sollte, der dann die Botschaft aber in vielleicht entscheidender Weise auf ihrem Weg in die Welt und die Weltgeschichte gelähmt hätte. Wir haben heute gut reden über die Spitzfindigkeiten der alten Theologie. Wir können dagegen sogar theologisch argumentieren mit deren eigensten Begriffen wie dem der »vollen« Menschheit des Gottessohns, die ein Ärgernis wie »uneheliche« Zeugung und Geburt inzwischen wohl ebenso gut akzeptieren könnte, wie am Anfang der christlichen Dinge und ihres Verlaufs das des Kreuzes angenommen und ins Positive umgewendet wurde.

Gleichwohl sind die Legende und die an sie sich anschließende dogmatische Bestimmung der jungfräulichen Geburt auch im modernsten Bewußtsein nicht gänzlich und definitiv erloschen. Das »unaussprechliche Geheimnis« der Person Jesu, von dem ein sonst so nüchterner Forscher wie Albert Schweitzer am Ende seiner Geschichte der Leben-Jesu-Forschung spricht, läßt uns einen Bestand von Zurückhaltung und positivem Zweifel wahren vor der Frage der Herkunft dieses Menschen. Mag Jungfrauengeburt auch »unmöglich« sein, heute gewiß noch unmöglicher für das von den Naturwissenschaften belehrte Denken als damals, wo es aber auch schon keine leicht zu glaubende dogmatische These gewesen ist –, die Alternative zu ihr hat ebensowenig, wohl sogar noch weniger zwingende Kraft, oder, mit Matthias Claudius zu sprechen: »Das Beste an der Religion sind ihre dunklen Punkte.«

Das Weihnachtsfest als Fest des beschenkten Kindes, das Weihnachtsfest als Fest des wiedergewonnenen Lichtes, das Weihnachtsfest als Bestätigungsdatum des begonnenen Weltlaufs jenes einzigartigen Menschen, der immer noch unsere Zeitrechnung bestimmt und unabsehbaren Einfluß auf alles Denken und Tun ungezählter Menschen rund um die Welt bis zur Stunde behalten hat, ist einigermaßen fest auch in einer immer traditionsloser werdenden Welt verankert, um als Bastion im Vorfeld von Christentum und Kirche wahrscheinlich noch eine ganze Weile zu halten. Unaufgebbar für eben dies Christentum ist die Bastion vielleicht sogar weniger als für die Welt selbst, die weit und breit keine Kompensationen dafür bereitzustellen wüßte.

Kreuz und Kruzifix

Das Christentum ist die Religion des Kreuzes, und der Karfreitag hält uns im Jahreslauf dieses Kreuz einmal dicht vor Augen, wie ein Priester es mit dem Kruzifix tut, wenn er einen Menschen zum letzten Weg bereitet. Keine andere Religion läßt sich so in ein einziges, alles aussagendes Symbol fassen. Das Kreuzigen war eine antike Hinrichtungsart. Sicherlich hat man sich bei ihr nichts anderes gedacht, als daß sie mit Fleiß recht grausam sein sollte. Vor allem wird man nicht geahnt haben, was für ein unvergleichliches Symbol der Durchdringung von oben und unten, von vertikaler und horizontaler Dimension das Kreuz abgibt.

Die Geschichtlichkeit des Karfreitagsereignisses wird heute von niemandem mehr bezweifelt. Warum reicht es aber nicht aus, in ihm, in Analogie zu so vielen ähnlichen Helden-

und Prophetenschicksalen, nur eine Einzeltragödie zu sehen? Wie ist das Kreuz Christi dahin gekommen, in paradoxer Umkehrung seines unmittelbaren Sinnes zu einem Heilszeichen zu werden? Auch Sokrates starb unschuldig, und viele antike Philosophen und Propheten sind grausam ums Leben gebracht worden. Man war im Orient niemals sparsam mit schrecklichen Hinrichtungsarten. Mani, der Begründer der manichäischen Religion, hat sogar genau das gleiche Schicksal wie Jesus erlitten und ist für seine Lehre am Kreuz gestorben. Alle diese Schicksale nimmt man mit Erschütterung und Mitgefühl auf, sie haben aber für unser eigenes Leben nichts zu bedeuten. Nur das Kreuz Christi steht zu uns, sofern wir Christen sind, in einer geheimnisvollen Beziehung, die man mit den besten verstandesmäßigen Erwägungen kaum genügend aufhellen könnte.

Es ließe sich ja durchaus nicht behaupten, daß Jesus besonders »standhaft« und »imponierend« gelitten habe, daß er also in dieser Hinsicht ein »Vorbild« für uns sein könne. Gethsemane und der doppelte Schrei am Kreuz, dazu das ganz schlichte »Mich dürstet« zeigen ihn eher in gebrechlicher Menschlichkeit. Er hat aber auch nicht, wie ebenfalls argumentiert werden könnte, in rein physischer Hinsicht einzigartig »stark«, gleichsam im quantitativen Maximum der Schmerzen gelitten, so schrecklich die (von vielen Menschen durchgestandene) Hinrichtungsart des Kreuzigens auch gewesen sein wird. Alle solche Überlegungen, wie sie eine Vernunft anstellt, die sich das Einmalige des Golgathageschehens in der Wertung der Menschen verständlich machen möchte, erreichen das Karfreitagsmysterium nur ganz am Rande. Sie treffen bestenfalls das »Kreuz«, aber nicht das »Kruzifix«. Nicht das »Wie« des Karfreitagsleidens ist aber das Entscheidende, sondern das »Wer«.

Das Christentum läßt sich nicht als einfache Leidensreligion oder Leidenssinngebung des Menschen ausdeuten, hinter der Jesus von Nazareth nur als eindrucksvollstes, reinstes Beispiel allgemeinen Menschenschicksals stünde. Man gibt ihm aber heute vielfach, absichtlich wie unabsichtlich, einen ähnlichen Sinn. Man hat den Gekreuzigten gleichsam vom Kreuz abgenommen, das Kruzifix in ein leeres Kreuz verwandelt, und den Ausdruck Kreuz auch im Sprachgebrauch auf jede Art Leiden übertragen. Der Karfreitag ist der Tag im Jahr, an dem sich diese Reduktion des Kruzifixes zum Kreuz am sinnfälligsten beobachten läßt. Je weiter man sich vom Kirchenchristentum in den Bereich allgemeinerer Religiosität hinausbegibt, um so mehr wird man noch eine ganze Strecke weit, ehe alle Lichter verlöschen, einer schwer greifbaren Karfreitagsfrömmigkeit und Karfreitagsstimmung begegnen. Diese Karfreitagsfrömmigkeit allgemeiner Art, die vielleicht ein Zerfallsprodukt überspitzter Karfreitagstheologie ist, läßt sich in der Regel sogar besser musikalisch als mit dem biblischen Wort unterbauen.

Wagners Parsifal hat eine Zeitlang als angemessenster Ausdruck des Karfreitagsempfindens gedient, bis mit dem allgemeinen Rückgang der Wagnerschen Musik auch die früher obligaten Parsifalaufführungen der Karfreitage weniger geworden sind. Niemand wird die Bachschen Passionen weder musikalisch noch vom Text her in einem Atem mit dem Wagnerschen Parsifal nennen wollen; der ungewöhnliche Zuspruch, den ihre Aufführungen in der Passionszeit finden, hat aber zu einem Teil auch seine Ursachen darin, daß unsere geläufigen Karfreitagsempfindungen sich schlechter vom präzisen Wort als von der weniger scharf umrissenen Sprache der Musik und des Gefühls ausdrücken lassen.

Dies alles unterstreicht indessen nur die Behauptung, daß sich das Kruzifix weitgehend zum Kreuz verallgemeinert und damit von seinem ursprünglichen christlichen Sinn entfernt hat. Dagegen wäre wenig zu sagen, wenn eben dieses Kreuz hierdurch nicht seinen eigentlichen Heilssinn mehr und mehr verlieren würde. Eugen Rosenstock-Huessy schrieb: »Der Herr am Kreuz ist nicht ein Imago, nicht unser Urbild oder Vorbild. Er starb ja gerade ein für allemal so, wie wir nicht sterben sollen, damit wir leben.« Mit diesem Satz ist die Differenz gekennzeichnet, die den Gläubigen vom Nichtgläubigen im Hinblick auf das Karfreitagsgeschehen unterscheidet.

Dem Christen ist sein eigenes Leiden zwar nicht direkt von Christus abgenommen worden; er wird im Gegenteil aufgefordert, das Kreuz ebenfalls auf sich zu nehmen. Dieses hat aber dadurch, daß Christus mit ihm vorausgegangen ist, einen anderen Charakter bekommen. Es gibt durch das Leiden Christi keinen Ort und keinen Zustand mehr für den Menschen, in dem Gott nicht selbst vorher gewesen ist, wo er ihm also nicht unmittelbar als Mensch begegnen könnte. Wäre Christus als ein Heros und Übermensch durch seine Passion gegangen, hätte er keine menschliche Gebrechlichkeit und Zaghaftigkeit gezeigt und dann im Gehorsam gegen das ihm auferlegte Schicksal überwunden, so würde er uns von außen, als ein Aufmunterungsbeispiel in unserer Menschlichkeit, Zaghaftigkeit und Schwäche begegnen können, nicht aber in der Tiefe des Kreuzes selber. Man könnte sogar so argumentieren: Wenn Gott nicht in seinem Sohn, also durch sich selber in die volle Tiefe des menschlichen Leidens, in die ganze Schwäche der menschlichen Natur eingegangen wäre und schließlich die totale Gottverlassenheit erfahren hätte, dann wäre er auch nicht ganz Fleisch, nicht ganz Mensch geworden, und der Mensch hätte etwas vor ihm voraus, er wäre zum mindesten in dieser einen Richtung ein höheres Wesen als Gott.

Dieser Gedankengang über die Passion Christi, der schon die Grenzen einer noch christlich zulässigen Spekulation streift, stammt von der französischen Philosophin Simone Weil, die ihm in der knappen, paradoxen Formel Ausdruck verlieh, daß der Ausruf Christi am Kreuz »Mein Gott, mein Gott, warum hast du mich verlassen«, der Beweis für die Göttlichkeit des Christentums sei.

Macht man sich diesen Gedankengang zu eigen, so gewinnt das Karfreitagsgeschehen einen ungeahnt tröstlichen und helfenden Aspekt. Wir wissen dann, daß wir auch in der äußersten Verlorenheit nicht ohne Christus sind, der uns durch diese Dunkelheiten am Kreuz vorausgegangen ist. Auch dieser tröstliche Gedankengang ist jedoch von einer weitgehend isolierten »Karfreitagstheologie« her gedacht, wie sie so zugespitzt erst in der neueren Zeit sich immer präziser herausgebildet hat. Man denke an die Bultmannsche Entmythologisierungsidee, die allein noch vom Kreuz ausgeht und kaum mehr den Gekreuzigten selbst, geschweige denn den auferstandenen Christus in ihre Erwägungen einbezieht. Die ältere Kirche sowohl in ihrer östlichen als auch in ihrer westlichen Prägung hat eine solche Isolierung des Kreuzes und Karfreitagsgeschehens noch nicht gekannt; dem Altertum und auch dem Mittelalter hätte man überhaupt allein mit Leiden nicht entfernt so wie dem modernen Menschen »imponieren« können. Wie erfüllt war doch die alte Welt von schrecklichen Leiden aller Art, wie weit hat sich sogar Gott selbst nach den Berichten des Alten Testamentes an ihnen »beteiligt«.

So ist denn auch das Christentum, obwohl es das Kreuz zu seinem zentralen Symbol erhob, von Anfang keine Karfreitags-, sondern eine Osterreligion, ein Oster- und Auferstehungsglaube gewesen, ohne den wir nach den Worten des Apostels Paulus auch als »Christen« oder vielmehr gerade als Christen die elendesten unter allen Menschen wären. Die moderne Karfreitagsfrömmigkeit steht immer in der Gefahr, das Kruzifix in ein leeres Kreuz zu verwandeln, weil sie den Gekreuzigten nicht mehr mit der genügenden Festigkeit zugleich als den Auferstandenen zu glauben vermag. Das ist ein Glaube, den niemand sich selber geben kann, zum mindesten nicht in einer ähnlichen Weise, wie man einen »entmythologisierten« Glauben an den Gekreuzigten, anders ausgedrückt, wie man die Beispielhaftigkeit des Gekreuzigten »existentiell« im eigenen Leben nachvollziehen, nachdenken kann.

Der Karfreitag steht heute zu sehr allein im »Kirchenjahr«. Es käme darauf an, das Kreuz wiederum als ein Kruzifix, als gekreuzigten Jesus Christus zu erkennen, der sich dadurch von allen anderen Gekreuzigten, allen anderen, »unschuldig« Getöteten unterscheidet, daß nur er ein Ostern gehabt hat und uns somit als ein Lebendiger in unserem eigenen Kreuz für alle Zeit gegenwärtig sein kann.

Auferstehung?!?

Und sie befragten sich untereinander: Was mag das heißen: auferstehen von den Toten? Mark. 9, 10

Das christliche Ostern ist das Fest der Auferstehung Jesu vom Tode. Für einen wie besonderen, bisher einzigartigen Akt diese Auferstehung auch immer von Christen gehalten wird, sie gilt zugleich als Grund, Hoffnung und Gewähr eines Glaubens an allgemeine Auferstehung ... wir zögern: der »Toten« oder des »Fleisches«? Im konventionellen Sprachgebrauch der Gottesdienste und Glaubensunterweisungen gehen beide Ausdrücke kunterbunt durcheinander. Das Apostolische Glaubensbekenntnis spricht von Auferstehung des Fleisches. Luthers Erklärung im Kleinen Katechismus sagt, daß der Heilige Geist mich und alle Toten am Jüngsten Tag auferwecken werde. Das Nizänum bekennt: ich warte auf die Auferstehung der Toten. Was gemeint ist, scheint mit dem Ausdruck Fleisch, der im biblischen Zusammenhang die gesamte irdische Seinsweise umfaßt, besser wiedergegeben. Bei Toten denken wir zwangsläufig an Gräber, Gebeine, Leichen, deren »Auferstehung« im Zug einer viel mißbrauchten Hesekielstelle (37.1-14) leicht zum Schauer-Appeal gerät, wo Gerippen wieder Fleisch zuwächst, Knochen zueinander finden, Tote sich aus der Erde heben.

Solch Spektakel ist nie geschehen und wird nie geschehen. Es wegzuwischen, liefert schon rationalistische Kritik hinreichende Argumente. Wie soll eine Auferstehung von Toten mit dem Faktum zusammengehen, daß unabsehbare Totenheere nichts an mit ihnen identifizierbarem Stoff hinterlassen? Nach hundert Jahren, geschweige denn »am Ende der Zeiten«, wären bloß Ausnahmemenschen mit Erdenresten wiederzufinden in peinlicher Analogie zu vorgeschichtlichen Hominiden, von denen auch nur ein paar ausgewählte, aber nicht auserwählte Exemplare durch die Jahrtausende erhalten blieben. Die Formel Auferstehung des Fleisches mildert solche Schwierigkeiten, weil bei ihr kaum an eine stoffliche

Identität gedacht ist. Fleisch verwest. Soll es auferstehen, muß es so gut wie neu geschaffen werden.

Zwischen die beiden dem Glauben zur Wahl gebotenen Ausdrücke Auferstehung der Toten und Auferstehung des Fleisches hat sich in neuerer Zeit auf leicht illegitime Weise aber noch ein dritter geschoben. »Auferstehn, ja auferstehn wirst du / mein Staub nach kurzer Ruh«, singt Klopstock in seinem Osterlied, das Gustav Mahler in der Auferstehungssymphonie verwendet hat. Das neue Gesangbuch der Evangelischen Kirchen Deutschlands führt dies auch sonst mit bedenklichen Vorstellungen durchsetzte Lied (»wenn ich im Grabe / genug geschlummert habe / erweckst du mich«) nicht mehr im Hauptteil auf, der für alle Gliedkirchen gemeinsam gültig ist. Wie mag der »Staub«, der hier auferstehn soll, in den Umkreis christlicher Glaubensvorstellungen geraten sein? Er wird eine an den Rand der Abstraktion getriebene Zerteilung von Knochen und Fleisch symbolisieren. Mit einer so reduzierten Vorstellung läßt sich das strahlende Possessivum »mein« Staub schlecht reimen, die Rechnung geht kaum auf. Sie dürfte assoziative Zusammenhänge haben, die nicht aus biblischem Umkreis, sondern eher von Shakespeare entlehnt sind: der Staub Cäsars, der ein Spundloch füllt, mag das Muster solchen Auferstehungsstaubs hergegeben haben. Wenn hingegen der Psalmist von Gott singt: »Er gedenkt, daß wir Staub sind« (103.14), ist ein andrer als der Shakespearesche oder Klopstocksche Staub zitiert, ein Ausdruck der Nichtigkeit mitten im blühenden Fleisch, des minimalen menschlichen Seins vor Gott, das eine individuelle Besitznahme gar nicht in den Sinn kommen läßt.

Dennoch gibt uns jüngste Weltgechichte Anlaß, auch beim zweifelhaften Staub im Umkreis der Auferstehungsvorstellung einen Augenblick zu verweilen. Sie hat schließlich Zerstäubung, Einäscherung, Pulverisierung ungeahnten Ausmaßes wie keine frühere sinnfällig gemacht, deren Opfer die klassischen Schwierigkeiten des Auferstehungsglaubens, die es in der Regel nur mit kompletten Toten, mit »Leichen« zu tun hatten, um die atomare Dimension des Staubes erweiterten. Das Ultimum, ein Atomkrieg wäre Zerstäubung von Leben in weltweitem Ausmaß. Erfahrungen und Drohungen dieser Art haben Folgen vielleicht weniger für den Auferstehungsglauben selbst, aber für manche seiner Ausstrahlungen in Sitte und Pietät. Unter Juden, Christen, Mohammedanern, also unter allen denen, die die Auferstehung zum mindesten nicht leugnen, sind eingewurzelte Abneigungen gegen Verbrennungsbestattung lebendig. Die Perser, die eigentlichen Erfinder der Auferstehungsidee, waren hier weniger heikel. In diesen Abneigungen scheint zunächst die altjüdische Vorstellung weiterzuleben, daß der Mensch von »Erde«, von Lehm in fruchtbarem Sinn genommen sei und wieder zu solcher »Erde« werden soll. Gleichwohl verband sie sich auch mit der ihr im Grunde widersprechenden Auferstehungsverheißung. Zumal im Katholizismus, der die Verbrennung noch bis gestern strikt verbot, gespenstern zuweilen schattenhafte Vorstellungen, daß eine zu Gericht und Auferstehung rufende Posaune keine Hörer im Grab finden könne, wenn diese zu Asche und Staub geworden sind, sich also gleichsam noch aus dem Staube gemacht haben. Der Protestantismus ist unbesorgter. Wenn er das Krematorium weniger heftig verworfen hat, mögen oft aber auch unsichere Auferstehungshoffnungen im Spiel gewesen sein und von fern der Freidenker-Glaube an Natur und Hygiene. Diese Widersprüche von Pietät und Rationalismus, von altem und neuem Glauben hat die moderne Welt allein dadurch in eine Krise getrieben, daß sich die Dimensionen von Raum und Zeit riesenhaft erweiterten, daß die Begriffe von Stoff, Substanz, Leib, Materie sich ungeahnt differenzierten, daß sich der gesamte Erfahrungskreis des Menschen so stark zugleich ausdehnte und verfeinerte, daß es zu einer beinahe selbsttätigen Analyse unklarer Komplexe der religiösen Überlieferung kommen mußte.

Der Auferstehungsglaube steckt mitten in dieser Krise. Er könnte in ihr sterben. Er kann aber auch einen gereinigten Sinn und eine gesteigerte Kraft erfahren. Das Besondere und Befreiende an ihm, das in der Tradition bisher nur undeutlich herauskam, ist die Entschiedenheit, mit der er sich, schon im gründenden Akt von Jesu Auferstehung, sinnlicher Wahrscheinlichkeit entgegenstellte. Zwar zielt er zuletzt wieder ins Sinnliche, Leibliche, Anti-Spirituelle – hier liegt seine Differenz zu bloßer Unsterblichkeit von Seele oder Geist –, aber er kräftigt sich nicht aus sinnlichen Hilfsstützen. Er reißt die Diastase zwischen Zeit und Ewigkeit zuerst auf, um sie dann mit seiner Verheißung geheimnisvoll wieder zu schließen. Er wagt den kühnen Schritt in eine ganz andere, durch Indizien unserer Welt nicht mehr geförderte, in eine überschwengliche Hoffnung. Glaube ist immer »Sprung«, nicht Deduktion und Entfaltung. Der Auferstehungsglaube hat keinen Halt am »Begriff« (wer wüßte wohl, was er sagt, wenn er Auferstehung sagt?), er ist »Glaube aufs Wort« im superlativen Sinn und noch mehr als etwa das Altarsakrament, das ihm in der Kühnheit relativ am nächsten kommt.

Damit sind wir vorausgeeilt und können den Anschein erweckt haben, als sollte Glaube eben immer nur »glauben« sein, als würde alles Räsonieren bei ihm nur auf Vorwitz und Anmaßung hinauslaufen. Ein solcher Art postulierter »reiner« Glaubensakt ist jedoch seinerseits nicht ohne reinigende Reflexion im Vorfeld möglich. Die Geschichte des Glaubens und der Frömmigkeitsformen zeigt ja gerade, daß immer wieder von unten her unbewußt rationale und daher schlecht-rationale Elemente in ihn eindringen. Frage und Räsonnement dienen also umgekehrt dem, was »höher ist als alle Vernunft«. Außerdem werden sie uns im Evangelium selbst vorgemacht, wenn da die Jünger raunen: »Was mag das heißen, Auferstehung von den Toten?«

Wir greifen also noch einmal zurück auf die ersten, immer wieder auflebenden Schwierigkeiten des Auferstehungsglaubens, die in der Identitätsfrage des hiesigen mit einem ewigen Leben bestehen. Wie soll eine solche Identität bis ins Fleisch hinein verstanden werden, wo ihr offenkundig keine substantielle Grundlage bleibt? Ist es noch »unser« Fleisch, das uns im ewigen Leben wiederbekleidet, oder liegt in der possessiven Zuspitzung eine Fehlinterpretation? In den Bekenntnisformeln taucht kein Possessivum auf. Es wird generell von Fleisch gesprochen. Nur bei der anderen Formel Auferstehung der Toten könnte ein Zweifel bestehenbleiben. Assoziativ würde beim Menschen leicht die Redeweise »mein Fleisch und Blut« mitschwingen, die den naturhaften Gefühlsbereich anspricht, wenn die Formeln der Auferstehungsbekenntnisse sich bis in ein Possessivum des Fleisches erstreckten. Sie tun es nicht, was kaum ohne weiterreichenden Sinn geschehen sein wird. Schon in der irdischen Welt wird der Ausdruck »mein« Fleisch problematisch. Was in ihr »dauert«, ist nicht die Substanz, sondern die Form. In sieben Jahren ist vom »Tempel des Leibes« ohnehin kein Stein mehr auf dem andern. Solche Einsichten scheinen aus der modernen Wissenschaft geholt. Sie finden sich aber schon bei Origenes, der ihnen mit dem aristotelischen Begriff der Entelechie beizukommen suchte. Für Auferstehung und ewiges Leben kommt, wie er sagt, allein die Entelechie des Fleisches in Betracht. Diese These schließt eine mystische Unsterblichkeit der Seele ein, weil der Tod zweifellos zuerst auch das Ende der sichtbaren Form und Entelechie mit sich bringt. Von Unsterblichkeit der Seele steht aber nichts im Buch, im Glaubensbuch der Bibel. Man muß sie vom Griechentum ausborgen und mit Griechentum mitten im Offenbarungskontext denn auch wieder bezahlen. Eine Konsequenz, an der sich Protestantismus und Katholizismus bis zur Stunde scheiden.

Die Konsequenz läßt sich möglicherweise vermeiden, indem man den Ort individueller Fortexistenz des Menschen nach seinem Tod in ein »Gedächtnis Gottes« gemäß dem Jesu-Wort »sie leben Ihm alle« (Luk. 20.38) verlegt. Was wäre unter diesem Hilfsbegriff zu verstehen? Die an solchen Grenzpunkt geführte Spekulation wird sich hüten, darüber positive Aussagen zu machen. Sie könnte nur zu bedenken geben, daß wir uns ein Gedächtnis Gottes trotz der Begriffsanalogie nicht in Seinsanalogie zum menschlichen Gedächtnis, also in einer nur geistigen, noëtischen Dimension vorstellen dürften. Im Gedächtnis Gottes leben, um von Ihm an seinem Tage auferweckt zu werden, hieße dann vielleicht doch: ein Sein behalten (ob nun als Entelechie, Person, Ich oder Seele), weil Gottes Geist und Gedächtnis von sich aus so unbedingt »Sein« ist, daß er allemal »im Sein erhält« und eben darin auch seine Differenz zum menschlichen Gedächtnis hätte. Auch ein streng bibelbezogener Protestantismus, der jede Spekulation über den unbiblischen Begriff einer Unsterblichkeit der Seele abweist, im Tod also Leib und Seele erst einmal »unbedingt sterben« läßt, wird nicht ebenso mit dem Gedanken »Gedächtnis Gottes« verfahren können, weil er zu deutlich in biblischen Reden mitgedacht ist. Damit aber würde der Protestantismus doch bei einem Analogon zur Seelenunsterblichkeit und somit beim Katholizismus enden. Wir lassen die schwierige Spekulation an dieser Stelle stehen, nicht ohne den Vorbehalt, daß sie früher kaum abgebrochen werden dürfte, und wenden uns einem andern, im Gegensatz zu solcher »Scholastik« sich durch »Aktualität« auszeichnenden Punkt zu.

Die Kirche, dieses Mal die beider Konfessionen, hat den paulinischen Maximalismus des Auferstehungsglaubens als bleibende Grundlage übernommen: »Hoffen wir allein in diesem Leben auf Christus, so sind wir die elendesten unter allen Menschen« (1. Kor. 15.19). Ohne eine, wie immer zu denkende, Auferstehung Jesu, ohne das Außerordentliche einer solchen Ursache gäbe es in der Tat wahrscheinlich kein Christentum, keine Kirche und, was für den Protestantismus noch wichtiger ist: kein Evangelium, kein Neues Testament, keine die Erinnerung an Worte und Taten des irdischen Jesus von Nazareth zusammenfassende Urkunde als deren Folge. Die damalige Auferstehungserfahrung ist zweifellos das Vehikel aller späteren christlichen Realitäten, der Eckstein im ganzen Gebäude.

Gleichwohl kommt uns, auch als Christen, öfter die Versuchung an, diesen Eckstein einzuebnen. Vielleicht würde das große Gebäude inzwischen ohne ihn gar nicht mehr einstürzen? Das sind gewagte Hypothesen, die einmal ausgesprochen werden müssen, weil sie im »objektiven« Geist längst präsent sind. Anders gesagt: ist das essentiell Christliche wirklich noch zuerst der Auferstehungsglaube, die Hoffnung auf allgemeine Auferstehung der Toten? Sind wir nach wie vor die elendesten unter allen Menschen, wenn wir offener, unentschiedener, ja uninteressierter über diesen Glaubenspunkt denken, uns sonst aber, und das heißt dann zwangsläufig »in diesem Leben«, eher nachdrücklicher, als es in der langen, oft so trüben Geschichte des christlichen Glaubens offenkundig ist, zu Christus und seinem Liebesgebot halten? Die enge paulinische Bindung der Kirche an den Auferstehungsglauben mag geschichtlich ihre fundamentale Bedeutung gehabt haben. Heißt das aber, daß der Glaube dieser Bindung für alle Zeit gleich bedürftig wäre? Bin ich kein richtig durchblutetes Glied am Corpus Christi, bin ich Christus entfremdet und nur ein eitler Häretiker, der der eigenen Nase nachläuft, wenn ich der Auferstehungshoffnung nicht in Schwachheit, sondern in Kraft, nicht aus Zweifel, sondern aus Gottesliebe, nicht mit rationaler Polemik, sondern mit ethischem Desinteresse lässiger gegenüberstehe, vielleicht im Sinne des demütigen Wortes »daß Gott ist, ist genug«? Wäre ohne Auferstehung wirklich die christliche Mitte ausgebrochen und dieser Glaube nicht mehr die Fülle erreichbaren Lebenssinns?

Die stählerne Simone Weil hatte Christusvisionen wie irgendeine der heiligen Theresen und glaubte doch weder an Unsterblichkeit der Seele noch an ewiges Leben und Auferstehung. Der heutige Mensch hat tiefsitzende Vorentscheidungen in ähnlicher Richtung, die sich mit dem traditionellen Dogma kaum rückgängig machen lassen. Er hat das Jenseitspathos aller früheren Zeiten nicht so sehr »verloren«, wie oft vorschnell geklagt wird, als vielmehr transformiert in Geist von dieser Welt, in Aufgaben des Diesseits. Er hat der

Vergänglichkeit »Würde« abgewonnen, in die geradezu »heiliger«, aufs Höchste sublimierter Geist eingegangen ist. Er hat überhaupt den Geist in dieser Welt, mitten im zeitlich vom Tode umgrenzten, räumlich im erfahrbaren Universum eingerahmten Dasein erst wirklich entdeckt und in nie geahnten Graden aktiviert.

Das alles spielt sich ambivalent für den von der Tradition hergereichten Auferstehungsglauben ab. Auf der einen Seite besteht zweifellos Desinteressement, ja Widerspruch. Es gibt jedoch auch einen günstigeren Aspekt. Er hängt mit den nämlichen Strukturen des modernen Geistes zusammen. Dieser Geist betreibt zwar die entschiedenste Annäherung an die gegebene Wirklichkeit, an die Dinge, den Stoff, die Natur, die menschliche Gesellschaft. Zugleich kräftigen sich darin aber ebensosehr die Souveränität und Unabhängigkeit, die Spontaneität des Geistes gegenüber Wirklichkeit und Welt, Natur und Gesellschaft. Abstraktion und Konkretion gehen ebensosehr ineinander über, wie sie sich polarisieren, ergänzen, wechselseitig bedingen. Projiziert man nun, sei es schon gleichsam spielerisch, auch die Auferstehungsidee auf diese »Lage«, so wird das in ihr Widersprüchliche dazu beinahe weniger wichtig als eine überraschende formale Analogie. Der Schritt ins Abstrakte in der Kunst, aber auch der in der naturwissenschaftlichen Spekulation kehrt Verwandtschaftlichkeit zu dem heraus, was der Glaube tut. Es sind zwar keine inhaltlichen Beziehungen – das wäre nur mittelmäßige Spekulation beflissener »Versöhnungstheologen« –, aber doch Aktentsprechungen. Mit einem Anflug von Leichtsinn könnte man sagen: Auferstehung sei für den modernen Geist, den unreligiösen, wieder interessant, weil sie so irreal, so unwahrscheinlich ist, weil sich in diesem Glaubensaspekt vom Menschen her gesehen und abgesehen vom supranaturalen Wahrheitsgehalt eine großartige Spontaneität des Geistes bewährt. Die Areopag-Athener, die sich von Paulus abwandten, als er von Auferstehung anfangen wollte, begrenzten ihre intellektuelle Neugier zu rasch in konventionellen Verstandes- und Realitätsaxiomen. Es steckte nur erregbare Sensibilität, aber keine starke Spontaneität, keine platonische Kraft mehr in ihnen. Der heutige Intellektuelle oder doch sein kräftigster Typus könnte dem Auferstehungsgedanken gerade um seiner »Absurdität« willen Interesse abgewinnen. Der Geist der Zeit, der einerseits so extrem ins Hiesige dringt, ist anderseits solcher Abstraktion weniger ungünstig, als es den ersten Anschein hat. Auch diese Überlegung sei damit abgebrochen und ein letzter Aspekt ins Auge gefaßt, der auf Umwegen mit ihr zusammenhängt.

Bei Paulus taucht verwirkt in die Archaik und den Extremismus seines auf Tatsächlichkeit dringenden Auferstehungszeugnisses die mehr eschatologisch bestimmte Vorstellung auf, daß die bei »Weltende« noch Lebenden gar nicht erst sterben und von ihrem Fleisch Abschied nehmen müssen, sondern »verwandelt« werden: »und dasselbe plötzlich und in einem Augenblick zur Zeit der letzten Posaune« (1. Kor. 15.51, 52). Bei Johannes laufen daneben Aussagen, daß, »so jemand Sein (Jesu) Wort hält, er den Tod nicht wird schmekken ewiglich« (Joh. 8.22). Hier scheint sich das theologische Denken schon in der Bibel selbst einem metaphorischen Gebrauch von Wort und Begriff Auferstehung zu nähern. So wenigstens versteht es die avancierteste moderne Theologie der »Entmythologisierung«. Wir fragen mit ihr: Gibt es durch Geist, Glaube und Kraft »von oben« gewirkte, eschatologische Verwandlungen, die schon heute und hier im Modus des ewigen Lebens stehen, auch wenn sie in den zeitlichen Ablauf der Welt eingespannt bleiben? Verwandlungen dahin, daß wir »wieder jung werden und auffahren mit Flügeln wie Adler« (Jesaja 40.31), in ein Dasein jenseits von Sünde und Tod, durch das der ungehinderte Wind von Gott her weht, für das es keine »Hinterhalte« Gottes, wie Rilke es ausdrückte, mehr gibt, das von Schrecken, Angst, Schmerz, Sünde, Schwachheit, Tod im Kern nicht mehr beherrscht wird? Und könnte solche Verwandlung, die sich durch Christi Geist induziert, mit Auferstehung und ewigem Leben in eins gesetzt werden? Dem entmythologisierten Glauben würde eine solche Interpretation die einzig stichhaltige sein, ohne daß er viele Beispiele ihrer überzeugenden existentiellen Verwirklichung beibringen kann. Auferstehung wäre zwar im Aspekt der Intensität am besten begriffen, ihr gleichzeitiges extensives Element aber nahezu zum Verschwinden gebracht. Der Rückfall in die menschliche Grundspannung von Zeit und Ewigkeit, von Diesseits und Jenseits würde die Breite des Lebens nach wie vor doch viel mehr bestimmen als die Aufhebung dieser Spannung in einzelnen Individuen und in den Zuständen einzelner Individuen. Der amerikanische Theologe Reinhold Niebuhr hat die Essenz des Auferstehungsglaubens darin gesehen, daß dieser Glaube der besseren Kontinuität von Diesseits und Jenseits, Welt und Ewigkeit diene. Damit hat er den Finger auf eine relativ unscheinbare Stelle gelegt, die aber doch im mannigfachen Hin und Her der Akzente und Interpretationen eine Art ruhenden Pol darstellt. Die »Heiden«, alte und neue, geben die sinnliche Welt, nachdem sie sie zuerst in falscher Weise geliebt haben, zu leicht auf und behalten nur Geist und Gnosis. Die »Juden« insistieren bis zur Gleichgültigkeit gegen die Ewigkeit darauf, daß Gott in dieser Welt allein sein Reich wirkt. Der Auferstehungsglaube verbindet beide Extreme, verbindet den Leib mit dem Geist, die Zeit mit der Ewigkeit. Er hält am Sinnlichen fest, obwohl er weiß, daß vor Gott alles Irdisch-Sinnliche transfigurieren muß. Er hält daran fest, weil – in Oetingers klassischem Wort ausgedrückt – der Leib das Ende der Wege Gottes ist.

Oberbegriff Spiritus sanctus

An Pfingsten geht es um den Geist. Man kann es noch schärfer ausdrücken: Zu Pfingsten ist der Geist ins Menschenleben gekommen. Das könnte im ersten Augenblick als christliche Anmaßung erscheinen. Der Pfingstgeist war ja nur der sogenannte Heilige Geist, während es Geist doch vorher und nachher in allen möglichen Gestalten gegeben hat. Die Bezeichnungen sind in ihrer grammatischen Prägung jedoch irreführend. Es verhält sich nicht so, wie eine logische Begriffsanalyse annehmen kann, daß ein Oberbegriff Geist in verschiedene Spezies, darunter auch den Heiligen Geist, zerfällt. Der faktische Oberbegriff ist der Spiritus sanctus, und alle anderen Formen von Geist sind zwar nicht immer Differenzierungen, aber doch Ableitungen, Verdünnungen oder, lebhafter ausgedrückt, Nachkommen des Heiligen Geistes. Man muß auch in diesem Zusammenhange die Begriffe geschichtlich betrachten und geschichtlich zu ihren Realdefinitionen kommen.

Was bedeutet nun aber eine solche Vorüberlegung? Sie macht deutlich, daß es für uns, wie wir uns auch immer wenden und drehen mögen, kein Ausschlupfloch aus der Begriffs- und Ideengeschichte des abendländischen Denkens gibt, das nun einmal in seinen Ursprüngen wie im ganzen Strom seiner Entfaltung ein christliches Denken ist. Diese »fatalen« Zusammenhänge sprechen nirgends so verpflichtend wie beim Geist. Man kann von ihm sagen, daß es ihn überhaupt erst »gibt«, daß er überhaupt erst zu einer sinntragenden Kategorie geworden ist, wo in seinem schweigenden Hintergrund der Spiritus sanctus anwesend war.

Die Pfingstgeschichte von der sogenannten Ausgießung des Heiligen Geistes ist nur eine Skizze, die man durch viele andere Partien des Evangeliums ergänzen und auch zu manchen Geschichten des Alten Testamentes (im besonderen zur Mythe vom Turmbau zu Babel und der Sprachverwirrung) in Beziehung setzen muß, wenn man einen zulänglichen Begriff vom Geburtstag des Geistes gewinnen will. Es ist nicht gar so schwer, an Gott oder an Götter zu glauben. Daß Gott aber Geist ist und daß er im Geist und in der Wahrheit angebetet werden will, das sind Vorstellungen, die über den Horizont des vorchristlichen Altertums hinausgehen, auch wenn sie in mannigfachen Linien in der griechischen Philosophie und in der prophetischen Tradition Israels vorbereitet wurden. Man macht sich auch in christlichen Kreisen selten genügend deutlich, eine wie tiefe Zäsur das Pfingstereignis für seine ersten Zeugen bedeutet haben muß. Pfingsten ist für uns zwar ein liebliches, aber auch sehr rätselhaftes Fest; nicht »aufeinander bedeutend, nicht miteinander gekoppelt wie Weihnachten und Ostern, Geburt und Auferstehung, Einkehr und Heimkehr des Göttlichen in die bzw. aus der Welt«. Bei Pfingsten hat (ich zitiere noch einmal ein Wort Rudolf Borchardts) »die mächtige Glaubensdichtung eingesetzt ... in der Form einer zweiten Epiphanie nach der weihnachtlichen«.

Für die ersten Träger dieser Glaubensentfaltung zum reinen Geiste hin müssen mit Pfingsten eine für uns kaum nachempfindbare Spannung, ein Bruch und eine Wendung eingesetzt haben. Eben war es noch das entscheidende Ereignis gewesen, daß Gott Mensch, daß das Wort Fleisch geworden war, daß also alle Mythologeme und Symbole, der ganze zyklische Vorstellungszauber der antiken Mythologie durch ein hartes Ereignis der Geschichte, durch einen konkreten Gottmenschen mit einem fürchterlich diesseitig und real endenden Lebenslauf abgelöst und aufgehoben wurden, als nun mit einem Schlage eine Wendung ins ganz andere, in die völlige Unsichtbarkeit und Unvorstellbarkeit desselben Gottes in Gestalt seiner dritten Person, eben des Geistes, erfolgte. Wir erfahren es bis auf den heutigen Tag, wie schwierig es ist, diese Dreifaltigkeit des christlichen Gottes als des an seinen Werken erkennbaren Vaters und Schöpfers, als des Mensch gewordenen Sohnes und als des Heiligen Geistes, der nur in den Bildern des Wehens, Hauchens und Brausens umschrieben und an seinen Wirkungen auf den Menschengeist erkannt werden kann, in den richtigen Blick zu bekommen.

Inwiefern der Heilige Geist dem Vater und dem Sohne an Göttlichkeit gleicht, inwiefern er verschieden ist, weshalb er zu einem besonderen Glaubensartikel gemacht werden mußte, weshalb es in der Geschichte der Kirche darauf ankam, sein Verhältnis zu den andern beiden Personen genau zu bestimmen (das älteste Schisma, die Trennung der Ostkirchen von Rom und auch von dem in diesem Punkte Rom folgenden Protestantismus erging über der unterschiedlichen Auffassung, ob der Heilige Geist nur vom Vater oder auch vom

Sohne ausgehe), alle diese subtilen Fragen führen in die schwierigsten Bereiche der Theologie, und sie sind trotz ihrer alten dogmatischen Durchprägung recht eigentlich Zukunftsmusik. Man hat gesagt, daß uns die Theologie des Heiligen Geistes vielleicht erst von einem christianisierten Indien geschenkt werden wird.

Inzwischen hat sich nun aber gerade in Europa der Geist so weitgehend »entheiligt«, daß es schwer ist, seine Ursprünge im Heiligen Geist, seinen Geburtstag an Pfingsten noch zu erkennen. Geist ist eine herrschende Vokabel der Philosophie geworden, schließlich sogar ein praktisches Motiv des Journalismus. Es gibt eine deutliche Entwicklungsreihe, die vom Spiritus sanctus bis zum Esprit der Moralisten, Dichter und Journalisten führt. Der Geist hat in ihr sehr verschiedene Inhalte angenommen, wenn man Thomas von Aquin und Voltaire, Pascal und Nietzsche einander gegenüberstellt. Die Größe dieser inhaltlichen Unterschiede trügt jedoch über die wirkliche Differenz. Es wäre ein Fehlschluß, von ihnen her auch auf ganz verschiedene Formen des Geistes zu schließen.

Auch im Esprit eines Voltaire und Nietzsche, auch im Formenkult des dichterischen Ästhetizismus ist der Geist Gott, ja in gewisser Weise gerade hier der alleinige Gott, während der Vater und der Sohn, also die inhaltlichen Ausprägungen der christlichen Gotteserfahrung in dieser dritten göttlichen Person so »aufgehoben« wurden, daß die Bekenner des reinen Geistes oft den Anschein der völligen Gottlosigkeit annehmen können. Wenn irgendwo, dann besteht heute eine stille Übereinkunft unter uns, soweit wir nicht groben Götzen wie Materialismus, Pantheismus oder konkreten Persönlichkeiten anhängen, daß die Substanz der Dinge, der eigentliche Gott und Herr unseres Daseins der Geist sei. Die Enge der traditionellen christlichen Theologie war dem Problem dieses modernen Geist-Gottes bisher nur wenig gewachsen. Sie zieht sich immer noch auf den alten Ausweg zurück, einen gewöhnlichen vom heiligen, einen unchristlichen vom christlichen Geist zu unterscheiden, so wie man sinnliche Liebe von Caritas, Eros und Agape unterscheidet, in beiden Fällen jedoch das wirkliche Problem, das in der Identität der Namen und Begriffe liegt, außer acht läßt. Daher dann das ungute Gewissen und die Schwierigkeiten denkender Christen, die Wahrheitselemente in einer geistbestimmten Kritik an christlichen Glaubens- und Moralformen würdigen und herausschälen zu können.

Es gibt im Evangelium ein dunkles Herrenwort, daß man Gott den Vater und auch Gott den Sohn lästern, daß man also Atheist und Antichrist sein könne und damit doch nur eine vergebbare Sünde begehe, während die einzige unvergebbare Sünde die Sünde wider den Heiligen Geist sei. Über diese Stelle ist viel gerätselt und kommentiert worden. Sicherlich kommt es aber wenig darauf an, den tatsächlich damals im Redezusammenhang gemeinten Sinn des Wortes herauszubekommen (überdies ein recht aussichtsloses Beginnen), als vielmehr seinen zugewachsenen, inzwischen möglich gewordenen Inhalt auszuwerten. Dann kann dieses Wort vielleicht heißen, daß niemand sich völlig von Gott fortbewegt, solange er sich nicht vom Geiste fortbewegt, selbst wenn er im übrigen Wege einschlagen sollte, die christlich, ja sogar generell religiös angesehen sehr gefährlich sind.

Pfingsten ist das Fest des Geistes. Das Pfingstereignis selbst berichtet in der »mythologischen« Gestalt einer noch vorgeistigen Zeit vom Geburtsakt des Geistes, nur von diesem, von nicht weniger, aber auch von nicht mehr. Der Bericht der Apostelgeschichte deutet die nahen Beziehungen dieses Aktes zur Sprache und zu den Kräften der verbindenden Rede an. Er weist, implizite korrigierend, auf die babylonische Sprachverwirrung zurück, indem er eine neue, vom Geist gesetzte Gemeinschaft der Verkündigungssprache, eine neue geistige Existenzbasis aller Völker und Menschenrassen im Evangelium zum Ereignis werden läßt.

So ist Pfingsten der Geburtstag der völkerverbindenden Kirche geworden. Der Geist weht aber zugleich, von wannen er will, und das steht nun nicht mehr ausdrücklich in der Pfingstgeschichte, sondern in anderen, auf den Heiligen Geist bezüglichen Teilen des Evangeliums. Er weht auch außerhalb der Kirche, ja sogar außerhalb alles dessen, was noch zu Religion und Christentum, zum Vatergott und zum Sohngott in sichtbarer Beziehung steht. In dem nämlichen Evangelium wird indessen deutlich gesagt, daß auch diesem Geist eine Widergöttlichkeit, die Verdammnis einer unvergebbaren Sünde nicht nachgesagt werden könne und dürfe. Aller nachchristliche Geist hat eben, wie wir es andeuteten, doch seinen genetischen Ursprung im Pfingstereignis und seinen realen geschichtlichen Oberbegriff im Heiligen Geist.

Pfingsten ist, so angesehen, das uns am weitesten in die »Welt« hinausführende christliche Fest, das Fest mit den unsichtbarsten Inhalten, dem verborgensten Geheimnis, aber auch mit der verheißungsvollsten Zukunft in der Menschheitsgeschichte.

Schwieriges Reformationsfest

Der 31. Oktober ist der Tag, an dem die unscheinbare »Disputation Martin Luthers, des Theologen, zur Erläuterung der Kraft der Ablässe« im Jahre 1517 in Form von 95 Thesen in lateinischer Sprache durch ihn selbst an die Tür der Schloßkirche in Wittenberg geheftet wurde. Das Datum gilt seitdem als Geburtstag der Reformation, und es hat, ähnlich wie Geburtstage auch sonst, in unserer Schätzung eine kritische Zeit durchgemacht. Der Vergleich läßt sich noch etwas weiterführen. Einem zufällig auf den Gegenstand stoßenden Beurteiler könnten diese wunderlichen Thesen als ein hilfloser »Säugling« erscheinen, dem die spätere Größe des Ereignisses niemals anzusehen gewesen wäre. Kein System, keine Ideologie, kein Werk, keine durchgeplante Aktion, überhaupt nichts menschlich Ansehnliches steht am Beginn dessen, was wir seitdem Reformation, protestantischen Geist, Ende des Mittelalters nennen, sondern eine rechte Stallgeburt, ein Routinegeschehen mit dem Erdenstaub einer speziellen Zeit, Örtlichkeit und Individualität, etwas sehr »Geschichtliches«, Kontingentes und Unideelles.

Die natürliche Distanz zu diesem kleinen Anfang ist denn auch für die meisten heutigen Menschen, sogar für gute Protestanten und Theologen, inzwischen so groß geworden, daß es eines sorgsamen Studiums mit dem entschleiernden Mikroskop der Geschichtswissenschaften bedarf, um jenen Anfang überhaupt als den wahren Keim des großen Baumes zu erkennen, in dessen Schatten ein erheblicher Teil der christlichen wie der entchristlichten Welt lebt. Mehr noch: es kann einem gehen wie manchen Leuten mit ihrer Herkunft, die sie am liebsten ignorieren und vergessen möchten. Es gehört beträchtlicher geschichtlicher Sinn dazu und eine gute Überzeugung, daß Zusammenhang, Wachstum, Entwicklung im Weltgeschehen walten, um heute nicht nur in ihrem Geburtsakt, sondern in der Reformation selbst die hinreichende, mehr als bloß notwendige Bedingung unseres modernen Weltzustandes zu erkennen, in ihr also einen Vorgang von anhaltender Bedeutung sehen zu können. Kommt doch noch hinzu, daß inzwischen längst auch eine rückläufige Bewegung eingesetzt hat, daß dic Klage um eine verlorene Schöne des Mittelalters sich in vielen eindrucksvollen Stimmen laut macht, daß sie als »Verlust der Mitte« zu einem skeptischmelancholischen Unterton des modernen Denkens selbst geworden ist.

Bei alledem hat es ein Kommentator nicht leicht, dem in der toten Regelmäßigkeit der Astronomie nur zu oft wiederkehrenden Geburts- und Gedenktage der Reformation einen aufgefrischten Sinn abzugewinnen. Die Katholiken sehen bisher wenig Veranlassung, dieses Tages freundlich zu gedenken. Aber auch die Protestanten oder die Evangelischen, wie sie sich manchmal lieber nennen, sind mit dem Feiern des Ereignisses kleinlauter geworden. Es fehlt ihm dazu die große Bluttransfusion, die ihm aus politisch-patriotischem Bereich zufloß, solange die Evangelischen Kirchen noch eng mit dem Staat, insbesondere dem preußischen, verbunden waren. Vielleicht wird man nicht einmal jene allgemeine kulturelle Genugtuung unserem heutigen Denken und Erinnern noch angemessen finden, der Goethe zu Eckermann in den Worten

Ausdruck gab: »Wir wissen gar nicht, was wir Luthern und der Reformation im allgemeinen alles zu danken haben. Wir sind frei geworden von den Fesseln geistiger Borniertheit, wir sind infolge unserer fortwachsender Kultur fähig geworden, zur Quelle zurückzukehren und das Christentum in seiner Reinheit zu fassen. Wir haben wieder den Mut, mit festen Füßen auf Gottes Erde zu stehen und uns in unserer gottbegabten Menschennatur zu fühlen.«

Wie aber dann? Warum dann überhaupt noch Reformationstag und Reformationsgedenken in Gestalt eines besonderen Festes, das die evangelischen Pastoren in den Gottesdiensten kommentieren, zu dem die evangelischen Kinder in den Schulen zusammengerufen werden, das die evangelischen Gemeinden in besonderen Andachten begehen? Sollte man das Ereignis nicht einfach in die Kirchengeschichte überführen, es also aus dem unmittelbaren Leben und der kirchlichen Erinnerungspflege herausnehmen, wo es lange das einzige protestantische Gegengewicht zu allen katholischen Heiligenfesten bildete? Es gibt manchen »Mann des Friedens«, manchen guten Christen nicht nur in der Una-Sancta-Bewegung, sondern im Kirchenvolk und sogar unter den Pastoren der Evangelischen Kirche, die gern zu einem solchen stillen Überführungsakt bereit wären, ohne daß sie deswegen heimliche Katholiken sein müssen und die nun einmal gegebene Spaltung der Konfessionen für ihr Teil aufheben wollen. Für einen Christen bleibt es ein hartes Ding, einen Tag festlich, also mit Genugtuung und Freude zu begehen, der ohne Zweifel auch einen starken unchristlichen Aspekt des Streites, der Zerreißung, des Ungehorsams gegen ein eindeutiges christliches Gebot in sich trägt. Wenn wir dies feststellen, sind wir schon mitten in der Erörterung der Fragen und Zusammenhänge, die ein Reformationsgedenken heute aufwirft und bei deren Für und Wider dann für ein bedachtsames Endurteil (wie sich versteht aus protestantischer Sicht) doch viele Gründe bestehenbleiben, sich auch weiterhin für einen »lebendigen« Reformationstag und ein gutes christliches Gewissen bei seinem Begehen zu entscheiden.

Alles bei dieser Entscheidung hängt von der Grundsatzfrage ab, ob man überzeugt ist, daß Luther, Calvin und die Reformation nicht nur einmalige, folgenreiche Figuren und Ereignisse der Weltgeschichte oder der Geistesgeschichte gewesen sind, sondern daß sie Kirche neu begründet haben, daß sie christliche Impulse auslösten, die in den alten Kirchen nicht zu ihrem Recht gekommen waren und auch heute nicht kommen können. Es hat sich vieles seit Luther am katholischen »Gegner« geändert. Auf der moralisch-sittlichen Ebene wäre die Reformation längst, eigentlich schon bald nach ihrem Aufkommen, der meisten ihrer Begründungen verlustig gegangen. Die ganze Vordergrundspolemik vom Papsttum als Sitz des Antichristen, von der Hure Babylon-Rom, ja auch all das damals notwendige und berechtigte Korrigieren am Ablaßwesen, der Heiligenverehrung, dem Reliquienkult, wie es die 95 Thesen mit ihrem Pathos durchblutete, ist im wesentlichen zu Geschichte und Vergangenheit geworden, mit der sich niemand mehr ernsthaft im Rahmen heutiger Konfessionsprobleme zu befassen brauchte. Man meint jedoch, daß, wenn schon nicht die moralischen oder gar die politischen Positionen der Reformatoren, so doch die dogmatisch-theologischen eine fortdauernde Rechtfertigung der Kirchenspaltung in sich tragen. Es war erst der jüngsten Entwicklung der theologischen Forschung vorbehalten, auch hieran einige begründete Zweifel anzumelden; mit dem erstaunlichen Ergebnis, daß der Spalt zwischen den Konfessionen dennoch zwar enger geworden, aber nicht weniger tief geblieben ist. Nur die Schrift, nur der Glaube, nur die Gnade; das waren Luthers drei berühmte »Soli«, deren Unassimilierbarkeit auf seiten der katholischen Kirche, deren Unaufgebbarkeit auf seiten der Protestanten bisher fast für ein Dogma der Konfessionskunde angesehen wurde. Einiges daran ist richtig und auch heute noch gültig. Was tut man aber, wiederum als Protestant, wenn die Schrift selbst der »alleinigen« Gnade bei der Rechtfertigung des Sünders widerspricht, wenn sie seine Mitarbeit und also auch sein Verdienst immerhin zuzulassen scheint? Was tut man, wenn es nicht abzuleugnen ist, daß die »Tradition« älter als die Schrift, ja diese selbst erst ein Ergebnis der Tradition, das Christentum also nicht in einem dem Judentum analogen Sinne eine »Buchreligion« ist? Kann man dann noch im theologischen Sinne Protestant bleiben, reicht die von den Reformatoren gesetzte theologische Grundlage ihrer Kirchentrennung dann auch heute noch aus; zumal wenn die vielen Einzelfragen berücksichtigt werden, die eine konsequente theologische Quellenforschung etwa im Hinblick auf den Petrusprimat und die Kircheneinheit neu gestellt und für Rom nicht so ungünstig, wie man zu lange glaubte, beantwortet hat? Es ist schwieriger, damit aber auch interessanter geworden, sich als kirchlicher und theologischer Protestant heute zwischen den beiden von Karl Barth als feindliche Brüder erklärten Fronten des Katholizismus rechts und des Modernismus links zu behaupten. Und dieses Behaupten wird nicht mehr in der überwiegenden Mehrzahl seiner Details, wie zur Zeit der Reformatoren selbst, mit eindeutigem Gewissen, mit einer Art lutherischem »Ich kann nicht anders«, möglich sein. Es wird vielmehr vielerlei Skepsis auch gegen die eigenen Überzeugungen, darüber hinaus grundsätzlich gegen die Möglichkeiten eines integralen christlichen Wahrheitsbesitzes einschließen. Der moderne Protestantismus hat zwar den theologischen Liberalismus in den Feuerproben der Bekenntniszeit und schon vorher weitgehend überwunden; er ist jedoch in sich zugleich relationsbewußter, bescheidener, im Konfessionellen skeptischer geworden, was ihn je nach persönlichen Neigungen das einemal mehr den »Römischen«, das andremal mehr der Ostkirche oder auch den Anglikanern angenähert und im ganzen ökumenischer gemacht hat. Eben dieser dem klassischen Pathos des Protestierens und Reformierens nicht mehr geneigte Teilskeptizismus scheint aber gerade dahin zu führen, daß er aufs Ganze gesehen in der Annäherung etwa an Rom doch zugleich ebensoviel Abstoßung, eine neue Form protestantischer Selbstbewahrung hervorgebracht hat. Konversionen, also ein persönliches Dementi der Reformation, haben kaum irgendeinen kirchengeschichtlichen Rang gewonnen, die meisten von ihnen geschehen auch heute noch, ehe die Tiefe der Konfessionsproblematik wirklich erreicht und verstanden wurde. Da wird Glaubensgewißheit weitgehend mit Konfessionssicherheit verwechselt, da herrscht insgeheim bereits der römische Kirchenbegriff, an dessen Absolutismus sich der protestantische Affekt aber wahrscheinlich weiterentzünden wird, auch wenn über alle unmittelbaren Streitfragen irgendwann einmal eine Einigung erzielt sein sollte. Sie ist, wie schon angedeutet, bereits weitgehend in den einst entscheidenden Punkten von Verdienst und Gnade, Glaube und Werken, ja teilweise auch schon in der Problematik von Schrift und Tradition als Offenbarungsquellen erzielt worden, wenn auch in diesem letztgenannten Fragenkomplex, seinem engeren und weiteren Umkreis die immer noch am heftigsten umstrittenen Differenzpunkte zwischen Katholiken und Protestanten angesiedelt sind, insbesondere also die Frage der Marienverehrung und die des päpstlichen Primats.

Den unwahrscheinlichen Fall angenommen, daß auch sie einmal »gelöst« oder doch entschärft werden – die Tendenzen des beiderseitigen Kirchen- und Frömmigkeitsbewußtseins gehen hier auseinander –, es würde sicherlich doch Protestantismus und Katholizismus, Freiheits- und Autoritätschristentum in neuen Formen bestehenbleiben, weil diese Antinomie sich kaum auflösen, in eine wie elastisch auch immer geartete Synthese fassen läßt; weil eine solche ganz offenbar auch »von oben her«, vom Herrn der Kirche, nicht gewünscht ist und die »Einigung« eben doch sein und nicht unser Werk bleiben dürfte. Es ist heute gewiß viel wichtiger, »Christ« zu sein als Protestant, Katholik oder Anglikaner, den Anschluß an das wiederzugewinnen, was Glaube genannt werden kann, als den an eine besondere Konfession, die wir ja meistens genauso wie die Taufe in »bewußtlosem« Zustande empfangen. Das bedeutet nicht irgend etwas »Überkonfessionelles«, ein verwaschenes Humanitätschristentum jenseits von Kirche und Konfession, sondern gerade umgekehrt ein entschiedenes Eingehen in die kirchliche Gemeinschaft und die kirchliche Existenz, die jedem aus äußeren wie aus inneren, aus eingesehenen wie aus nicht übersehenen Gründen die jeweils »nächste« ist. Hat man dieses Ineinander und Zugleich des Absoluten mit dem Relativen der Konfessionsproblematik einmal richtig eingesehen, so kann am ehesten ein Boden gefunden werden, auf dem sich die Spannung von Liebe und Glaube, von Einigungstendenz und Differenzierung, die das Konfessionsproblem dem denkenden Christen auferlegt, zwar nicht lösen, aber doch in Demut für die Zeit dieses Lebens ertragen läßt. Ein Reformationsgedenken wird daher für den protestantischen Christen heute kaum heißen können, sich naiv seines »besseren« Glaubens zu freuen und den Bruder der anderen Konfession oder auch nur seine Lehre offen in Acht zu tun. Gerade indem man die Freiheit wagt, eben dies nicht zu tun, sich selbst nicht durch Verschärfung solcher Affekte besser zu sichern, bewährt man sich am sichersten als ein Erbe reformatorischen Geistes. Wo Freiheit lebt, nicht nur gegenüber den Zwischenwelten eingengender Autoritäten, sondern vor allem auch sich selbst gegenüber, da ist immer auch Protestantismus, an welcher Stelle des unsichtbaren Leibes Christi, den wir seine Kirche nennen, man sich im übrigen auch befinden möge.

Epilog

Das Märchen vom Ich

Für Martin Schulz

Eines Tages war es da, nicht ganz plötzlich und überraschend, sondern es schickte so, wie die Sonne das tut, sein Licht und Morgenrot eine Weile voraus. Es war schon längere Zeit tätig, ehe es dann selber erschien und sich rund und geschlossen und ohne jede Naht vor der Welt abhob, die es doch erst sichtbar und wirksam gemacht hatte. Aber auch hiernach schwebte es noch meistens verhüllt im Dunst und Nebel seiner eigenen Tätigkeiten, aus denen es nur ab und zu einmal schärfer und reiner hervorblickte. Der zu ihm gehörende Mensch war ein Kind, als dieser Aufgang und Lebenstag in ihm anhob. Er hatte sich schon lange vorher im Mutterleib und danach auch außerhalb dessen geregt und bewegt. Und noch viel früher ohne jeden absehbaren Beginn hatte das Weben im großen Lebenszusammenhang angehoben, mit welchem dem Ich eine Wohnung aus Fleisch und Blut und Knochen in jener Gestalt, die ihm als Mensch zugedacht war, gebaut werden mußte. Auch gefühlt und geschaut hatte eine Seele im Menschen, ehe ihm sein Ich zur Erscheinung kam. Das war zwar nicht allzu bestimmt und umrissen geschehen, war aber doch groß und weit und herrlich gewesen und hatte lauter Licht um ihn ausgebreitet. Da mag sogar das Ich zuerst wie eine Trübung, wie dunkle Linien in einem lichten Körper oder Schmutzstellen auf einem weißen Blatt aufgetreten sein, und der Seele mag dieses Neue, was da erschien, wie ein Staubkorn im Auge vorgekommen sein, das man gut tut, wieder hinauszureiben. Es hatte sich jedoch nicht entfernen lassen, sondern war eher größer und deutlicher auf diese Weise geworden, bis es so deutlich da war, daß auch die Seele nur ihre erste Versöhnung mit ihm eingehen konnte. Sie tat dies schließlich sogar recht gern und zog das Ich ähnlich wie eine Schwester den nachgewachsenen Bruder bald in ihre Spiele hinein. Ja, es kam vor, daß sie sich ab und zu hinter ihm versteckte, es wie Schild oder Speer nach vorn stemmte, wenn einmal in der Bahn ihrer Spiele ein Hindernis aufkommen wollte. Allmählich erkannte so auch das Ich, daß es stärker und wesentlicher sei als alles andere, was es um sich und neben sich wahrnahm, auch als die Schwester, die Seele. So ließ es auch weiterhin gern mit sich spielen und legte sich zwischendurch hundertmal während des langen Tages müde und selbstvergessen zur Ruhe nieder, um aber ebensooft aufzuspringen, wenn es wieder munter geworden war oder durch ein Ereignis in seiner Nähe geweckt wurde.

Fort, richtig fort ist es seitdem nie mehr gewesen. Selbst die längere und tiefere Ruhe, die mütterliche Nacht, die sich schwer über sein Fleisch und alle seine Spiele und Tätigkeiten senkte, die auch die Seele weitgehend in ihren Bann brachte, hat es, auch als es noch ganz jung war, nicht im mindesten wieder aufzulösen vermocht. Es erfand sich die Träume, vielleicht um sich weiter ein wenig seines Daseins zu versichern, um gleichsam nachzufühlen, ob die tiefe Vergessenheit des langen Schlafes nicht doch etwas Ärgeres im Schilde führen möge. Vielleicht sind sie sein erstes leises Mißtrauen gewesen. Aber auch das blieb spielerisch. Das Ich erschrak nicht und brauchte sich nicht von neuem zu entdekken, wenn es morgens erwachte. Da war kein Riß geschehen und nicht der mindeste Wandel. Da wurde kein Nieten oder Knüpfen nötig, sondern es fand sich allsogleich wieder und wußte, daß durch die Nacht nicht die leiseste Änderung an ihm vollzogen war, obwohl es nun bald bemerken mußte, wie um es herum und in ihm zu allen Seiten alles andere in einem ständigen Wandel begriffen war. Was alles spielte sich da, während es still zusah, zu seinen Füßen ab: da wuchs der Körper heran und machte seine ersten Schicksale durch. Krankheiten tobten in ihm, und Schmerzen drangen mitunter in mächtigen Wellen bis an den Sitz und Thron des Ich heran. Da schmeichelte sich von der anderen Seite die Lust an ihm hoch und suchte es hierhin und dorthin zu reißen, eine rauhere Gespielin, als es die Seele vorher gewesen war. Das Ich litt mit, fragte mit, bebte mit. Es ließ sich verleiten und oft auch verwirren. Aber es war zuletzt doch an allem Schmerz und aller Verwirrung so wenig wie an allen Lüsten und Ängstigungen beteiligt. Es veränderte sich nicht in ihnen, sooft es auch vor sich selbst im Sturm seiner Erlebnisse von einem neuen oder veränderten Ich reden mochte. Es brauchte nicht mitzuwachsen, als der Körper seinen weiten und schweren Weg des Wachsens, Blühens, Reifens und Alterns antrat. Es nahm auch an den Wandlungen der Seele, sooft es sich mit ihnen verwechselte, und später an dem letzten und wunderbarsten Prozeß zu seinen Füßen, dem Werden und Wachsen des Geistes, keinerlei Anteil. Nicht Körper, nicht Seele, nicht Geist konnten ihm auch nur ein Jota nehmen oder hinzufügen. Gewiß vergaß es sich oft in diesem Trubel seiner Tätigkeiten und Erleidungen, vergaß sich tiefer und länger, als es sich je am Herzen der Mutter, der Nacht, im tiefsten Schlaf vergessen hatte. Es machte sich gar Programme zurecht, wie es sich am besten vergessen könne; es sprach davon, daß es sich öfter vergessen müsse, um dem Leben oder Gott, dem Vaterland, der Wahrheit, dem Guten, seinem eigenen Wohl, der Frau und den Kindern, dem Mitmenschen besser dienen zu können. Wenn es so sprach und tat, verwechselte es aber immer nur sich selbst mit dem, was an Gutem oder Schlimmen erst aus ihm geboren worden war. Es wollte nicht wissen, wie gut es dies alles wollen, tun, leiden könne, auch ohne dem Irrtum anheimzufallen, es selber könne auf irgendeine Weise wirklich verlorengehen und aus der Welt geschafft werden. War es nicht vielmehr im Guten wie im Bösen, im Opfer wie in der Schuld, bei Gott wie beim Vaterland, beim Mitmenschen, Frau und Kind, bei der Wahrheitssuche und Wissenschaft immer gleich gegenwärtig! War es nicht auch gegenwärtig, wann und wo es dreist vergessen ward! Wir meinen hier nichts Heimliches und Heuchlerisches, als ob es nur den Anschein seiner Vergessenheit gespielt habe. Nein, es war tatsächlich vergessen, so tief wie in irgendeinem guten gesunden Schlaf, und war doch da in einem ganz nackten, einfältigen Sinn, wie Steine oder der Himmel da sind, gleichgültig ob sie gesehen und bestätigt werden. Ja, es war unendlich viel sicherer als irgendein anderes Wirkliches da. Es bedurfte viel weniger eines Bewußtseins, als irgendein anderes Wirkliches dies bedürfen mag. Es war sogar durchaus auf rechtem Wege, wenn es eben dies Bewußtsein bisweilen zu hassen und fortzuwünschen beliebte. Wie wenig vermochte das Bewußtsein ihm in Wahrheit eine bessere und gewissere Stütze zu sein, das doch nur eine und nicht einmal die oberste seiner Wirkungen ausmacht!

Auch ihr beide, Verstand und Vernunft, die ihr reichlichen Anteil an Irrtümern und Verwirrungen über das Ich habt; die ihr euch müht, seinen Ort und seine Grenzen zu bestimmen; wie oft habt ihr, indem ihr eure natürliche Arbeit, allen Dingen und Erscheinungen Sein und Wesen zu bestimmen, auch auf das Ich ansetztet, nur euch selbst verwirrt, zum Scheitern gebracht! Ihr glaubt, so wie allem anderen Ding und Wesen auch dem Ich ein unwandelbares Dasein abstreiten zu können. Ihr fordert es auf, sich selbst nicht zu sehen, auf daß es mit euch besser vorangehe, ihr besser leben und euch ausbreiten könnt. Und ihr berieft euch dabei auf viele und starke Gründe. Für die Rechtmäßigkeit eures Tuns rieft ihr zuletzt sogar den Tod herbei, der auch euch droht wie allem anderen, das geringer ist als ihr. Ihr habt mit allen euren Erkenntnissen aber das Ich nicht erkannt oder nicht richtig erkennen wollen. Ihr seid nicht schlicht und natürlich genug mit ihm verfahren. Ihr habt es schon in dem, was wir Leben nennen, nicht richtig erkannt. Dennoch ist eben dies so einfach und vielleicht auch euch am schwersten Belehrbaren verständlich und sichtbar zu machen. Wir wollen es versuchen und ein wenig abschweifen: Warum hört ihr so wenig auf die Worte der Liebenden, warum hat das Ich hinter euch nie selbst richtig geliebt? Nie wenigstens das andere Ich, das Du, richtig erkannt, wenn es schon das eigene nicht zu sehen vermochte! Liebte je ein Liebender den Körper, den Geist, den Charakter, das Schicksal, die Empfindungen oder Handlungen seines Geliebten, auch wenn er dies alles an ihm liebte! Suchte er je nach diesem Äußeren, wenn er nach seinem Geliebten suchte und rief, als der ihm durch den Tod aus Auge und Verstand geschwunden war. Er suchte, auch wenn er dies nicht sagte oder zu verwirrt war, es sich richtig deuten zu können, nach dem Ich des Geliebten. Doch das sind nur Erinnerungen und Anmahnungen, um euch Verstand und Vernunft, die einfache Wahrheit und Wirklichkeit des Ich leichter sichtbar zu machen. Wenn wir mit euch streiten, dann müßten wir aber auch ohne solchen Hinweis mit euch zu Rande, zu eurem Rande kommen können. Ihr sagt: Was ist das Ich, was ist seine Dauer, da es im Leben entsteht, wächst, sich ausbreitet und wieder vergeht? Und ihr pocht vielleicht stärker noch als auf den Verlust im Tod darauf, daß es auch schon im Leben unwiederbringlich verlorengehen könne. Ihr mahnt hierfür an einen Verlust des Ich im närrischen oder im kindisch gewordenen, im alten ermüdeten Geist oder in dem, der in der Krankheit verwirrt wird. Ihr sagt, Verstand und Vernunft: Ist dieser zerfallende Geist nicht sogar mehr noch ein zugleich trauriges und gewisses Zeugnis für die Unbeständigkeit des Ich, als es der wirkliche oder gar der plötzliche Tod ist, der unseren Ahnungen doch allerlei Möglichkeiten offenläßt! Ihr habt nicht unrecht, was die Trauer bei solchen Ereignissen und Entwicklungen angeht. Ihr tut sogar recht daran, menschlich wie ihr denkt, euch selbst oder einem von euch geliebten Leben eher den Tod als ein solches Schicksal des Geistes zu wünschen. Geschieht dieses Schicksal aber dem Ich? Könnt ihr wirklich nicht sehen und greifen, mit einfachen Händen greifen an eurem eigenen Ich im Hintergrund dieser Gedanken, daß es sich nicht gewandelt hat, sondern dasselbe geblieben ist durch alle Jahre der Kindheit, Jugend, Reife und des Alters! Daß es nicht fort war in den zwanzigtausend Nächten des Schlafes, in denen ihr es vergaßt, daß es in jeder Krankheit, in jeder Verwirrung des Geistes, wo es sich groß oder winzig, verzerrt oder erhöht vorgekommen sein mag, bei jedem Wollen, in jeder Schuld, bei Opfer, Sünde oder Aufschwung doch immer dabei war, auch wenn es nichts von sich selbst mehr wußte! Seid ihr nie über seine große Wirklichkeit so erschrocken, daß ihr einmal die Frage gebildet hättet: also ich bin nun ich?! – oder: Warbin ich ich? Ihr ahnt richtig, daß bei der letzten äußersten Verwandlung, die einmal alles, was sonst im Leben beständig erscheint, aufhebt, beim Tod, auch das Ich in eine unfaßbare Nacht der Vergessenheit eintauchen könne. Woraus folgert ihr aber so sicher, die ihr so gern folgert und es auch hier mit eurem Zweifel tut, daß jenes einzige Wirkliche, das Ich, das sich schon während des Lebens frei von allen Verwandlungen des Leibes, der Seele, des Geistes befunden hat, keineswegs eine Freiheit über das Leben hinaus erfahren könne? Gut, werdet ihr sagen, das Ich mag von keiner einzelnen jener Verwandlungen in zwingendem Maße abhängig sein, nicht von der des Körpers, nicht von denen des Herzens, des Charakters und Willens, nicht einmal von der des Geistes. Ihr schaltet hier vielleicht ein, daß euch ein Ich im Wirbel der letztgenannten Verwandlung, ein Ich im getrübten Geiste auch seinerseits nichts mehr wert, sondern des Verlustes würdig, ja begierig wäre. – Wenn aber diese Verwandlungen alle zusammen ihm den Boden entziehen und ihrerseits zu einem Ende führen, dann muß auch das Ich selbst ins Nichts vergehen.

Es soll zunächst auf den als Einschaltung vorgebrachten Einwand eingegangen werden, weil er euch, Verstand und Vernunft, eure Würde am nächsten angeht. Ihr müßt ihn machen, wenn ihr nicht euch selbst in Frage stellen wollt. Dennoch wißt ihr nicht hinreichend, was ihr tut. Ihr versteht, um ganz unten zu beginnen, wieder einmal die Liebe nicht, die seltsame Liebe von Eltern nämlich, zu ihrem schwachsinnigen Kind. Nein, keineswegs werdet ihr rasch entgegnen, die wollt ihr auch gar nicht verstehen, die ist verkehrt und soll nicht sein. Gemach, gemach, ihr begeht wieder eine eigentlich eurer unwürdige Verwechslung! Verstehen soll nicht einfach verzeihen und billigen heißen, also in den Folgen bejahen, in diesem Fall also das schwachsinnige Leben um jeden Preis am Dasein erhalten. Verstehen heißt nach eurem eigenen Willen, Verstand und Vernunft, nichts weiter als im Wesen richtig erkennen. Im Wesen richtig erkennen kann in unserem Beispiel aber auf nichts anderes hinauslaufen, als daß jene Eltern das Ich, das unwandelbare Ich ihres Kindes, nicht jedoch seinen traurigen Geisteszustand zu erkennen, zu lieben vermögen. Ob sie nun unrecht haben oder Unrechtes begehren, indem sie einen erlösenden Tod ihres Kindes zu sehr fürchten und in dieser Furcht ihn ebenfalls mit dem Verlust des Ich verwechseln, solche Seitenerwägungen ändern den Irrtum nicht. Nein, die Gestalt des Geistes, in der das Ich als in seinen Kleidern einhergeht, ist in der Tat dem Wandel im guten wie im schlechten oder auch krankhaften Sinn und zuletzt dem Verlust und dem Tod unterworfen. Wie wollt ihr aber daraus rechtmäßig folgern, daß das Ich über alle seine Gestalten hinaus nicht weiterer Wandlungen und Neubildungen des Geistes, der Seele, des Leibes fähig ist, wo es doch eine viel stärkere und stetigere Wesenheit als aller Geist ist! Ihr mögt nun fragen, was das Ich aber dann noch sei, wenn es in seinen Gestalten und Wirkungen nicht zu suchen sei, ob es dann nicht das bare Nichts wäre. Und es sind nicht wenige euch, Verstand und Vernunft, Verfallene, großartig Verfallene dagewesen, die das Ich in dieser Weise zwar bestätigen, aber zugleich mit dem Nichts in eins setzen. Als ob es nicht viel kleiner als das große Nichts wäre, viel abgeschlossener in sich und vor allem viel sichtbarer, greifbarer, wie ein Ding gleichsam, in seiner Vereinzelung überall daseiend, als du, als ich, als wir alle, die wir ein Ich sind!

Doch wir wollen zu eurem ersten und fundamentalen Bedenken zurückkehren: Worin liegt die Gewähr, werdet ihr, Verstand und Vernunft, entgegnen, daß dies Ich, wenn es sich selbst und aller Welt unfeststellbar geworden ist, noch einmal eine Wandlung und Neubildung des mit ihm verbundenen Geistes hervorbringen könne? Vielleicht gar eine vergrößernde und vertiefende, wie es der Ausdruck der Toten manchmal vermuten läßt? Auch wir räumen ein, daß ein Ich in der Vergessenheit und Versunkenheit, sei es nun in der schlichten des Schlafes oder in der tiefen des Todes oder in der noch traurigeren seiner Deformierung im Geist kein rechtes vollgültiges Ich mehr ist. Es bedarf wohl sogar eines Leibes, wenn schon keines bestimmten körperlichen Stadiums, von deren Wechsel es sich ja im Tode freigemacht hat. Wollte ich euch, Verstand und Vernunft, dies verständlich machen, so müßte ich nun wirklich eure eigenen Wege verlassen, eure Gutwilligkeit und Geduld mehr, als euch lieb sein mag, anrufen. Ich will wiederholen: Auch Verstand und Vernunft geben zu, daß die Nacht, ebenso jede andere im Licht und mit Bewußtsein verlaufende Form der Vergessenheit des Ich dieses nicht aufzuheben vermögen. Auch sie haben schließlich nach vielem Widerstand eingeräumt, daß Krankheiten des Körpers, der Seele und auch die des Geistes das Ich nicht zerstören können, selbst wenn es in tiefe und andauernde Vergessenheit geraten ist. Es kann wieder auferstehen, es ist seinem Dasein nach nie verloren gewesen. So kann ich schließlich äußerstes Wohlwollen erbitten, indem ich euch, Verstand und Vernunft, versuchen lasse, den Tod, die letzte, schwerste aller Krankheiten und Ichvergessenheiten im Gleichnis der Geringeren anzusehen und nur entsprechende Steigerung zu wünschen. Dennoch ist von dieser Seite her nur eine Ahnung, kein Wissen, nicht einmal ein Glaube zu gewinnen. Wer liebt und geliebt hat, der würde es leichter machen, der wüßte, daß das andere Ich, das geliebte Du auf keine Weise, durch keine Macht der Verwandlung oder der Zeit von dem eigenen Ich zu trennen, also in barer Existenzlosigkeit zu denken ist. Der wüßte zugleich auch um die Sicherheit des eigenen Ich besser als der Liebelose. Aber auch dieser sollte jene Gewißheit schließlich erfahren können, auch er muß vielleicht eben den Weg nur einmal richtig geführt werden, den er im Geist so klug vorauszunehmen gedenkt, den Weg in die bangendste Drohung, die dem Ich in seinem Selbstbewußtsein geschehen kann: den Weg an den Rand des Todes. So, daß er wirklich und wahrhaftig genau das, was Vernunft und Verstand ihm vorauskündigen, zu erleiden hätte: die nahende Auflösung von Leib, Seele, Bewußtsein, Geist. Vielleicht sagt es dann zum ersten Male rein und einfach: »Ich« in ihm, und sagt zugleich Gott und meint ein Ich auch mit jenem Namen und Retter. Dann weicht der Geist auch von Gott und mit ihm alles, was an Prädikaten oder Wesensdeutungen vom Geiste den beiden Ich, dem großen, wie dem kleinen hinzugedacht ist? Wenn du nur noch Ich bist, dann siehst du, daß auch Gott Ich ist und nur als solches Sinn für dich hat; daß auch er dich verläßt, wenn du meinst, daß dich in dieser großen Dunkelheit dein Ich mit allem anderen verlassen werde. Es ist ein Spiegel und ein Angesicht gegen Angesicht, die dann aufgerichtet sind, und ist doch eine ganz andersartige Spiegelung als die, die du vorher deinen Geist, deine Seele oder noch früher und einfältiger deine sinnliche Phantasie in die »Gottheit«, wie du vielleicht sagtest, hineintreiben ließest. Das Ich braucht in die »Gottheit« nicht hineingetrieben zu werden, es kommt dir von ihr, von ihm entgegen. Es ist der wirkliche Spiegel. Und du weißt dann von Gott her, daß deine Sorge um den Geist, um die Seele, um den Leib und alle andern Gestalten und Ausflüsse deines Ich dahingehen kann. Du erfährst an ihm die Allmacht des Ich, dies alles, wie es und wann es sein soll, wiederherzustellen, so wie du umgekehrt die letzte Ohnmacht erfahren hast, ehe dir Gott als Ich gegenübertrat. So sage ich denn zum Schluß dieses Märchens vom Ich, daß du nur wissen mußt, was das Ich ist, daß es nicht Geist und nicht Charakter, nicht Leib und Leben, nicht Ichgefühl und Wille, sondern etwas viel Einfacheres und Näheres, das Einfache und Nahe schlechthin ist, um auch zu wissen, was Gott ist und zu wissen, daß du als Ich in seinem Angesicht und seiner Hut stehst und mit dir jedes andere Ich, um dessen Dasein oder Verlust dein Geist oder deine Seele jemals gebangt haben.